Christine Graebsch / Martin von Borstel

Drohende Abschiebung

Handlungsmöglichkeiten und Rechtsschutz

Vandenhoeck & Ruprecht

Bibliografische Information der Deutschen Nationalbibliothek:
Die Deutsche Nationalbibliothek verzeichnet diese Publikation in der
Deutschen Nationalbibliografie; detaillierte bibliografische Daten sind
im Internet über https://dnb.de abrufbar.

© 2021 Vandenhoeck & Ruprecht, Theaterstraße 13, D-37073 Göttingen,
ein Imprint der Brill-Gruppe
(Koninklijke Brill NV, Leiden, Niederlande; Brill USA Inc., Boston MA, USA;
Brill Asia Pte Ltd, Singapore; Brill Deutschland GmbH, Paderborn,
Deutschland; Brill Österreich GmbH, Wien, Österreich)
Koninklijke Brill NV umfasst die Imprints Brill, Brill Nijhoff, Brill Hotei,
Brill Schöningh, Brill Fink, Brill mentis, Vandenhoeck & Ruprecht,
Böhlau, Verlag Antike und V&R unipress.

Alle Rechte vorbehalten. Das Werk und seine Teile sind urheberrechtlich
geschützt. Jede Verwertung in anderen als den gesetzlich zugelassenen Fällen
bedarf der vorherigen schriftlichen Einwilligung des Verlages.

Umschlagabbildung: Nadine Scherer

Satz: SchwabScantechnik, Göttingen
Druck und Bindung: ♻ Hubert & Co. BuchPartner, Göttingen
Printed in the EU

Vandenhoeck & Ruprecht Verlage | www.vandenhoeck-ruprecht-verlage.com

ISSN 2625-6436
ISBN 978-3-525-40520-8

Inhalt

Geleitwort der Reihenherausgeberinnen 9

1 Einleitung: Beratung von Abschiebung bedrohter Personen 13
   1.1 Hintergrund des Buches und der Autor*innen 13
   1.2 Drohende Abschiebung als Ausgangspunkt für Beratung 16
   1.3 Herangehensweise, Aufbau und empfohlene Benutzung des Buches 18

2 Abschiebung 22
   2.1 Begriff der Abschiebung 22
   2.2 Voraussetzungen der Abschiebung 23
      2.2.1 Vollziehbare Ausreisepflicht und Rückkehrentscheidung 24
      2.2.2 Androhung und Ankündigung der Abschiebung 27
      2.2.3 Durchführung der Abschiebung 30

3 Gründe für eine drohende Aufenthaltsbeendigung 34
   3.1 Erlöschen eines Aufenthaltstitels 34
   3.2 Unerlaubte (Wieder-)Einreise 39
   3.3 Ablehnung des Asylantrags 40
   3.4 Ausweisung 45
   3.5 Verlust des Freizügigkeitsrechts 50

4 Schutz vor Abschiebung 55

4.1 Zielstaatsbezogene Abschiebungshindernisse und Asyl(folge)antrag 55

4.1.1 Asylantrag und Hürden des Asylverfahrens 55

4.1.2 § 71 AsylG: Asylfolgeantrag 64

4.2 Duldungsgründe (inlandsbezogene Vollstreckungshindernisse) 65

4.2.1 Familiäre Gründe 66

4.2.2 Weiterer Familienbegriff und faktische Inländer*innen 66

4.2.3 Gesundheitliche Gründe 68

4.3 Rechtliche Situation unter Duldung 71

4.3.1 Räumliche Beschränkung und Wohnsitzauflage 71

4.3.2 Erwerbstätigkeit mit Duldung 73

4.3.3 Sozialleistungen mit Duldung 75

4.3.4 Duldung mit dem schriftlichen Zusatz »für Personen mit ungeklärter Identität« 75

4.4 Ausbildungs- und Beschäftigungsduldung 77

4.4.1 § 60c AufenthG: Ausbildungsduldung 78

4.4.2 § 60d AufenthG: Beschäftigungsduldung 87

4.5 Härtefallkommissionen/Petitionsverfahren 89

4.5.1 Härtefallkommissionen 89

4.5.2 Petitionen 91

5 Rechtsschutz 93

5.1 Antrag bei der Behörde 93

5.2 Gerichtlicher Rechtschutz 97

5.2.1 Klageverfahren 97

5.2.2 Eilrechtsschutz 100

5.2.3 Verfassungs- und menschenrechtlicher Rechtschutz 104

6 Wege aus der Duldung in einen gesicherten Aufenthalt 109

6.1 § 25 Abs. 5 AufenthG: Aufenthalt aus humanitären Gründen 109

6.2 § 25 a AufenthG: Aufenthalt wegen guter Integration von Jugendlichen/Heranwachsenden 115

6.3 § 25b AufenthG: Aufenthalt wegen nachhaltiger Integration 123

6.4 § 19d AufenthG: Aufenthaltserlaubnis für Erwerbstätigkeit nach Berufsqualifizierung 127

7 Beratung in der Abschiebungshaft 132

7.1 Rechtliche Grundlagen 133

    7.1.1 Sicherungshaft nach § 62 AufenthG 134

    7.1.2 Zurückweisungshaft nach § 15 Abs. 5 AufenthG 145

    7.1.3 Überstellungshaft nach der Dublin-III-Verordnung 147

    7.1.4 Vorbereitungshaft 152

    7.1.5 Ausreisegewahrsam 154

    7.1.6 Mitwirkungshaft 154

    7.1.7 Behördlicher Gewahrsam 155

7.2 Verfahren 157

    7.2.1 Regelungen des FamFG 157

    7.2.2 Ankündigung der Abschiebung 160

    7.2.3 Rechtsschutz 161

    7.2.4 Person des Vertrauens 163

7.3 Vollzug 164

8 Strafrecht, Strafvollzug, ›Gefährder*innen‹ und Aufenthaltsrecht 167
8.1 Auswirkungen strafrechtlicher Beschuldigung auf den Aufenthalt 167
8.2 Strafvollzug und Aufenthaltsrecht 171
8.2.1 Abschiebung aus dem Strafvollzug ... 172
8.2.2 Vollzugsöffnende Maßnahmen bei eventuell drohender Abschiebung ... 174
8.3 Rechtsfolgen einer Einstufung als ›Gefährder‹ 177
8.3.1 Abschiebungsanordnung nach § 58a AufenthG 177
8.3.2 Aufenthaltsgebote und Überwachungsmaßnahmen 179
8.3.3 Abschiebung von ›Gefährdern‹ ohne Anordnung nach § 58a AufenthG 180

9 Ethische Dilemmata in der Arbeit mit von Abschiebung Bedrohten 182
9.1 Integrations-Dilemma 182
9.2 Reform-Dilemma 183
9.3 Krimmigrations-Dilemma 185
9.4 Gefährder-Dilemma 185

10 Schluss 187

11 Anhang 193
11.1 Abkürzungsverzeichnis 193
11.2 Literaturverzeichnis 195
11.3 Glossar 197

Geleitwort der Reihenherausgeberinnen

> »Politische Entscheidungen machen Menschen zu Flüchtlingen. Es kann jeden treffen, und es trifft zunehmend mehr Menschen.«[1]

Eine Klientin, nennen wir sie Frau F., kommt zur Beratung, bringt nervös einen Brief mit, indem sie dazu aufgefordert wird, Passersatzpapiere bzw. einen Identitätsnachweis zu beschaffen. Frau F. hat eine Duldung, seither durfte sie keinen Deutschkurs mehr besuchen, bekam keine Arbeitserlaubnis mehr. Nun stellt sich noch die Frage: Wozu brauchen die Behörden so dringend Passersatzpapiere? Mit Pass kann man abgeschoben werden, oder? Die Frage ist schwer zu beantworten. Berichte von jüngsten Sammelabschiebungen gehen durch die Medien und entfalten eine bedrohliche Wirkung. Ohne Pass gibt es aber lediglich Leistungen, die weit unter dem Existenzminimum liegen und eigentlich nicht mehr zum Leben reichen, inzwischen zynisch ›Duldung light‹ genannt. Der Druck steigt, Frau F. wird immer nervöser, kann kaum mehr schlafen. Aber wie nahe ist die Abschiebebedrohung wirklich? Und welche Handlungsmöglichkeiten gibt es?

Diese und ähnliche Situationen erleben wir täglich in der Beratung und in der psychosozialen Arbeit mit Geflüchteten. Immer wieder taucht die Frage auf, wie akut die Bedrohung einer Abschiebung gerade ist und was getan werden kann. Die Handlungsmöglichkeiten sind für Menschen, die von Abschiebung bedroht sind, im alltäglichen Leben ohnehin sehr begrenzt – sehr häufig dürfen sie nicht arbeiten und keine Deutsch- bzw. Integrationskurse besuchen. Die Hoffnung auf Sicherheit, auf ein besseres

---

1 Andreas Kossert, 2020. Flucht. Eine Menschheitsgeschichte. Siedler, S. 347.

Leben ist schwierig aufrecht zu erhalten, oft geht es im täglichen Kampf darum, die Verzweiflung nicht übermächtig werden zu lassen. Und auch Mitarbeiter*innen von Beratungsstellen verspüren in solchen Situationen häufig Gefühle von Ohnmacht und Hilflosigkeit. Es kann emotional sehr belastend sein, die Verantwortung für eine »richtige« Antwort in dieser Situation zu übernehmen.

Christine Graebsch und Martin von Borstel ist es gelungen, ein Buch für die Beratung mit von Abschiebung bedrohten Personen zu verfassen, in dem einfach und schnell nachgeschlagen werden kann, welche Handlungsoptionen es in den Fällen gibt, in denen der Aufenthaltsstatus unsicher bzw. der Aufenthalt bedroht ist. Ein besonderes Kapitel stellt die Beratung in Abschiebungshaft dar. Mit ihrer langjährigen Erfahrung in der Beratung in einer Abschiebungshaftanstalt und der Tätigkeit in der Ausbildung im Rahmen einer Legal Clinic stellen die Autor*innen hier einen praxisorientierten Fundus zur rechtlichen Beratung bereit, der auch angesichts der ohnehin sehr spärlichen Literatur zum Thema einen Wissensschatz darstellt. Sehr sachlich, nüchtern und knapp wird die aktuelle Rechtslage und Rechtsprechung dargelegt und – zugeschnitten auf die unterschiedlichen Konstellationen, aus denen eine Abschiebebedrohung resultiert – jeweils Ansatzpunkte und Handlungsoptionen aufgezeigt. Praxishinweise liefern immer wieder wichtige Ergänzungen zu komplexeren Fragen/Einzelfällen, spezifischeren Konstellationen, Fragen etc. Das letzte Kapitel schließlich bettet die Gesetzgebung und Praxis in gesellschaftliche Diskurse ein und bietet einen Deutungsrahmen an.

In dem ganzen »Dschungel« an Regelungen, Paragrafen und im Wissen, dass Behörden häufig einen Auslegungsspielraum haben, fällt es schwer, den Überblick zu behalten. Christine Graebsch und Martin von Borstel haben diesen Über- und Durchblick – und legen ihr Wissen, das sich aus jahrelanger Praxis und Lehre speist, verständlich und gut lesbar Schritt für Schritt dar. Insgesamt macht dies den Band zu einem wertvollen Nachschlagewerk, in dem rasch Informationen gefunden werden können, ohne dicke Gesetzestexte durcharbeiten zu müssen. Auf diese und weitere Quellen zur Rechtsprechung und Rechtspraxis wird an den entsprechenden Stellen verwiesen. Zusammen mit dem Glossar und den Querverweisen im Text ist eine schnelle Orientierung in den wichtigsten Zusammenhängen und Begriffen möglich. Wir wünschen diesem Buch seinen festen Platz im Regal von Beratungsstellen, psychosozialen Zentren, (Refugee) Law Clinics oder auch bei ehrenamtlich tätigen Rechtsberater*innen im Kontext Flucht/Asyl/Migration.

Maximiliane Brandmeier
Barbara Bräutigam
Silke Birgitta Gahleitner
Dorothea Zimmermann

1 Einleitung: Beratung von Abschiebung bedrohter Personen

Ziel des Buches ist es, psychosozialen Fachkräften und anderen Berater*innen einen Leitfaden dafür anzubieten, was bei der Beratung von Abschiebung bedrohter Personen aus juristischer Sicht zu beachten ist. Wir wollen den Leser*innen – auch über das Glossar – einen Überblick über dafür wichtige migrationsrechtliche Grundbegriffe verschaffen.[2] So soll das Buch erleichtern, z. B. behördliche Bescheide und gerichtliche Entscheidungen zu verstehen, die in die Beratung mitgebracht werden. Bei von Abschiebung bedrohten Personen ist oft schnelles Handeln geboten. Dafür braucht es ein solides Grundverständnis der rechtlichen Situation und der noch bestehenden Handlungsansätze.

1.1 Hintergrund des Buches und der Autor*innen

Gerade wenn eine Abschiebung unmittelbar bevorsteht und die Zeit drängt, sind es oft Beratungsstellen, die schnell eine vorläufige Einschätzung des Falls vornehmen müssen. Ihren Mitarbeiter*innen möchte unser Buch praxisnahes Grundwissen bereitstellen und strukturelles Verständnis erleichtern.

---

2 Anmerkung der Autor*innen: Verweise auf andere Textstellen innerhalb des Buches werden von uns mit einem Pfeil vor dem Begriff/Textteil gekennzeichnet. Verweise auf das Glossar haben wir durch doppelte Hervorhebung der entsprechenden Begriffe (fett und unterstrichen) gekennzeichnet.

Unser Buch richtet sich dementsprechend an Beratungsstellen für Migrant*innen und Geflüchtete, aber auch für EU-Bürger*innen, die durchaus ebenfalls von Abschiebung bedroht sein können und sich teilweise sogar – mangels Sozialleistungen – in einer wirtschaftlich besonders prekären Situation befinden, in der sie keinen anwaltlichen Rat in Anspruch nehmen können. Oftmals beraten dort Fachkräfte der Sozialen Arbeit, Studierende oder Ehrenamtliche und keine Volljurist*innen. Aus unserer eigenen langjährigen (und teilweise gemeinsamen) Erfahrung sowohl in der Beratung von Abschiebung bedrohter Personen als auch in der Unterstützung nicht-juristischer Beratung wissen wir, wie wichtig auch die nicht-anwaltliche Beratung in diesem Bereich ist. Zugleich konnten wir uns die Überzeugung bilden, dass solche Beratung und Unterstützung bei der Verhinderung von Abschiebung ausgesprochen erfolgreich sein können, sei es in Ergänzung anwaltlicher Tätigkeit oder im Notfall auch an deren Stelle. Wir sehen täglich, dass gerade Nicht-Jurist*innen hier oft viel näher an der Lebenswelt der Betroffenen und mit mehr Zeit tätig werden können. Dies gilt besonders, weil die Unterstützung dabei meist nicht mit einem einfachen Rat (z. B. »Suchen Sie sich einen Ausbildungsplatz.«) getan ist, sondern ein breites Feld an Tätigkeiten insbesondere für die Soziale Arbeit darstellt, das von der Begleitung zu Behörden und Ärzt*innen über die Beschaffung von Dokumenten und Stellung von Anträgen bis hin zum Herausarbeiten für die rechtliche Beurteilung relevanter Tatsachen reicht. Im Ergebnis kann die (zusätzliche) Unterstützung durch Nicht-Jurist*innen auch und gerade in diesem rechtlich schwierigen Feld oft erst einen Erfolg herbeiführen. Weiterhin ist es nicht so selten, dass die Betroffenen zwar (punktuell) anwaltlich begleitet werden, es den Anwält*innen aber dennoch an notwendigen Spezialkenntnissen hinsichtlich der Verhinderung von Abschiebungen fehlt. Auch hier kann eine entsprechend hochspezialisierte Beratungstätigkeit eine elementare Ergänzung darstellen.

Gemeinsamer Hintergrund der Autor*innen ist die langjährige Unterstützung von Abschiebung bedrohter Personen insbesondere in der Bremer Abschiebungshaft sowie die anwaltliche Tätigkeit im Migrationsrecht und die juristische Unterstützung der Migrationsrechtlichen Legal Clinic an der Fachhochschule Dortmund in Lehre und Praxis[3]. Letztere bietet wöchentlich Beratung an und war zeitweise auch in der Bürener Abschiebungshaft aktiv. Es dürfte die einzige Legal Clinic bundesweit sein, in der Studierende der Sozialen Arbeit selbst unter volljuristischer Anleitung Rechtsberatung anbieten.

Christine Graebsch hat seit 2011 eine Professur für Recht der Sozialen Arbeit an der Fachhochschule Dortmund und lehrt dort mit dem Schwerpunkt Gefängnisse, Straffälligenhilfe und Migrationsrecht, Letzteres im Rahmen der dortigen Legal Clinic. Sie ist außerdem seit 1991 Mitglied des ›Vereins für Rechtshilfe im Justizvollzug des Landes Bremen e. V.‹ und seit 2003 in dessen Vorstand. Dieser Verein ist in Kooperation mit dem Fachbereich Rechtswissenschaft der Universität Bremen die älteste, seit rund vierzig Jahren existierende, Legal Clinic in Deutschland.[4] Sie bietet wöchentliche Rechtsberatung in den Bremer Haftanstalten an und ist seit 1994 auch in der Abschiebungshaft aktiv. Durch die Einbettung in das Jurastudium begleitet Christine Graebsch die Legal Clinic seit 2003 dort auch als Lehrbeauftragte. Martin von Borstel ist seit März 2020 Rechtsanwalt mit Schwerpunkt im Migrationsrecht und seit 2009 als Mitglied des Rechts-

---

3 http://www.lc-do.de.
4 Näher Graebsch (2011) und unter https://strafvollzugsarchiv.de/lehre.

hilfevereins in der Bremer Abschiebungshaftberatung tätig. Seit März 2021 ist er zudem Mitglied im Beirat für den Abschiebungsgewahrsam in Bremen und ist zurzeit Lehrbeauftragter für Recht im Kontext von Flucht und Migration an der Universität Oldenburg.

1.2 Drohende Abschiebung als Ausgangspunkt für Beratung

Findet die <u>Abschiebung</u> tatsächlich statt, so sind damit Weichen gestellt, die für den weiteren Verlauf meist irreversibel sind. Zwar kann theoretisch Rechtsschutz auch noch nach der Abschiebung gesucht werden und eine Rückkehr ist nicht generell ausgeschlossen. Allerdings scheitert dies in der Praxis meist daran, dass Abgeschobene dann mit ganz anderen Problemen konfrontiert sind. Sie verfügen oft nicht über die Ressourcen, ein Verfahren in Deutschland zu führen. Vielfach bricht daher auch der Kontakt zu Unterstützer*innen und Anwält*innen ab. Behörden können daher auch mit einer rechtswidrigen Abschiebung Fakten schaffen. Es gilt also unbedingt rechtlich einer Abschiebung zuvorzukommen.

Neben der persönlichen Situation verschlechtert sich die Rechtsposition nach einer Abschiebung oft drastisch: Gegen bestehende <u>Einreise- und Aufenthaltsverbote</u> muss erst gerichtlich vorgegangen werden. Während der vielfach jahrelangen Verfahrensdauer ist eine Wiedereinreise nicht erlaubt. Selbst wenn die Rechtswidrigkeit der Abschiebung später festgestellt wird, ist eine Rückkehr nicht automatisch möglich. Vielmehr braucht man dafür im Regelfall ein <u>Visum</u>, also einen anerkannten Aufenthaltsgrund, z. B. familiärer Art. Gerade bei der großen Gruppe der Geduldeten kommt eine Rückkehr in die <u>Duldung</u> nach einer Abschiebung überhaupt nicht in Betracht. Dann kann man sich auch nicht mehr auf die wenigen vorhandenen Wege aus der Duldung in ein Aufenthaltsrecht (▶ 6) berufen. Diese Problematik stellt sich im Übrigen nach einer ›**freiwilligen Ausreise**‹ kaum anders dar, auch wenn in diesem Fall in der Regel eine Wiedereinreisesperre nicht besteht. Es ist daher zwingend geboten, mit rechtlicher Unterstützung tätig zu werden, bevor die von Abschiebung bedrohte Person die Bundesrepublik verlässt. Denn danach ist es dafür in aller Regel zu spät.

In dieser Situation gilt es, ein Verständnis dafür präsent zu haben, wie nahe die beratene Person einer Abschiebung tatsächlich ist, um dann Möglichkeiten ausloten zu können, diese noch zu verhindern. Die Bedrohungslage für **Ausländer*innen** (Personen mit nichtdeutscher Staatsangehörigkeit) stellt sich als Kontinuum dar, auf dem es einen Fall zunächst einzuordnen gilt. Im Extremfall ist eine Abschiebung sogar dann rechtlich möglich, wenn ein noch gültiger **Aufenthaltstitel** vorliegt – so bei als ›Gefährder*in‹ eingestuften Personen nach § 58a AufenthG (▶ 8.3.1). Oft verkannt wird, dass Personen mit einer noch gültigen **Duldungsbescheinigung** keineswegs generell vor Abschiebung geschützt sind. Manchmal stehen der Abschiebung aber auch noch längerfristig wirksame Rechtsgründe entgegen, auch wenn eine **Abschiebungsandrohung** (▶ 2.2.2) bereits erfolgt ist, z. B. in Verbindung mit der Verfügung einer **Ausweisung** (▶ 3.4) oder einem ablehnenden Bescheid im **Asylverfahren**[5]. Hier kommt es dann oft darauf an, ob einem erhobenen Rechtsmittel **aufschiebende Wirkung** zukommt. Schwieriger und deshalb nicht weniger wichtig sind Szenarien, in denen schwierig abzusehen ist, wie nahe eine Abschiebung bevorsteht, z. B.

---

5 Vgl. zu diesem Thema den weiteren Band in der Reihe Fluchtaspekte von Lena Ronte (2018): »Asylantrag gestellt: Was dann? Rechtliche Grundlagen und Praxishinweise zum Asylverfahren und zur Familienzusammenführung«.

bei bestehender Passlosigkeit und Bemühungen der Ausländerbehörde, **Passersatzpapiere** für die Abschiebung zu beschaffen.

Eine drohende Abschiebung bleibt für die Betroffenen auch mit Beratung riskant, gerade weil sie eine komplexe Lage darstellt. Hinsichtlich des Erfolgs der Beratung gibt es wenig Zwischenstufen. Bei Misserfolg findet die Abschiebung mit nachhaltiger Wirkung für die Betroffenen statt, bei erfolgreich abgewendeter Abschiebung kann oftmals ein längerfristiger Verbleib im Bundesgebiet erreicht werden, bestenfalls mit einem rechtlich abgesichertem Aufenthaltsstatus. Eine fundierte juristische Beratung ist hier unumgänglich. Es sollte daher niemals ohne Not auf den Rat migrationsrechtlich spezialisierter Anwält*innen verzichtet werden.

1.3 Herangehensweise, Aufbau und empfohlene Benutzung des Buches

Vor dem Hintergrund unserer praktischen Erfahrungen haben wir das vorliegende Buch so konzipiert, dass wir zwar mit dem Thema der Abschiebung beginnen, darauf folgend aber gewissermaßen von hinten her diverse relevante Gebiete des Migrationsrechts aufrollen. Dies liegt daran, dass eine Verhinderung der Abschiebung als solcher, also etwa zu einem konkret vorgesehenen Flugtermin, noch keineswegs einen – nachhaltigen – Erfolg darstellt. Eine Abschiebung längerfristig zu verhindern gelingt dagegen nur, wenn ein stabiler rechtlicher Aufenthaltsgrund etabliert werden kann. Geht man anhand der diversen migrationsrechtlichen Untergebiete die noch bestehenden Möglichkeiten durch, so zeigt sich häufig ein Anknüpfungspunkt. Das gilt unserer langjährigen Erfahrung nach selbst für Personen, die sich bereits in Abschiebungshaft befinden. Während insbesondere von Behörden immer wieder nahegelegt wird, bei den Betroffenen sei »rechtlich längst alles gelaufen«, lohnt sich eine genaue Prüfung der von uns im Folgenden dargelegten Möglichkeitsräume immer!

Es soll allerdings an dieser Stelle davor gewarnt werden, detaillierte und vehemente Schriftsätze zu angeblich aufenthaltsberechtigenden Sachverhalten gegenüber den Behörden nur auf Grundlage des Gesprächs mit der zu beratenden Person vorzutragen. Hier ist vielmehr Vorsicht geboten, es empfiehlt sich dringend vorher Akteneinsicht bei der Behörde zu nehmen (§ 29 Abs. 1 VwVfG). Denn nur so kann man ermitteln, welche Tatsachen bereits zuvor vorgetragen und berücksichtigt wurden, welche Anträge bereits gestellt und eventuell abgelehnt wurden, etc.

Migrationsrechtliche Literatur nimmt nach wie vor häufig ihren Ausgangspunkt vom gesetzlich vorgesehenen Regelfall einer Einreise mit Visum oder eines Asylerstverfahrens. Spurwechsel zwischen unterschiedlichen Kategorien von Aufenthaltsgründen werden eher am Rande als Ausnahme erwähnt. Die Übertragung der rechtlichen Möglichkeiten auf bereits von Abschiebung bedrohten Personen ist dann gerade für Nicht-Jurist*innen nicht einfach. Deshalb versuchen wir darzustellen, wie man von einer prekären aufenthaltsrechtlichen Situation wieder in einen sichereren Aufenthalt gelangen kann.

Zunächst befassen wir uns damit, was eine Abschiebung rechtlich bedeutet und voraussetzt (2.), denn dies ermöglicht, ein Grundverständnis dafür zu entwickeln, ob eine Abschiebung in einem Fall bevorsteht. Danach beschäftigen wir uns mit den rechtlichen Gründen, aus denen eine Aufenthaltsbeendigung drohen kann (3.). Diese möglichen Szenarien zu kennen, erlaubt eine Auseinandersetzung mit den Hintergründen einer drohenden Abschiebung und einzuschätzen, wie weit die zugrundeliegenden Vorgänge fortgeschritten sind, wie konkret eine

Abschiebung bevorsteht und auch schon, welche rechtlichen Gegenmaßnahmen in Betracht kommen. Im Anschluss daran werden Gründe und Herangehensweisen für einen Schutz vor Abschiebung dargestellt (4.). Im daran anschließenden Kapitel geht es um die Verfahren, wie Rechtsschutz gegen die Abschiebung erlangt werden kann (5.). Wenn es gelingt, eine Abschiebung zu verhindern, stellt sich regelmäßig die Frage, wie ein längerfristig gesicherter Aufenthalt erreicht werden kann (6.). Im Anschluss daran gehen wir aus Beratungsperspektive ausführlich auf die Abschiebungshaft und ihre Voraussetzungen ein (7.). Denn dort befinden sich Personen mit besonders dringendem Beratungsbedarf hinsichtlich einer drohenden Abschiebung. Umgekehrt sind von Abschiebung bedrohte Personen auch tendenziell von Abschiebungshaft bedroht, weshalb es wichtig ist, sich damit zu befassen, unter welchen Voraussetzungen eine Inhaftierung in Betracht kommt. Zunehmend lässt sich auch eine Verflechtung migrationsrechtlicher mit strafrechtlicher Kontrolle feststellen, weshalb auf diese sowie den Sonderfall der Einstufung als ›Gefährder‹ mit drastischen aufenthaltsrechtlichen Konsequenzen ebenfalls eingegangen wird (8.). Abschließend befassen wir uns mit einigen ethischen Dilemmata, die bei der Beratung von Abschiebung bedrohter Personen auftreten können (9.).

Insbesondere seit 2015 sind extrem häufige Gesetzesänderungen im Migrationsrecht zu verzeichnen, die eine erhebliche Verschlechterung der Rechtsposition unserer Zielgruppe, den Migrant*innen, zur Folge hat. Ohnehin lassen sich aber rechtliche Regelungen nicht in einer Weise lernen, bei der man sich einfach merken könnte, »wie es ist«. Vielmehr gilt es, sich ein strukturelles und begriffliches Grundgerüst zu erarbeiten, das einem ermöglicht, die gesetzlichen Regelungen auch dann aufzufinden und zu verstehen, wenn diese sich erneut ändern. Wir empfehlen, das Buch nur zusammen mit aktuellen (!) Gesetzestexten zu lesen. Der Gesetzestext sollte dabei jeweils selbst und Wort für Wort nachgelesen werden. Zum einen kann dann direkt überprüft werden, ob sich schon bei Lektüre dieses Buches etwas geändert hat, zum anderen ist das eigenständige gründliche Lesen der Gesetzestexte unabdingbar für das Verständnis unserer Abhandlung. Als Quelle der jeweils geltenden Gesetze empfiehlt es sich, diese auf https://dejure.org nachzulesen. Zum einen sind dort immer die aktuell geltenden Gesetze online, zum anderen findet sich unter jeder Vorschrift ein Hinweis darauf, wann diese zuletzt geändert wurde mit Änderungsübersichten zu früheren Gesetzesfassungen versehen. Die Bearbeitung dieses Textes ist auf dem Stand von März 2021. Ebenfalls unter https://dejure.org können die meisten von uns zitierten gerichtlichen Entscheidungen unter »Rechtsprechung« gefunden werden. Soweit wir ausnahmsweise andere Gerichtsentscheidungen zitiert haben, wird auf andere Fundstellen verwiesen. Weiterführende Informationen u. a. zu Rechtsprechung, zu einzelnen Herkunftsländern und Arbeitshilfen können Sie auch unter https://www.asyl.net finden.

Wir haben unseren Text um ein Glossar ergänzt, in dem wichtige Begriffe erläutert werden. Die im Glossar vorkommenden Begriffe sind im Text hervorgehoben. Wir hoffen, dass sie das Verständnis erleichtern und auch ermöglichen, das Buch zum Nachschlagen zu benutzen.

2 Abschiebung

In diesem Kapitel geht es darum, den juristischen Begriff der Abschiebung zu erläutern und ihn von anderen Rechtsbegriffen abzugrenzen. Dabei zeigt sich zum einen, dass es andere Begriffe gibt, die einer Abschiebung faktisch gleichkommen und Begriffe, die etwas anderes bedeuten, aber häufig mit dem der Abschiebung verwechselt werden. Danach werden die rechtlichen Voraussetzungen erläutert, die gegeben sein müssen, damit eine Abschiebung durchgeführt werden darf. Beides ist elementar, um einschätzen zu können, ob einer Person in Beratung tatsächlich eine Abschiebung droht und welche Zwischenschritte vor dieser eventuell noch anstehen.

2.1 Begriff der Abschiebung

Die Abschiebung (§ 58 AufenthG) ist juristisch ein Akt der zwangsweisen Vollstreckung der Ausreisepflicht. Es handelt sich also um das reale Außerlandesbringen, z. B. mittels eines Fluges. Vorrangig ist man selbst zum Ausreisen verpflichtet, die zwangsweise Durchsetzung darf nur dann stattfinden, wenn man nicht selbst ausgereist ist bzw. mit einer selbständigen Ausreise nicht (mehr) zu rechnen ist.

Juristisch gibt es einige weitere Begriffe, die im Ergebnis das Gleiche bedeuten, aber in unterschiedlichen rechtlichen Zusammenhängen stehen:
- Rückführung: Von den Behörden verwendeter Überbegriff für alle Arten **aufenthaltsbeendender Maßnahmen**

- Überstellung: Abschiebung im Rahmen des Dublin-Verfahrens oder zur Strafvollstreckung bei Abschiebung aus dem Strafvollzug heraus
- Zurückweisung: Eigentlich – wie der Begriff nahelegt – das Unterbinden der Einreise an der Grenze. Da es diverse Fallgestaltungen gibt, bei denen die Einreise physisch bereits erfolgt ist, juristisch aber als nicht erfolgt gilt, steht der Begriff auch für Abschiebungen, die kurz nach der Einreise und noch in Verbindung mit dieser erfolgen (z. B. im Flughafenverfahren).
- __Zurückschiebung__: Aufenthaltsbeendende Maßnahme nach Vollendung einer unerlaubten Einreise, wenn die betroffene Person in der Nähe der Grenze angetroffen wird (im Einzelnen siehe Glossar).

Unabhängig von der Bezeichnung droht in all diesen Fällen eine zwangsweise Beendigung des Aufenthalts in der Bundesrepublik.

2.2 Voraussetzungen der Abschiebung

Eine Abschiebung darf nur erfolgen, wenn folgende Voraussetzungen erfüllt sind:
- Es besteht __Ausreisepflicht__.
- Es existiert eine __Rückkehrentscheidung__.
- Die Ausreisepflicht ist __vollziehbar__.
- Es besteht ein Abschiebungsgrund.
- Es ist eine __Abschiebungsandrohung__ erfolgt oder es darf ausnahmsweise auf die Androhung der Abschiebung verzichtet werden.

Diese Voraussetzungen werden nun im Einzelnen erörtert. Sind sie nicht erfüllt, darf die Person nicht abgeschoben werden.

2.2.1 Vollziehbare Ausreisepflicht und Rückkehrentscheidung

Personen, die kein Recht zum Aufenthalt haben, sind **ausreisepflichtig**. Ausreisepflicht liegt gemäß § 50 Abs. 1 AufenthG vor, wenn die betroffene Person nicht (mehr) über einen erforderlichen Aufenthaltstitel verfügt (zur Frage des Erlöschens ▶ 3.1 und zur Erforderlichkeit ▶ 3.2).

Wurde eine Ausreisefrist gesetzt, müssen sie das Bundesgebiet innerhalb derselben verlassen. Durfte nach dem Gesetz im Einzelfall darauf verzichtet werden, eine Ausreisefrist zu setzen[6], muss das Bundegebiet unverzüglich verlassen werden (§ 59 Abs. 1 AufenthG). Die Bescheinigung einer Duldung ändert am Bestehen der Ausreisepflicht nichts, die Ausreisepflicht besteht fort (§ 60a Abs. 3 AufenthG). Bei bestehender Ausreisepflicht muss der Ausländerbehörde ein Wohnungswechsel oder eine mehr als dreitägige Abwesenheit angezeigt werden (§ 50 Abs. 4 AufenthG), bei Nichtbefolgen könnte **Abschiebungshaft** (▶ 6.1) drohen. Bei bestehender Ausreisepflicht (nicht zuvor!) soll zudem der Pass bis zur Ausreise von der Ausländerbehörde eingezogen werden (§ 50 Abs. 5 AufenthG).

Ausreispflichtig zu sein, bedeutet allerdings noch nicht, dass die Ausreisepflicht auch schon ohne weiteres mittels Abschiebung durchgesetzt werden dürfte. Dies ist an weitere Voraussetzungen gebunden. Eine Abschiebung darf nicht stattfinden, bevor die Ausreisepflicht nicht auch vollziehbar ist.

---

[6] Wann die Behörden auf die Setzung einer Frist für die ›**freiwillige Ausreise**‹ verzichten dürfen, ist in § 59 Abs. 1 S. 2 und 3 AufenthG im Einzelnen aufgelistet.

> **Praxishinweis**
>
> Zu beachten ist, dass auch eine **Aufenthaltsbeendigung** drohen kann, obwohl die Person im Besitz einer noch nicht abgelaufenen **Duldungsbescheinigung** ist.

Das Recht der Abschiebung ist stark europarechtlich geprägt. Die in der **Richtlinie** 2008/115/EG (Rückführungsrichtlinie, RüFü-RL) geregelten Garantien gehen teilweise über die des deutschen Rechts hinaus. Eine Umsetzung der Richtlinie ist aber in das deutsche Gesetz nicht durchgängig erfolgt. Es ist zudem noch nicht immer höchstrichterlich geklärt, welche Schlussfolgerungen für das deutsche Recht hieraus gezogen werden müssen. In solchen Fällen sollte direkt auf die verbindliche RüFü-RL Bezug genommen werden.[7] So verlangt Art. 6 Abs. 1 RüFü-RL in jedem Fall vor der Abschiebung eine **Rückkehrentscheidung** eines Gerichts oder einer Behörde. Ausnahmen hiervon gibt es nur in folgenden Fällen:

- Die betroffene Person besitzt einen Aufenthaltstitel in einem anderen EU-Mitgliedstaat (mit Ausnahme von Irland und Dänemark), Island, Liechtenstein, Norwegen oder der Schweiz; in diesem Fall muss diese Person zunächst einmal dazu aufgefordert werden, unverzüglich in diesen Mitgliedstaat zurückzukehren, bevor eine Rückkehrentscheidung für den Herkunftsstaat bzw. den Staat der Staatsangehörigkeit dieser Person erlassen werden darf (Art. 6 Abs. 2 RüFü-RL);
- Eine Rückkehrentscheidung ist nach Art. 6 Abs. 3 RüFü-RL entbehrlich, wenn ein anderer Mitgliedstaat im Rah-

---

[7] Die Rückführungsrichtlinie findet sich hier: https://eur-lex.europa.eu/eli/dir/2008/115/oj (Zugriff am 29.06.2021).

men einer bilateralen Wiederaufnahmevereinbarung erklärt hat, die betroffene Person wieder aufzunehmen[8];
– Keine Rückkehrentscheidung muss ergehen, wenn die **Dublin-III-Verordnung** Anwendung findet.

Beispiele dafür, welche Art von Verwaltungsakt im nationalen Recht der Bundesrepublik eine Rückkehrentscheidung im unionsrechtlichen Sinne (Art. 3 Nr. 4 RüFü-RL) darstellen können, sind:
– Eine **Abschiebungsandrohung** gemäß § 59 Abs. 1 AufenthG oder § 34 AsylG
– Ein **Widerruf** oder eine **Rücknahme** eines bestehenden Aufenthaltstitels
– Eine **Zurückweisungsverfügung** nach § 15 AufenthG
– Eine **Ausweisung** nach den §§ 53 ff. AufenthG; jedenfalls, wenn sie mit einer Abschiebungsandrohung verbunden ist[9]
– Eine **Abschiebungsanordnung nach § 58a AufenthG**

Die Entscheidung muss schriftlich ergehen (§ 77 AufenthG) und zugestellt werden. Nach § 58 Abs. 2 S. 1 Nr. 1 AufenthG tritt die Vollziehbarkeit der Ausreisepflicht auch aufgrund einer unerlaubten Einreise, also ohne eine ausdrückliche (Rückkehr-)Entscheidung, ein, wenn der Aufenthalt nicht nach dieser unerlaubten Einreise legalisiert worden war.

---

8 Das Wiederaufnahmeabkommen muss allerdings vor dem 13.01.2009 geschlossen worden sein. Eine Übersicht über die Länder, mit denen die Bundesrepublik eine solche Wiederaufnahmevereinbarung bis zu diesem Stichtag getroffen hat, findet sich bei Hofmann-Fränkel 2016, § 57 AufenthG Rn. 13.

9 Die Frage, ob die Ausweisung selbst bereits eine Rückkehrentscheidung darstellt, ist umstritten. Das BVerwG geht davon aus, dass die in einer Ausweisungsverfügung im Regelfall enthaltene Abschiebungsandrohung die Rückkehrentscheidung darstellt (vgl. BVerwG, Beschluss vom 06.05.2020 – 1 C 14.19).

Diese gesetzliche Regelung dürfte jedoch europarechtswidrig sein, da Art. 6 Abs. 1 RüFü-RL eine ausdrückliche behördliche oder gerichtliche Rückkehrentscheidung erfordert. Gleiches gilt für die Regelung des § 58 Abs. 2 S. 1 Nr. 2 AufenthG, nach der die Ausreisepflicht von Gesetzes wegen vollziehbar ist, wenn die erstmalige Erteilung eines erforderlichen Aufenthaltstitels oder seine Verlängerung noch nicht beantragt wurde oder die Antragstellung keine **Fiktionswirkung** ausgelöst hat (▶ 3.1, 4.1).

Ansonsten ist die Ausreisepflicht erst dann vollziehbar, wenn die Rückkehrentscheidung, die die Ausreisepflicht festgestellt und begründet hat, vollziehbar ist. Das ist der Fall, wenn sie nicht mehr angefochten werden kann (Ablauf der Widerspruchs-, Klage- oder Antragsfrist) oder wenn der eingelegte **Rechtsbehelf** keine aufschiebende Wirkung hat (▶ 5.2, 6.2).

Die hier dargestellte Thematik der Rückkehrentscheidung ist deshalb sehr wichtig, weil ohne eine Rückkehrentscheidung keine Abschiebung stattfinden und auch keine Abschiebungshaft angeordnet werden darf.

2.2.2 Androhung und Ankündigung der Abschiebung

Eine Abschiebung darf nicht einfach ohne jede Vorwarnung erfolgen. Sie muss vielmehr in der Regel vorher angedroht oder angekündigt worden sein, sonst wäre die Abschiebung rechtswidrig. Daher gehen wir nun auf die dazu bestehenden Regelungen näher ein. Für die Beratung ist es wichtig zu wissen, dass nicht unmittelbar vor der Abschiebung (nochmals) eine Androhung oder Ankündigung erfolgt, so dass die Abschiebung faktisch eben doch oft überraschend kommt.

Eine Abschiebung muss grundsätzlich vorher angedroht werden. Mit der **Abschiebungsandrohung** muss in der Regel eine Frist zur freiwilligen Ausreise zwischen 7 und 30 Tagen gesetzt worden sein. Die Ausländerbehörde darf ausnahmsweise eine kürzere Frist setzen oder von einer Ausreisefrist ganz absehen, z. B. wenn der begründete Verdacht einer Entziehungsabsicht besteht (§ 59 Abs. 1 AufenthG, weitere Ausnahme betreffend ›**Gefährder**‹ ▶ 7.3). Befindet sich die Person in Haft, z. B. in **Abschiebungshaft** (▶ 7) oder im Strafvollzug (▶ 8.2.1), so wird keine Ausreisefrist gesetzt, da dann ohnehin keine freiwillige Ausreise ermöglicht wird (§ 59 Abs. 5 S. 1 AufenthG).

Der Abschiebung kann mit einer sog. ›**freiwilligen Ausreise**‹ zuvorgekommen werden. Entgegen der Bezeichnung geht es dabei aber keineswegs um eine tatsächlich freiwillige Ausreise.

Der Ausreisepflicht genügt man durch Ausreise in einen anderen Staat der Europäischen Union oder einen anderen **Schengen-Staat** nur dann, wenn man dort über ein Aufenthaltsrecht verfügt (§ 50 Abs. 3 AufenthG). Ein solches wird in der Regel nicht bestehen, so dass diese von Betroffenen oftmals angestrebte Alternative nicht realisierbar sein wird. Reist die Person dennoch in einen solchen Staat aus, wird dies rechtlich nicht als freiwillige Ausreise gewertet, so dass nach Rückkehr in die Bundesrepublik wiederum eine Abschiebung in den Staat droht, in den sie ursprünglich erfolgen sollte.

Während die Behörde gemeinsam mit einer Abschiebung stets ein **Einreise- und Aufenthaltsverbot** anordnet, ist dies bei einer ›freiwilligen Ausreise‹ nicht immer der Fall. Allerdings kann eine **Einreisesperre** nach einer ›freiwilligen Ausreise‹ nach geltender Gesetzeslage auch nicht mehr in allen Fällen vermieden werden. (§ 11 Abs. 2, 6 und 7 AufenthG).

Zu einer Abschiebung als Maßnahme der Verwaltungsvollstreckung darf nur gegriffen werden, wenn die selbständige Erfüllung der Ausreisepflicht nicht gesichert ist. Alternativen wie Meldepflicht, Stellen einer Kaution u. Ä. sind vorrangig (Art. 7 Abs. 3 RüFü-RL). Allerdings kann eine Abschiebung auch angeordnet werden, wenn die Überwachung der Ausreise aus Gründen der öffentlichen Sicherheit und Ordnung erforderlich erscheint (§ 58 Abs. 3 AufenthG).

Die **Abschiebungsandrohung** erfolgt meist mit demselben Bescheid, mit dem auch die Ausreisepflicht begründet wurde, z. B. mit einer **Ausweisung**. Die Abschiebungsandrohung kann daher bei Geduldeten schon lange her sein, muss später nicht noch einmal wiederholt werden und die Abschiebung kann danach in vielen Fällen unangekündigt erfolgen.

Dem Erlass der Abschiebungsandrohung stehen **Duldungsgründe** nicht entgegen. Nachdem die Abschiebungsandrohung unanfechtbar geworden ist, soll die Ausländerbehörde solche, die bereits zuvor gegeben waren, nicht mehr berücksichtigen dürfen. Sie können dann nur noch gerichtlich geltend gemacht werden, was ausdrücklich nicht ausgeschlossen ist (§ 59 Abs. 3 und 4 AufenthG).

Eine **Abschiebungsankündigung** ist nur erforderlich, wenn die betreffende Person aktuell mindestens ein Jahr lang durchgehend geduldet war (§ 60a Abs. 5 S. 4 AufenthG). Dabei ist unerheblich, ob die **Duldungsbescheinigung** gleich auf ein Jahr ausgestellt war oder ob mehrere hintereinander bescheinigte Duldungen einen ununterbrochenen Gesamtzeitraum von einem Jahr ergeben. Eine Abschiebungsankündigung wird jedenfalls dann nicht für erforderlich gehalten, wenn die Abschiebung nach Ablauf der Geltungsdauer der Duldungsbescheinigung erfolgen soll und auch dann nicht, wenn die Duldung nachträglich widerrufen wird. Weiterhin wird vielfach angenommen, auch bei einer mit aufschiebender Bedingung versehen Duldung sei eine Ankündigung der Abschiebung nicht erforderlich, wenn diese nach Eintritt dieser Bedingung erfolge.[10] Dies ist insbesondere problematisch bei der auflösenden Bedingung »die Duldung erlischt mit Bekanntgabe des Abschiebungstermins«. Der Abschiebungstermin darf nämlich seit 2015 nach Ablauf der Frist zur freiwilligen Ausreise gerade nicht mehr angekündigt oder bekanntgegeben werden (§ 59 Abs. 1 S. 8 AufenthG).

Das **Verbot, den Abschiebungstermin anzukündigen**, ist bereits für sich genommen höchst problematisch, da es zu beständiger Ungewissheit führt. Es kommt hinzu, dass damit in vielen Fällen de facto kein Rechtsschutz gegen eine drohende Abschiebung in Anspruch genommen werden kann. Ein für einen **Eilantrag** (▶ 5.2.2) notwendiges Rechtsschutzinteresse an einer gerichtlichen Entscheidung wird nämlich typischerweise von Gerichten erst dann angenommen, wenn ein Abschiebungstermin feststeht – den die betreffende Person nunmehr nicht kennen kann. Darin liegt ein Verstoß gegen das Gebot effektiven Rechtsschutzes aus Art. 19 Abs. 4 GG.[11] Bei Abschiebung aus der Haft **soll** diese jedoch mindestens eine Woche vorher angekündigt werden (§ 59 Abs. 5 S. 2 AufenthG, ▶ 7.2.2).

2.2.3 Durchführung der Abschiebung

Um abschätzen zu können, wann und wie eine Abschiebung droht, ist es sinnvoll, die rechtlichen Rahmenbedingungen ihrer Durchführung zu kennen.

Abschiebungen erfolgen vielfach aus Wohnungen und zu Zeiten, zu denen ihre Bewohner*innen schlafen. Die Ausländerbehörden und Polizeien haben diesbezüglich neue gesetzliche Befugnisse erhalten. Zunächst einmal ist ihnen die Durchsuchung der Wohnung nur mit richterlichem Durchsuchungsbeschluss und dem auch im

---

10 So z. B. Bergmann/Dienelt-Dollinger 2020, § 60a Rn. 63.
11 Vgl. auch Oberhäuser-Stahmann 2019, § 9 Rn. 37 ff.

Strafverfahren garantierten Recht auf Anwesenheit bei der Durchsuchung erlaubt. Bei Gefahr im Verzug kann die Durchsuchung aber von der die Abschiebung durchführenden Behörde selbst angeordnet werden (§ 58 Abs. 8 und 9 AufenthG). Allerdings hat der Gesetzgeber zusätzlich eine Eingriffsbefugnis für die Abschiebebehörden geschaffen, die darüber hinausgeht und keinem Richtervorbehalt unterliegt: das »Betreten« von Wohnungen (§ 58 Abs. 5 AufenthG). Obwohl juristisch an sich geklärt war, dass es sich auch bei dem Betreten einer Wohnung zum Zweck der Abschiebung rechtlich um einen Fall von Durchsuchung handelt, der dem Schutz von Art. 13 Abs. 2 GG und damit dem __Richtervorbehalt__ unterliegt[12], hat der Gesetzgeber die verfassungsrechtlich höchst bedenkliche Kompetenz geschaffen, Abschiebebehörden ohne Weiteres Zugang zu Wohnungen der Betroffenen zu gewähren. Dieser Zugriff soll unter eher nur symbolisch eingeschränkten Voraussetzungen auch zur Nachtzeit[13] möglich sein (§ 58 Abs. 7 AufenthG), wenn andernfalls die Abschiebung vereitelt würde. Davon gehen Ausländerbehörden regelmäßig aus, weshalb hier rechtswidrig die Ausnahme zur Regel werden kann.

Zudem wurde die sog. Direktabschiebung als »Festhalten« während der Verbringung zum Flughafen oder Grenzübergang gesetzlich zu legitimieren gesucht (§ 58 Abs. 4 AufenthG), indem sie nur als Freiheits*beschränkung* bezeichnet wird. Mit dieser Vorschrift können allerdings keine __Freiheitsentziehungen__ legitimiert werden, die ausschließlich richterlich angeordnet werden dürfen (§ 104 Abs. 2 S. 1 GG).

---

12 Herrmann (2017).
13 Was dies bedeutet ist in § 104 Abs. 3 StPO geregelt. Sie dauert von 21 bis 6 Uhr. Während dieser Zeit ist selbst der strafprozessuale Zugriff im Regelfall verboten.

Die zwangsweise Verabreichung von Medikamenten, auch von Beruhigungsmitteln, während einer Abschiebung oder sonstiger medizinischer Eingriffe ohne Einwilligung ist auch dann verboten, wenn sie durch einen die Abschiebung begleitenden Arzt oder eine Ärztin erfolgt. Es handelt sich vielmehr um strafbare Körperverletzung.[14] Unbegleitete Minderjährige dürfen nicht abgeschoben werden, wenn nicht zuvor feststeht, dass sie im Zielstaat der Abschiebung einer sorgeberechtigten Person oder einer geeigneten Aufnahmeeinrichtung übergeben werden können (§ 58 Abs. 1a AufenthG). Mit diesem auch in Art. 10 RüFü-RL geregelten Erfordernis besteht de facto ein eigener **Duldungsgrund** für unbegleitete Minderjährige bis zu ihrer Volljährigkeit. Denn es müsste vor einer Abschiebung aktiv festgestellt werden, dass eine entsprechende Aufnahmemöglichkeit im Zielstaat der Abschiebung existiert, was faktisch kaum gelingen kann.[15] Für die Abschiebung benötigen die Behörden einen Pass, da andernfalls der Zielstaat der Abschiebung die abgeschobene Person nicht einreisen ließe. Allerdings können sie, wenn von der betreffenden Person kein Pass zu erlangen ist, bei den Auslandsvertretungen der Herkunftsstaaten **Passersatzpapiere** beschaffen, mit denen die Abschiebung dann ebenfalls möglich ist. Deren Ausstellung geschieht unter höchst unterschiedlichen Bedingungen. Jedenfalls benötigen die deutschen Behörden dafür in aller Regel Dokumente, aus denen sich Nachweise für die Identität und Staatsangehörigkeit ergeben, z. B. abgelaufene Pässe, andere Ausweise, Geburtsurkunden, Führerscheine etc.

---

14 Näher Oberhäuser-Stahmann 2019, § 9 Rn. 34 ff.
15 Näher zum Ganzen BumF 2018, insbes. S. 18. Nach dem Bundesverwaltungsgericht (BVerwG, Urteil vom 13.06.2013 – 10 C 13.12) hat inzwischen auch der Europäische Gerichtshof diesen hohen Standard bekräftigt (EuGH, Urteil vom 14.01.2021 – C441/19).

Daher zielt eine Vielzahl gesetzlicher Regelungen darauf ab, Ausländer*innen dazu zu verpflichten, anzuhalten und zu zwingen, an der Passbeschaffung und der für diese erforderlichen Dokumente mitzuwirken.

Damit eine Abschiebung durchgeführt werden kann, müssen tatsächliche Voraussetzungen gegeben sein, die in diesem Unterkapitel besprochen wurden. Die Behörden brauchen einen Pass(ersatz), müssen die abzuschiebende Person z. B. in ihrer Wohnung antreffen und bis zur Rückführung unter ihrer Kontrolle halten können, sonst scheitert die Abschiebung. Wie beschrieben gibt es auch dafür rechtliche Rahmenbedingungen – die sich für die Betroffenen stetig verschlechtern. Im nächsten Kapitel geht es in Abgrenzung hierzu um die rechtlichen Gründe, aus denen es dazukommen kann, dass eine Abschiebung droht.

3 Gründe für eine drohende Aufenthaltsbeendigung

Es gibt viele verschiedene Gründe, aus denen eine Beendigung des Aufenthalts in der Bundesrepublik drohen kann und es ist im Rahmen dieses Bandes nur möglich, exemplarisch auf einzelne infrage kommende Konstellation einzugehen.

3.1 Erlöschen eines Aufenthaltstitels

Eine Aufenthaltsbeendigung steht zunächst einmal immer dann im Raum, wenn eine Person, die als <u>Drittstaatsangehörige</u> den Regelungen des Aufenthaltsgesetzes unterliegt, über einen befristeten Aufenthaltstitel – d. h. ein Visum oder eine Aufenthaltserlaubnis – verfügt und dieser nicht verlängert wird. Denn nach § 50 Abs. 1 AufenthG sind drittstaatsangehörige Personen zur Ausreise verpflichtet, wenn sie einen erforderlichen Aufenthaltstitel nicht oder nicht mehr besitzen bzw. bei türkischen Staatsangehörigen eine <u>Assoziationsberechtigung</u> nicht oder nicht mehr besteht.

> **Exkurs zu türkischen Staatsangehörigen**
>
> Wenn von Drittstaatsangehörigen, für die das Aufenthaltsgesetz gilt, die Rede ist, sind <u>Unionsbürger*innen</u> ausgenommen (aber ▶ 3.5). Eine rechtliche Zwischenposition liegt bei türkischen Staatsangehörigen vor. Sie unterliegen als Drittstaatsangehörige dem Aufenthaltsgesetz. Nach dem Beschluss Nr. 1/80 des Assoziationsrats EWG-Türkei über die Entwicklung der Assoziation (ARB 1/80) genießen sie aber europarechtliche Privilegien. So erwerben

türkische Arbeitnehmer*innen nach Art. 6 ARB 1/80 ein assoziationsrechtliches Aufenthaltsrecht nach einem abgestuften System. Hat ein*e türkische*r Arbeitnehmer*in sich ein Jahr lang erlaubt in der Bundesrepublik aufgehalten und war bei derselben Firma erwerbstätig, so besteht ein Anspruch auf Verlängerung der Aufenthaltserlaubnis für die Fortsetzung der Beschäftigung bei diesem Unternehmen. Nach drei Jahren Erwerbstätigkeit bei dem gleichen Unternehmen besteht dieser Anspruch auch fort, wenn der oder die Betroffene die Firma wechselt, aber weiterhin in demselben Beruf arbeitet. Nach vier Jahren ordnungsgemäßer Beschäftigung erwerben türkische Arbeitnehmer*innen ein unbeschränktes Aufenthalts- und Arbeitsrecht, unabhängig von dem ausgeübten Beruf. Dieses Recht gilt unabhängig vom tatsächlichen Besitz einer nationalen Aufenthaltserlaubnis, die Rechtsposition ergibt sich vielmehr direkt aus dem Assoziationsabkommen. Die zuständige Ausländerbehörde ist jedoch nach § 4 Abs. 2 S. 2 AufenthG verpflichtet, türkischen Assoziationsberechtigten auf Antrag eine Aufenthaltserlaubnis auszustellen. Die Assoziationsberechtigung entfällt, wenn der oder die türkische Arbeitnehmer*in ausgewiesen wird (Art. 14 Abs. 1 ARB 1/80) oder das Bundesgebiet für einen nicht unerheblichen Zeitraum ohne rechtfertigende Gründe (z. B. die Wehrdienstableistung in der Türkei ist ein solcher Rechtfertigungsgrund) verlassen und ihren Lebensmittelpunkt in einen anderen Staat verlagert hat. Auch Familienangehörige von assoziationsberechtigten türkischen Arbeitnehmer*innen können eine eigenständige Assoziationsberechtigung erwerben. Diese ist in Art. 7 ARB 1/80 geregelt und sieht ebenfalls ein Stufenmodell vor.[16] Die Rechtsposition nach dem ARB 1/80 zu kennen,

---

16 Für eine detaillierte Beschreibung der Rechtsstellung von türkischen Assoziationsberechtigten siehe Dietz 2020, S. 135–140.

> ist deswegen wichtig, weil sie von Ausländerbehörden in der Praxis oftmals nicht herangezogen wird, obwohl die Voraussetzungen erfüllt sind.

Wird ein Aufenthaltstitel nicht verlängert, so erlischt er von Gesetzes wegen in dem Zeitpunkt, in dem seine Geltungsdauer, die auf jedem befristeten Aufenthaltstitel vermerkt ist, abläuft (§ 51 Abs. 1 Nr. 1 AufenthG) oder, falls die Ausländerbehörde die Geltungsdauer nachträglich beschränkt hat (§ 7 Abs. 2 S. 2 AufenthG), zum Ende der nachträglich bestimmten Frist.

> **Praxishinweis zur Verlängerung von Aufenthaltstiteln**
>
> Es kommt trotz Ablaufs der Geltungsdauer nicht zum Erlöschen des Aufenthaltstitels und zur Begründung der Ausreisepflicht, wenn der oder die Betroffene vor seinem Ablauf die Verlängerung des Aufenthaltstitels oder die Erteilung eines anderen Aufenthaltstitels beantragt hat.[17] Der Aufenthalt dieser Person gilt dann bis zur Entscheidung der zuständigen Ausländerbehörde über den Antrag als rechtmäßig (Fiktionswirkung) und es wird eine sog. **Fiktionsbescheinigung** ausgestellt (§ 81 Abs. 4 und 5 AufenthG). Wird der Antrag verspätet gestellt, wird diese Fiktionswirkung nicht ausgelöst. Es steht aber im – pflichtgemäßen – Ermessen der Behörde, zur Vermeidung einer unbilligen Härte die Fortgeltungswirkung anzuordnen (§ 81 Abs. 4 S. 3 AufenthG). Bei der »unbilligen Härte« i. S. v. § 81 Abs. 4 S. 3 AufenthG handelt es sich um einen sog. unbestimmten Rechtsbegriff, der der vollen gerichtlichen Kontrolle unterliegt. Sie liegt etwa

---

17 Dies gilt nach § 81 Abs. 4 S. 2 AufenthG nicht für Schengen-Visa.

vor, wenn es sich um eine nur geringfügige Verspätung (weniger als drei Monate) handelt oder die Fristüberschreitung lediglich auf Fahrlässigkeit zurückzuführen ist und bei rechtzeitiger Antragstellung dem Antrag stattgegeben worden wäre. Auch wenn die betroffene Person die Verspätung nicht zu vertreten hat (z. B. längere Erkrankung), ist von einer unbilligen Härte auszugehen. Die betroffene Person muss die Gründe für die unbillige Härte glaubhaft machen.[18]

Bei bestehender Fiktionswirkung ist die betroffene Person in jeglicher rechtlichen Hinsicht so zu behandeln, als wäre der Aufenthaltstitel noch nicht abgelaufen. Sie gilt auch für etwaige Nebenbestimmungen des Aufenthaltstitels. Diese Fiktionswirkung tritt auch ein, wenn eine drittstaatsangehörige Person, die sich rechtmäßig in der Bundesrepublik aufhält (siehe §§ 39 bis 41 der Aufenthaltsverordnung), rechtzeitig erstmalig einen Aufenthaltstitel beantragt (§ 81 Abs. 3 S. 1 AufenthG). Bei verspäteter Antragstellung gilt die Abschiebung bis zu einer Entscheidung über den Antrag als ausgesetzt (Duldungsfiktion).

Die **Fiktionswirkung** endet mit der Entscheidung der Ausländerbehörde über den (Verlängerungs-)Antrag. Bei Ablehnung des Antrags können Betroffene – je nach Bundesland – einen Widerspruch oder eine Klage erheben, jeweils gerichtet auf die Verpflichtung der Behörde zur Erteilung des beantragten Aufenthaltstitels unter Aufhebung des Versagungsbescheides. Da diese **Rechtsbehelfe** die Fiktionswirkung nicht wiederaufleben lassen und Widerspruch und Klage gegen die Ablehnung eines Antrages auf Erteilung oder Verlängerung des Aufenthaltstitels nach § 84

---

18 Für weitere Einzelheiten siehe Sachsenmaier, InfAuslR 2019, 270, 274 f.

Abs. 1 S. 1 AufenthG keine **aufschiebende Wirkung** entfalten, muss zusätzlich beim zuständigen Verwaltungsgericht die Anordnung der aufschiebenden Wirkung (**Eilrechtsschutz** nach § 80 Abs. 5 VwGO, ▸ 5.2.2) beantragt werden. Wird dem Antrag stattgegeben, führt dies zwar nicht zur Wiederherstellung der Fiktionswirkung, aber zumindest zu einem Aufschub des Vollzugs der Ausreisepflicht. Eine Aufenthaltsbeendigung darf dann bis zur Entscheidung über den Widerspruch oder die Klage nicht erfolgen. Allerdings löst nicht bereits der Antrag auf Eilrechtsschutz diesen Aufschub aus, sondern erst ein entsprechender positiver verwaltungsgerichtlicher Beschluss.

Neben der Nicht-Verlängerung eines Aufenthaltstitels gibt es noch andere Gründe, aus denen ein bestehender Aufenthaltstitel erlöschen kann, sodass eine Aufenthaltsbeendigung droht. Diese Gründe sind in § 51 Abs. 1 S. 1 Nr. 2–8 AufenthG genannt und umfassen u. a. die **Rücknahme** und den **Widerruf** eines Aufenthaltstitels, die nicht nur vorübergehende Ausreise aus dem Bundesgebiet und die **Ausweisung** (▸ 3.4). Die Rücknahme eines Aufenthaltstitels richtet sich nach § 48 VwVfG. Sie bezweckt den Entzug eines von Anfang an rechtswidrigen Aufenthaltstitels, z. B. wenn die Ausländerbehörde vom Bestehen einer »Scheinehe« ausgeht. Der Widerruf nach § 49 VwVfG richtet sich auf einen rechtmäßig erteilten Aufenthaltstitel, wenn sich die Situation verändert hat, z. B. eine das Aufenthaltsrecht begründende Ehe nicht mehr besteht. Widerspruch und Klage gegen die Rücknahme oder den Widerruf eines bestehenden Aufenthaltstitels haben aufschiebende Wirkung, sodass **aufenthaltsbeendende Maßnahmen** erst nach Abschluss des gerichtlichen Hauptsacheverfahrens (▸ 5.2.1) drohen.

Für Personen, die über eine Niederlassungserlaubnis (unbefristeter Aufenthaltstitel) verfügen, gelten die aufgeführten Erlöschensgründe auch, jedoch sieht § 51 Abs. 2 AufenthG mehrere Ausnahmen für diese Personengruppe vor.

3.2 Unerlaubte (Wieder-)Einreise

Ein Aufenthaltsbeendigungsverfahren droht drittstaatsangehörigen Personen zudem in der Regel auch dann, wenn sie wegen einer unerlaubten Einreise von Gesetzes wegen vollziehbar ausreisepflichtig sind (§ 58 Abs. 2 S. 1 Nr. 1 AufenthG). Die Einreise einer drittstaatsangehörigen Person ist gemäß § 14 Abs. 1 AufenthG unerlaubt, wenn sie ohne erforderlichen Pass bzw. gültige Passersatzpapiere erfolgt oder wenn der oder die Betroffene einen erforderlichen Aufenthaltstitel nicht besitzt. Die Einreise ist auch dann unerlaubt, wenn die drittstaatsangehörige Person zwar der Visumspflicht nachkommt, das Visum aber nachträglich mit Wirkung für die Vergangenheit zurückgenommen wird (z. B. wegen Drohung, Bestechung oder falscher Angaben im Visumsverfahren). Auch wer nach einer Abschiebung oder Ausweisung entgegen einer bestehenden **Einreisesperre** und ohne eine ausnahmsweise verfügte Betretenserlaubnis (§ 11 Abs. 8 AufenthG) in das Bundesgebiet einreist, tut dies unerlaubt im Sinne dieser Vorschrift. Voraussetzung hierfür ist allerdings, dass überhaupt ein wirksames **Einreise- und Aufenthaltsverbot** verhängt worden ist.

Zu beachten ist in diesem Zusammenhang, dass Unionsbürger*innen und andere Staatsangehörige der sog. EWR-Staaten (Norwegen, Liechtenstein und Island) und der Schweiz – anders als Drittstaatsangehörige – für die Einreise in die Bundesrepublik weder der **Passpflicht** unterliegen noch eine Aufenthaltserlaubnis oder ein Visum benötigen. Weitere Ausnahmen vom Erfordernis eines Aufenthaltstitels für die Einreise gelten für Staatsangehörige Australiens, Israels, Japans, der Republik Korea, Neuseelands, der USA, Andorras, Brasiliens, El Salvadors, Honduras, Monacos und San Marinos (§ 41 AufenthV). Auch bei türkischen **Assoziationsberechtigten** finden § 14 Abs. 1

Nrn. 1 und 2 AufenthG keine Anwendung.[19] Drittstaatsangehörige, die über einen nationalen Aufenthaltstitel eines anderen Schengen-Staates verfügen oder für die die Europäische Gemeinschaft die Visumspflicht aufgehoben hat, benötigen für die Einreise und den Aufenthalt in der Bundesrepublik von bis zu 90 Tagen in einem Zeitraum von 180 Tagen unter bestimmten Voraussetzungen ebenfalls keinen Aufenthaltstitel nach dem AufenthG.[20] Ein Aufenthaltsbeendigungsverfahren darf auf die Feststellung einer unerlaubten Einreise außerdem nur dann gestützt werden, wenn nicht zwischenzeitlich ein Aufenthaltsrecht begründet worden ist. Denn dieses beseitigt den rechtlichen Makel einer unerlaubten Einreise. Das gilt auch, wenn zwischenzeitlich ein Asylverfahren durchgeführt wurde.

3.3 Ablehnung des Asylantrags

Hat ein*e Drittstaatsangehörige*r ein Asylgesuch geäußert, so ist der Aufenthalt dieser Person ab der Ausstellung der Bescheinigung über die Meldung als Asylsuchende*r (sog. Ankunftsnachweis nach § 63a AsylG) während des gesamten Asylverfahrens gemäß § 55 Abs. 1 AsylG **gestattet**. In dieser Zeit darf die Ausländerbehörde daher kein Verfahren zur Aufenthaltsbeendigung einleiten. Lehnt das für die Durchführung von Asylverfahren zuständige Bundesamt für Migration und Flüchtlinge (BAMF) den Antrag in allen Punkten[21] ab, so ist zwischen verschiedenen Ablehnungs-

---

19 Vgl. Huber/Mantel-Westphal/Huber 2021, § 14 AufenthG Rn. 8, 14f.
20 Vgl. Bergmann/Dienelt – Winkelmann/Kolber 2020, § 14 AufenthG Rn. 11 ff.
21 Das Bundesamt prüft neben der Asylberechtigung nach Art. 16a Abs. 1 GG auch die Zuerkennung der Flüchtlingseigenschaft nach § 3 AsylG, die Gewährung subsidiären Schutzes nach § 4 AsylG und die sog. nationalen Abschiebungsverbote nach § 60 Abs. 5 und 7 AufenthG.

formen zu unterscheiden. Denn von der Art der Ablehnung hängt ab, ab welchem Zeitpunkt konkret mit aufenthaltsbeendenden Maßnahmen zu rechnen ist.

Zunächst kommt hier eine Ablehnung des Asylantrags als »einfach« unbegründet in Betracht. Eine solche lässt sich daran erkennen, dass bei den ersten Prüfpunkten jeweils »wird abgelehnt« vermerkt ist. Diese Ablehnung geht mit einer Aufforderung zur Ausreise (binnen 30 Tagen) und einer Abschiebungsandrohung einher (§§ 34 Abs. 2 S. 1, 38 Abs. 1 AsylG). Betroffene können hiergegen innerhalb von zwei Wochen eine Klage vor dem Verwaltungsgericht erheben, ein vorheriges **Widerspruchsverfahren** findet in Asylsachen nicht statt. Diese Klage hat nach § 75 Abs. 1 AsylG aufschiebende Wirkung, d. h. eine Aufenthaltsbeendigung droht in diesem Fall erst ab dem Ablauf von 30 Tagen nach unanfechtbarer Abweisung der Klage. Während des Klageverfahrens bleibt der Aufenthalt der betroffenen Person gestattet und die Abschiebungsandrohung darf nicht vollzogen werden.

Wird der Asylantrag allerdings gemäß § 30 AsylG als »offensichtlich unbegründet« abgelehnt, dann hat eine gegen den Ablehnungsbescheid erhobene Klage keine aufschiebende Wirkung (§§ 36 Abs. 3, 75 Abs. 1 AsylG, § 80 Abs. 2 S. 1 Nr. 3 VwGO). Die Ausreisefrist beträgt im Falle dieser qualifizierten Ablehnung nur eine Woche. Stellt der oder die Antragsteller*in jedoch neben der Klageerhebung innerhalb einer Woche bei dem zuständigen Verwaltungsgericht einen Antrag auf Anordnung der **aufschiebenden Wirkung**, dann ist eine Abschiebung vor der gerichtlichen Entscheidung unzulässig (§ 36 Abs. 3 S. 8 AsylG). Ordnet das Gericht die aufschiebende Wirkung wegen ernstlicher Zweifel an der Rechtmäßigkeit des angefochtenen Bescheides an, dann endet die Ausreisefrist 30 Tage nach dem unanfechtbaren Abschluss des Klageverfahrens, sodass – wie bei einer einfachen Ablehnung – der Aufenthalt während des gesamten verwaltungsgerichtlichen Verfahrens gestattet bleibt und keine Aufenthaltsbeendigung zu befürchten ist. Bei der Ablehnungsform als »offensichtlich unbegründet« ist allerdings zu beachten, dass die Frist für die Einlegung von Rechtsmitteln stark verkürzt ist und vor allem der Eilrechtsschutzantrag (▶ 5.2.2) sehr schnell zu begründen ist. Deshalb sollten Betroffene oder Berater*innen sich umgehend um anwaltliche Unterstützung bemühen.

Gleiches gilt auch für eine Ablehnung des Asylantrags als »unzulässig« nach § 29 AsylG. Eine solche Ablehnung erfolgt insbesondere dann, wenn das BAMF meint, dass nach der sog. **Dublin-III-Verordnung** (Verordnung (EU) Nr. 604/2013) ein anderer europäischer Staat für die Durchführung des Asylverfahrens zuständig sei (§ 29 Abs. 1 Nr. 1 AsylG). In diesem Fall erlässt das Bundesamt eine Abschiebungsanordnung nach § 34a Abs. 1 AsylG. Eine Klage gegen den BAMF-Bescheid hat auch in dieser Konstellation keine aufschiebende Wirkung, sodass eine Aufenthaltsbeendigung während des laufenden Klageverfahrens droht. Wie bei der Ablehnung als »offensichtlich unbegründet« können Betroffene aber innerhalb einer Woche nach Zustellung des Bescheides einen Antrag auf Anordnung der aufschiebenden Wirkung der Klage gemäß § 80 Abs. 5 VwGO beim Verwaltungsgericht stellen (§ 34a Abs. 2 S. 1 AsylG). Eine Abschiebung ist dann bis zur Entscheidung über diesen Eilrechtsschutzantrag unzulässig (§ 34a Abs. 2 S. 2 AsylG). Bei diesen sog. Dublin-Bescheiden ist allerdings eine eingehende Abwägung vorzunehmen, ob gegen den Bescheid nur Klage erhoben oder zusätzlich auch ein Eilantrag gestellt werden sollte. Denn nach der Dublin-III-Verordnung hat die Bundesrepublik in dem Fall, dass die Zuständigkeit eines anderen Mitgliedstaates festgestellt wird, fristgerecht ein Aufnahme- bzw. Wiederaufnahmeersuchen an diesen Staat zu richten (Art. 21 f., 23 ff., Dublin-III-Verordnung). Sodann besteht gemäß Art. 29 Abs. 1 der

Verordnung die Verpflichtung, die betroffene Person innerhalb von sechs Monaten nach Annahme dieses Ersuchens an den zuständigen Mitgliedstaat zu überstellen. Ist diese Frist verstrichen, ohne dass der oder die Betroffene überstellt worden ist, geht die Zuständigkeit für die Durchführung des Asylverfahrens auf die Bundesrepublik über (Art. 29 Abs. 2).

> **Praxishinweis zum Ablauf der Überstellungsfrist**
>
> Die Daten für die Berechnung der Sechs-Monats-Frist lassen sich dem BAMF-Bescheid entnehmen. Sobald die Frist abgelaufen ist, können Betroffene beim Bundesamt einen Antrag auf Wiederaufgreifen des Verfahrens stellen und beantragen, dass der Asylantrag nunmehr im nationalen Verfahren in der Bundesrepublik geprüft werden soll. Ein solcher Wiederaufgreifensantrag sollte ggf. zusätzlich mit einem Eilrechtsschutzantrag auf Erlass einer einstweiligen Anordnung nach § 123 VwGO abgesichert werden.

Ein Antrag auf Anordnung der aufschiebenden Wirkung bewirkt jedoch, dass diese Überstellungsfrist unterbrochen wird. Wird der Eilrechtsschutzantrag abgelehnt, dann beginnt die Frist mit Zustellung des Gerichtsbeschlusses (an das BAMF) neu zu laufen. Wird dem Eilantrag stattgegeben, beginnt die Frist frühestens nach Ablauf von vier Monaten nach Zustellung des Urteils des Verwaltungsgerichts über die Klage.[22] Ein solcher Antrag sollte daher nur gestellt werden, wenn die Klage tatsächlich Aussicht auf Erfolg hat. Darüber hinaus ist zu beachten, dass die sechsmonatige Überstellungsfrist durch die Bundesrepub-

---
22 Vgl. Bergmann/Dienelt – Bergmann 2020, § 29 AsylG Rn. 43.

lik einseitig gemäß Art. 29 Abs. 2 Dublin-III-Verordnung auf zwölf Monate verlängert werden kann, wenn die Überstellung wegen der Inhaftierung der betroffenen Person (Untersuchungs- oder Strafhaft) nicht möglich ist, bzw. auf 18 Monate, wenn sie »flüchtig« ist.[23]

> **Praxishinweis**
>
> Umstritten war unter Jurist*innen lange Zeit, ob eine Person, die sich nach dem Erhalt eines Dublin-Bescheides in das sog. **Kirchenasyl** begibt, ebenfalls als »flüchtig« angesehen werden kann.[24] Nach der Rechtsprechung des EuGH ist eine Person flüchtig i. S. v. Art. 29 Abs. 2 S. 2 Dublin-III-VO, wenn sie sich den Behörden gezielt entzieht, um die Überstellung zu vereiteln. Dies sei anzunehmen, wenn sie die ihr zugewiesene Unterkunft verlassen habe, ohne die Behörde über die Abwesenheit zu unterrichten.[25] Beim Kirchenasyl ist demnach zu unterscheiden, ob es sich um ein offenes oder ein verdecktes Kirchenasyl handelt. Im Falle eines offenen Kirchenasyls teilt die Kirchengemeinde der zuständigen Ausländerbehörde mit, dass und wo die betroffene Person sich in ihr Kirchenasyl begeben hat. Die Behörde weiß also, wo sich die oder der Betroffene befindet und ist weder rechtlich noch tatsächlich daran gehindert, die Überstellung durchzuführen. Das Bundesverwaltungsgericht hat mittlerweile geklärt, dass eine sich im offenen Kirchenasyl befindliche Person nicht als »flüchtig« im Sinne der Dublin-III-Verordnung anzusehen ist.[26]

---

23 Siehe dazu Marx 2020, § 9 Rn. 53–57.
24 Vgl. Marx 2020, § 9 Rn. 54–56.
25 EuGH, Urteil vom 19.3.2019, C-163/17 (Rechtssache Jawo), ZAR 2019, 192.
26 BVerwG, Urteil vom 26.1.2021 – 1 C 42/20.

Das BAMF lehnt einen Asylantrag auch dann als unzulässig ab, wenn der oder die Antragsteller*in bereits in einem anderen EU-Staat <u>internationalen Schutz</u> erhalten hat (§ 29 Abs. 1 Nr. 2 AsylG).[27] In diesem Fall verbindet es den Ablehnungsbescheid mit einer Ausreisefrist von einer Woche und droht die Abschiebung in den anderen EU-Staat nach §§ 34, 35, 36 Abs. 1 AsylG an. Da der Klage gegen einen solchen Bescheid ebenfalls keine aufschiebende Wirkung zukommt und die Abschiebungsandrohung sofort vollziehbar ist, muss auch hier zusätzlich innerhalb einer Woche ein Antrag auf Anordnung der aufschiebenden Wirkung nach § 80 Abs. 5 VwGO gestellt werden.

Wurde von der betroffenen Person, also in der Vergangenheit, ein Asylverfahren durchlaufen, ist ein genauer Blick auf die Ablehnungsgründe und die Inanspruchnahme gerichtlichen Rechtsschutzes erforderlich, um zu entscheiden, ob eine Abschiebung unmittelbar drohen kann.

3.4 Ausweisung

Die Beendigung des Aufenthalts in der Bundesrepublik droht darüber hinaus auch, wenn eine drittstaatsangehörige Person von der zuständigen Ausländerbehörde aus dem Bundesgebiet ausgewiesen wird. Die Ausweisung ist ein von der Abschiebung zu unterscheidender Verwaltungsakt, der zum Erlöschen eines bestehenden Aufenthaltstitels führt (§ 51 Abs. 1 Nr. 5 AufenthG). Eine Ausweisung ist zumeist Folge von strafrechtlichen Verurteilungen und kann sowohl Inhaber*innen eines Aufenthaltstitels als

---

27 Internationaler Schutz umfasst sowohl die Zuerkennung der Flüchtlingseigenschaft als auch die Gewährung subsidiären Schutzes.

auch Personen betreffen, die einen solchen nie besessen haben oder nicht mehr besitzen (zu den Auswirkungen auf einen bestehenden Aufenthaltstitel ▸ 8.1). Eine Ausweisung ist dabei nach der Rechtsprechung des Bundesverwaltungsgerichts aus general- und spezialpräventiven Gründen möglich (BVerwG, Urteil v. 12.7.2018 – 1 C 16/17).[28] Das Ausweisungsrecht ist in den §§ 53 ff. AufenthG geregelt. Nach § 53 Abs. 1 AufenthG wird eine drittstaatsangehörige Person, deren Aufenthalt die öffentliche Sicherheit und Ordnung, die freiheitliche demokratische Grundordnung oder sonstige erhebliche Interessen der Bundesrepublik Deutschland gefährdet, ausgewiesen, wenn die unter Berücksichtigung aller Umstände des Einzelfalles vorzunehmende Abwägung der Interessen an der Ausreise mit den Interessen an einem weiteren Verbleib der Person im Bundesgebiet ergibt, dass das öffentliche Interesse an der Ausreise überwiegt. Die Ausländerbehörde hat bei der Entscheidung über eine Ausweisung kein Ermessen. Liegen die Tatbestandsvoraussetzungen vor und ist die Ausweisung aus Sicht der Behörde verhältnismäßig, dann muss sie die Ausweisung zwingend verfügen. Das heißt aber auch, dass die Ausweisung der vollen gerichtlichen Kontrolle unterliegt.

Die Ausweisungsverfügung muss also Ergebnis einer dreistufigen Prüfung sein. Zunächst einmal setzt sie eine Gefahrenprognose voraus, im Rahmen derer die Behörde feststellen muss, ob aus dem Verhalten der betroffenen drittstaatsangehörigen Person in der Vergangenheit eine gegenwärtige und zukünftige Gefahr resultiert. Besteht

---

28 Bei der spezialpräventiven Ausweisung soll die betroffene drittstaatsangehörige Person von Wiederholungstaten abgehalten werden. Eine generalpräventive Ausweisung soll hingegen der Abschreckung anderer Drittstaatsangehöriger vor entsprechendem strafrechtlich relevantem Verhalten dienen. Es soll auch zulässig sein, beide Zwecke miteinander zu verbinden.

eine solche Gefahr nicht (mehr), dann darf auch keine Ausweisung erfolgen. Zudem muss die Behörde eine ergebnisoffene Abwägungsentscheidung zwischen dem öffentlichen **Ausweisungsinteresse** und dem Bleibeinteresse der betroffenen Person treffen, wobei Ersteres in § 54 AufenthG konkretisiert wird und Letzteres in § 55 AufenthG. Die Abwägung muss unter Berücksichtigung aller Umstände des Einzelfalls erfolgen, wobei insbesondere die Dauer des Aufenthalts, die persönlichen, wirtschaftlichen und sonstigen Bindungen im Bundesgebiet und im Herkunftsstaat, die Folgen der Ausweisung für Familienangehörige sowie die Rechtstreue der betroffenen Person miteinzubeziehen sind. Und schließlich darf die Ausweisung nicht gegen den Verhältnismäßigkeitsgrundsatz verstoßen. Eine Ausweisungsverfügung kann folglich auf allen Ebenen dieser Prüfung inhaltlich angegriffen werden.

Es gibt zudem Personengruppen, bei denen eine Ausweisung nur unter Berücksichtigung zusätzlicher Einschränkungen erfolgen darf:

- Türkische **Assoziationsberechtigte** und Inhaber*innen eines Aufenthaltstitels nach § 9a AufenthG (Erlaubnis zum Daueraufenthalt – EU): Jemand aus diesem Personenkreis darf nur aus spezial-, nicht generalpräventiven Gründen ausgewiesen werden, wenn von ihr oder ihm gegenwärtig eine schwerwiegende Gefahr für die öffentliche Sicherheit und Ordnung ausgeht, die ein Grundinteresse der Gesellschaft berührt und die Ausweisung für die Wahrung dieses Interesses unerlässlich ist. Hierbei sind die Maßstäbe von Art. 14 ARB 1/80 und Art. 12 der Daueraufenthaltsrichtlinie (Richtlinie 2003/109/EG) zu berücksichtigen;
- Asylberechtigte und Personen, denen die Flüchtlingseigenschaft zuerkannt wurde: Diese Personen dürfen nur ausgewiesen werden, wenn sie aus schwerwiegenden Gründen als eine Gefahr für die Sicherheit der

Bundesrepublik Deutschland oder als eine terroristische Gefahr anzusehen sind oder sie eine Gefahr für die Allgemeinheit darstellen, weil sie wegen einer schweren Straftat rechtskräftig verurteilt wurden.[29] Personen, denen subsidiärer Schutz gewährt wurde: Sie dürfen nur nach Begehen einer schweren Straftat ausgewiesen werden oder wenn sie eine Gefahr für die Allgemeinheit oder die Sicherheit der Bundesrepublik Deutschland darstellen.[30]

– Asylbewerber*innen: Angehörige dieses Personenkreises dürfen grundsätzlich nur unter der Bedingung ausgewiesen werden, dass das Asylverfahren unanfechtbar ohne Anerkennung als Asylberechtigte*r oder ohne die Zuerkennung internationalen Schutzes abgeschlossen wird.[31] Die Feststellung von **nationalen Abschiebungsverboten** steht einer Ausweisung aber nicht entgegen.

Wegen der weitreichenden Auswirkungen hat die zuständige Ausländerbehörde bei Feststellung eines Ausweisungsinteresses die betroffene Person zwingend vorher zu der beabsichtigten Ausweisung anzuhören (§ 28 VwVfG). Damit wird der Person ermöglicht, bereits in diesem frühen Stadium anhand des Anhörungsschreibens festzu-

---

29 Näher dazu: Marx 2020, § 7 Rn. 188–192.
30 Näher dazu: Marx 2020, § 7 Rn. 193–195.
31 Von dieser Bedingung kann abgesehen werden, wenn einer der beiden in § 53 Abs. 4 S. 2 AufenthG genannten Fälle vorliegt. Eine unbedingte Ausweisung kann demnach insbesondere dann erfolgen, wenn von der*dem betroffenen Asylsuchenden aus schwerwiegenden Gründen eine Gefahr für die Sicherheit der Bundesrepublik Deutschland oder eine terroristische Gefahr oder eine Gefahr für die Allgemeinheit ausgeht, weil die betroffene Person wegen einer schweren Straftat rechtskräftig verurteilt wurde. Beachte: Der Verweis auf Abs. 3 ist ein redaktionelles Versehen des Gesetzgebers, es sollte Abs. 3a heißen (vgl. Bergmann/Dienelt – Bauer 2020, § 53 AufenthG Rn. 103).

stellen, welche für sie günstigen Gesichtspunkte bereits bekannt sind und sie kann der Behörde nicht bekannte Tatsachen, die ein Bleibeinteresse begründen, ergänzend mitteilen. Auch die sonstigen Angaben der Behörde sollten an dieser Stelle auf ihre Richtigkeit überprüft und etwa auf mehrfach aufgeführte Strafverfahren oder das Bestehen eines besonderen Ausweisungsschutzes (i. S. v. § 53 Abs. 3, 3a und 3b AufenthG) hingewiesen werden.

Gegen den Erlass eines Ausweisungsbescheids können Betroffene innerhalb eines Monats nach Zugang entweder Widerspruch einlegen oder Klage erheben. Ob ein Widerspruch oder eine Klage statthaft ist, unterscheidet sich von Bundesland zu Bundesland und ergibt sich aus der Rechtsbehelfsbelehrung der Ausweisungsverfügung. Dort steht auch, bei welcher Behörde oder welchem Verwaltungsgericht der Rechtsbehelf einzulegen ist. Widerspruch und Klage gegen die Ausweisung haben eine aufschiebende Wirkung, sodass die Ausweisung erst nach rechtskräftigem Abschluss des verwaltungsgerichtlichen Verfahrens vollzogen werden darf (§ 84 Abs. 2 S. 1 AufenthG).[32] Im Falle der Ausweisung gilt allerdings eine Sonderregelung, nach der die aufschiebende Wirkung den Betroffenen nur insofern etwas hilft, als sie während der Verfahrensdauer nicht abgeschoben werden dürfen. Die sonstigen Wirkungen der Ausweisung treten aber dennoch ein, d.h. ein ggf. noch vorhandener Aufenthaltstitel erlischt. Die Betroffenen erhalten dann lediglich eine sog. **Verfahrensduldung**. Eine

---

32 Manchmal ordnet die Ausländerbehörde die sofortige Vollziehung der Ausweisungsverfügung an. Das bedeutet, dass Widerspruch und Klage keine aufschiebende Wirkung haben und eine Aufenthaltsbeendigung trotzdem unmittelbar droht. In einem solchen Fall muss dann zusätzlich zum Widerspruch bzw. zur Klage ein Antrag auf Wiederherstellung der aufschiebenden Wirkung nach § 80 Abs. 5 VwGO beim zuständigen Verwaltungsgericht gestellt werden.

Rückausnahme besteht wiederum für den Zugang zum Arbeitsmarkt. War der betroffenen Person die Ausübung einer Erwerbstätigkeit erlaubt vor der Ausweisung erlaubt, so gilt diesbezüglich eine Fortgeltungsfiktion und es darf auch während der Verfahrensdauer weiterhin gearbeitet werden (§ 84 Abs. 2 S. 1 und 2 AufenthG).

3.5 Verlust des Freizügigkeitsrechts

Auch EU-Bürger*innen kann durchaus eine Beendigung ihres Aufenthalts in der Bundesrepublik drohen. Die Regelungen des Aufenthaltsgesetzes finden – vorbehaltlich einiger Ausnahmen – auf <u>Unionsbürger*innen</u> keine Anwendung (§ 1 Abs. 2 Nr. 1 AufenthG), denn sie fallen unter das Gesetz über die allgemeine Freizügigkeit von Unionsbürgern (FreizügG/EU). Sie dürfen folglich auch nicht nach den §§ 53 ff. AufenthG ausgewiesen werden. Gleiches gilt auch für ihre (drittstaatsangehörigen) Familienangehörigen (§ 1 FreizügG/EU). Als Familienangehörige gelten hierbei

- Ehegatten und <u>Lebenspartner*innen</u>,
- Kinder und Enkelkinder (der Unionsbürger*innen bzw. derer Ehegatten oder Lebenspartner*innen) unter 21 Jahren;
- Verwandte der Unionsbürger*innen und Ehegatten bzw. Lebenspartner*innen in gerade aufsteigender und gerade absteigender Linie (Kinder, Enkelkinder, Eltern, Großeltern); Voraussetzung ist, dass die Unionsbürger*innen bzw. ihre Ehegatten oder Lebenspartner*innen diesen Personen Unterhalt gewähren (unabhängig von deren Alter).

Um zu verstehen, unter welchen Voraussetzungen Unionsbürger*innen und ihren Familienangehörigen eine Beendigung ihres Aufenthalts drohen kann, ist es zunächst erforderlich, die Besonderheiten zu verstehen, die für die rechtliche Regelung ihres Aufenthalts in der Bundesrepublik gelten.

Für Aufenthalte von bis zu drei Monaten benötigen Unionsbürger*innen lediglich ein gültiges Personaldokument (Ausweis oder Reisepass), ihre sie begleitenden oder ihnen nachziehenden drittstaatsangehörigen Familienangehörigen dagegen einen Pass oder Passersatz. Weitere Voraussetzungen müssen sie nicht erfüllen (§ 2 Abs. 5 FreizügG/EU).

Für einen längeren Aufenthalt im Bundesgebiet müssen Unionsbürger*innen dagegen über ein materielles Freizügigkeitsrecht nach § 2 Abs. 2 FreizügG/EU verfügen. Ein solches haben sie als
- Arbeitnehmer*innen,
- Auszubildende,
- Arbeitsuchende (**grundsätzlich** aber nur für sechs Monate),
- niedergelassene selbständige Erwerbstätige,
- Dienstleistungserbringer*innen und -empfänger*innen,
- nicht Erwerbstätige, wenn sie über ausreichenden Krankenversicherungsschutz und ausreichende Existenzmittel verfügen (§ 4 FreizügG/EU), und als
- Daueraufenthaltsberechtigte nach § 4 a FreizügG/EU[33]

---

[33] Nach fünf Jahren erwerben Unionsbürger*innen, die durchgehend über ein materielles Freizügigkeitsrecht verfügen (siehe obere Spiegelstriche und § 2 Abs. 3 FreizügG/EU) und sich ohne erhebliche Unterbrechungen im Bundesgebiet aufgehalten haben, ein dauerhaftes Recht auf Einreise und Aufenthalt. Gleiches gilt für ihre Familienangehörigen. Sind ihre Familienangehörigen aber nicht auch selbst Unionsbürger*innen, sondern Drittstaatsangehörige, so gilt es für diese aber nur, wenn sie sich seit fünf Jahren mit dem oder der Unionsbürger*in ständig rechtmäßig im Bundesgebiet aufgehalten haben (siehe Bergmann/Dienelt –

Ein solches Freizügigkeitsrecht haben auch die Familienangehörigen von Unionsbürger*innen, wenn der*die Unionsbürger*in eine der o. g. Voraussetzungen erfüllen.[34] Die wesentliche Besonderheit des Freizügigkeitsrechts gegenüber einem Aufenthaltstitel nach dem Aufenthaltsgesetz besteht darin, dass das Freizügigkeitsrecht einfach aus der **Unionsbürger*innenschaft** selbst entsteht und nicht erst bei einer Behörde beantragt und von dieser bewilligt werden muss.

Unionsbürger*innen und ihren Familienangehörigen kann eine Aufenthaltsbeendigung drohen, wenn sie die Voraussetzungen eines materiellen Freizügigkeitsrechts nicht oder nicht mehr erfüllen. So kann die Ausländerbehörde von ihnen verlangen, dass sie ihr materielles Freizügigkeitsrecht drei Monate nach der Einreise glaubhaft machen, oder das Vorliegen bzw. den Fortbestand der Voraussetzungen des Freizügigkeitsrechts aus besonderem Anlass – allerdings nicht ohne Anlass – überprüfen (§ 5 Abs. 2 und 3 FreizügG/EU). Sind die Voraussetzungen für das materielle Freizügigkeitsrecht innerhalb von fünf Jahren nach Wohnsitznahme in der Bundesrepublik entfallen oder lagen sie zu keinem Zeitpunkt vor, dann kann die Ausländerbehörde den Verlust des Freizügigkeitsrechts feststellen (§ 5 Abs. 4 FreizügG/EU). Dies erfolgt in Form eines Verwaltungsaktes, der in der Regel mit einer Ausreiseaufforderung unter Setzung einer Ausreisefrist sowie einer Abschiebungsandrohung verbunden wird.

Bergmann 2020, § 4a FreizügG/EU Rn. 38 ff.). Unter den Voraussetzungen des § 4a Abs. 2 FreizügG/EU kann ein solches Daueraufenthaltsrecht auch schon früher entstehen.

34 Im Falle von nicht erwerbstätigen Unionsbürger*innen müssen auch ihre Familienangehörigen nach § 4 FreizügG/EU ausreichenden Krankenversicherungsschutz und ausreichende Existenzmittel nachweisen.

Neben der Verlustfeststellung nach § 5 Abs. 4 FreizügG/EU können Unionsbürger*innen und ihre Familienangehörigen ihr Freizügigkeitsrecht nach § 6 Abs. 1 FreizügG/EU auch aus Gründen der öffentlichen Ordnung, Sicherheit oder Gesundheit verlieren. Insbesondere nach strafrechtlichen Verurteilungen greifen die Ausländerbehörden oftmals auf dieses Instrument zurück. Verlustfeststellungen nach § 6 FreizügG/EU dürfen aber nicht auf der bloßen strafrechtlichen Verurteilung basieren, sondern sind nur dann zulässig, wenn die zugrundeliegenden Straftaten ein persönliches Verhalten erkennen lassen, das eine gegenwärtige, tatsächlich und hinreichend schwere Gefährdung der öffentlichen Ordnung darstellt, die ein Grundinteresse der Gesellschaft berührt (§ 6 Abs. 2 FreizügG/EU). Es liegen insofern gegenüber der Ausweisung nach §§ 53 ff. AufenthG erhöhte Anforderungen vor. Diese steigen zudem noch mit der Dauer des Aufenthalts. So darf nach § 6 Abs. 4 eine Verlustfeststellung nach Erwerb des **Daueraufenthaltsrechts** (§ 4a FreizügG/EU) nur aus schwerwiegenden Gründen getroffen werden. Gemäß § 6 Abs. 5 FreizügG/EU ist eine Verlustfeststellung nach zehn Jahren Aufenthalt in der Bundesrepublik nur aus zwingenden Gründen der öffentlichen Sicherheit zulässig (z. B. rechtskräftige Verurteilung zu einer Freiheitsstrafe von mindestens fünf Jahren). Da es sich hierbei um unbestimmte unionsrechtliche Rechtsbegriffe handelt, ist es ratsam, im Falle einer Verlustfeststellung nach § 6 Abs. 1 FreizügG/EU anwaltliche Hilfe in Anspruch zu nehmen.

Betroffene können gegen beide Arten der Verlustfeststellung mit einem Widerspruch bzw. einer Anfechtungsklage vorgehen (je nach Bundesland). Diese Rechtsbehelfe haben aufschiebende Wirkung, sodass eine Aufenthaltsbeendigung erst nach Abschluss des gerichtlichen Hauptsacheverfahrens droht. Auch bei Verlustfeststellungen gegenüber Unionsbürger*innen und ihren Familienangehörigen kann es dazu kommen, dass die Ausländerbehörde die sofortige Vollziehung der Verlustfeststellung gemäß § 80 Abs. 2 S. 1 Nr. 4 VwGO anordnet. In diesem Fall ist neben dem Widerspruch bzw. der Klage ein Antrag auf Wiederherstellung der aufschiebenden Wirkung des Widerspruchs oder der erhobenen Anfechtungsklage zu stellen. Die für die Ausweisung geltenden Einschränkungen bezüglich der aufschiebenden Wirkung (▶ 3.4) bestehen hier nicht.

4 Schutz vor Abschiebung

Wenn die Abschiebung droht, geht es zunächst vorrangig darum, diese zu verhindern. Auch wenn dann eine Aufenthaltserlaubnis erst einmal nicht erreichbar ist, gilt es, die Aussetzung der Abschiebung (Duldung) zu bewirken. Voraussetzung ist, dass die Abschiebung aus tatsächlichen oder rechtlichen Gründen unmöglich ist (§ 60a Abs. 2 S. 1 AufenthG). Die Duldung muss dann schriftlich bescheinigt werden (§§ 60a Abs. 4, 77 Abs. 1 Nr. 5 AufenthG). Bei der Abschiebung entgegenstehenden Gründen, die ihre Ursache in der Situation im Herkunftsstaat haben, kommt auch ein Asyl(folge)antrag in Betracht.

4.1 Zielstaatsbezogene Abschiebungshindernisse und Asyl(folge)antrag

4.1.1 Asylantrag und Hürden des Asylverfahrens

Es ist zunächst jedoch davor zu warnen, einen Asylantrag als Allheilmittel für den Verbleib im Bundesgebiet zu betrachten. Umso mehr ist vor – nicht selten vorkommenden – Ratschlägen zu warnen, wonach ein Asylantrag zwingend gestellt werden müsse. Tatsächlich muss dieser Schritt ebenso gut überlegt wie auch vorbereitet und begleitet werden. Es wird oft übersehen, dass es rechtlich zwar die Möglichkeit gibt, Asylfolgeanträge zu stellen, dass aber dennoch der __Asylerstantrag__ erheblich bessere rechtliche Möglichkeiten bietet, die bei späteren Folgeanträgen nicht mehr bestehen. Darüber hinaus werden alle Angaben, die im ersten Asylverfahren erfolgen, in späteren Asylverfahren und auch darüber hinaus in aufenthaltsrechtlichen Verfahren herangezogen. Daher ist unvorbereitetes Vorbringen und erst recht die Präsentation einer erfundenen Verfolgungsgeschichte auf Anraten von Bekannten, Fluchthelfer*innen etc. unbedingt zu vermeiden. Vielmehr muss gerade die asylrechtliche Anhörung gemeinsam mit rechtskundigen Beratungsstellen gründlich vorbereitet werden[35], zumal bereits die Anhörungssituation als solche vielfältige Herausforderungen bereithält. Deshalb muss das beim BAMF zu erwartende Szenario im Vorhinein genau erklärt werden. Erfahrungsgemäß kann dort andernfalls viel schief gehen.

Ein Beispiel dafür ist, dass in der Anhörung zunächst eine Vielzahl von geschlossenen Fragen gestellt wird, die aus Sicht der Betroffenen regelmäßig keinen Bezug zu den Gründen aufweisen, weshalb das Herkunftsland verlassen wurde, zum Beispiel Fragen zur letzten Anschrift im Herkunftsland oder dem Besitz eines Passes. Wenn dann im späteren Verlauf der Anhörung die Fragen danach folgen, was bei Rückkehr in das Herkunftsland befürchtet werde, kann die Erwartung bestehen, es werde nun ebenso detailliert nach den Fluchtgründen gefragt. Dies ist jedoch meist nicht der Fall oder oft nur insofern als Widersprüche in den Angaben aufgedeckt werden sollen. Die eigentlichen Gründe, die dem Antrag zum Erfolg verhelfen könnten, werden dann oft nur kurz benannt, z. B. »Krieg«, statt ausführlich darzustellen, was bei Rückkehr drohen würde. Zudem spielen exakte Angaben bei Daten, Orten und Personen im Asylverfahren eine weitaus größere Rolle als in der Lebenswelt der meisten Geflüchteten. Machen sie dann unter dem Druck des Gefragtwerdens Angaben von vermeintlicher Genauigkeit, so wird ihnen

---

35 Näher dazu Ronte (2018), S. 83–88.

später oft ihr Vorbringen nicht mehr geglaubt, wenn sie dann – unter erneutem Druck – aber ohne Erinnerung an die zuvor gegebenen Details, wiederum vermeintlich genaue, aber von den ersten abweichende Aussagen tätigen. Aus solchen Gründen, und um den Betroffenen überhaupt erst einmal zu erklären, worauf es in einem solchen Verfahren ankommt, ist eine Vorbereitung des Asylantrags unabdingbar. Er sollte ohne Vorbereitung nicht gestellt werden.

Inhaltlich kann im vorliegenden Rahmen nur sehr kurz auf das Asylverfahren eingegangen werden.[36]

Soll ein Asylerstantrag gestellt werden, so ist – je nach vorheriger Ausgangslage – immer auch die Frage zu stellen, welche Auswirkungen dies auf die Lebenssituation und auf die späteren rechtlichen Möglichkeiten hat. Zunächst ist zu bedenken, dass der Ort, an dem das Asylverfahren durchgeführt wird und an dem währenddessen eine Wohnverpflichtung besteht, nicht frei gewählt werden kann. Eine Umverteilung in ein anderes Bundesland ist daher eine wahrscheinliche Folge (§ 45 AsylG). Es besteht die Pflicht, während des Asylverfahrens in einer Erstaufnahmeeinrichtung zu wohnen (§ 47 Abs. 1 AsylG). Diese Pflicht endet bei positiver Entscheidung (§ 50 Abs. 1 AsylG), kann dann aber zunächst in eine Gemeinschaftsunterkunft führen (§ 53 AsylG). Ergeht keine oder eine negative Entscheidung, so endet die Pflicht, in der Erstaufnahmeeinrichtung zu wohnen, in der Regel nach 18 Monaten, bei Familien mit minderjährigen Kindern nach sechs Monaten. Es bestehen allerdings vielfältige Ausnahmen, bei deren Vorliegen eine unbefristete

---

36 Vgl. dazu aber aus der Reihe Fluchtaspekte Ronte (2018) sowie vertiefend Geyer-Stadie § 16 (S. 631–672) und Böhm § 17 (S. 673–701) sowie zum Dublin-Verfahren Bruns § 18 (S. 702–731), alle in Oberhäuser (2019).

Pflicht in der Erstaufnahmerichtung zu wohnen besteht, z. B. in bestimmten Fällen der Verletzung von Mitwirkungspflichten (vgl. im Einzelnen den Gesetzestext § 47 Abs. 1 AsylG). Wird ein Asylantrag aus einem geduldeten Aufenthalt heraus gestellt, so ist hervorzuheben, dass die unbefristete Wohnpflicht in der Erstaufnahmeeinrichtung auch dann greift, wenn gegenüber der Ausländerbehörde fortgesetzt über Identität und Staatsangehörigkeit getäuscht wird oder fortgesetzt falsche Angaben gemacht werden oder fortgesetzt zumutbare Anforderungen an die Identifizierung, die Vorlage von Reisedokumenten oder die Passbeschaffung nicht erfüllt werden (§ 47 Abs. 1 S. 3 Nr. 4 AsylG). Nach dem eindeutigen gesetzlichen Wortlaut geht es dabei jedoch nur um Fälle, in denen solches Verhalten wiederholt an den Tag gelegt wurde und bis in die Gegenwart fortdauert. Personen aus einem sog. **sicheren Herkunftsstaat** allerdings sind – mit Ausnahme von Familien mit minderjährigen Kindern – grundsätzlich verpflichtet, über eine ablehnende Entscheidung hinaus bis zum Ende ihres Aufenthalts in der Bundesrepublik in der Erstaufnahmeeinrichtung zu wohnen, sofern ihr Asylantrag als »offensichtlich unbegründet« oder wegen Zuständigkeit eines anderen Staates der Europäischen Union (**Dublin-Verfahren**) als »unzulässig« (§ 29 Abs. 1 Nr. 1 AsylG) abgelehnt wird (§ 47 Abs. 1a AsylG). Die Länder können weitergehend sogar vorsehen, dass auch Personen aus anderen Herkunftsstaaten bis zu 24 Monaten in sog. **AnkER-Zentren** zu wohnen verpflichtet sind (§ 47 Abs. 1b AsylG; s. dazu § 2 Abs. 2 AufnG Bayern). Ausnahmen von solchen Wohnverpflichtungen sind nach §§ 48–50 AsylG möglich.

Bei einer wiederholten Ablehnung des Asylantrags als offensichtlich unbegründet oder wiederholt erfolglosen Anträgen kann zudem eine Sperre für Wiedereinreise und Aufenthalt verhängt werden (§ 11 Abs. 7 AufenthG). Weitere Rechtsfolgen eines Asylantrags können sich z. B. im Bereich Beschäftigung ergeben. Während der Verpflichtung, in einer Erstaufnahmeeinrichtung zu wohnen, ist eine Beschäftigung in der Regel verboten und kann nur im Ausnahmefall erlaubt werden (§ 61 AsylG). Der Aufenthalt ist dann in ähnlicher Weise wie bei Geduldeten **räumlich beschränkt** (hier §§ 59a, 59b, 57 AsylG).

Bei Stellung eines **Asylfolgeantrags** kann weiterhin ein »beschleunigtes Verfahren« Anwendung finden (§ 30a Abs. 1 Nr. 4 AsylG), bei ausgewählten Personengruppen auch im Falle eines Asylerstantrags (vgl. im Einzelnen § 30a Abs. 1 AsylG), und zwar:
- bei Herkunft aus einem **»sicheren Herkunftsstaat«**;
- bei Falschangaben, Täuschung oder Verschweigen von Identitätsangaben,
- wenn davon ausgegangen wird, der Antrag werde nur zur Verzögerung oder Behinderung der Vollstreckung einer bereits getroffenen oder unmittelbar bevorstehenden Entscheidung, die zur Abschiebung führen würde, gestellt,
- bei Verweigerung der Abgabe von Fingerabdrücken zur Feststellung des zuständigen EU-Mitgliedstaates im Rahmen des Dublin-Verfahrens,
- aus Gründen der öffentlichen Sicherheit und Ordnung.

Ein solches beschleunigtes Asylverfahren soll innerhalb einer Woche abgeschlossen werden (§ 30a Abs. 2 AsylG). Während des Verfahrens und bei bestimmten negativen Entscheidungen darüber hinaus (vgl. im Einzelnen § 30a Abs. 3 AsylG) besteht die Pflicht, in einer speziell dafür vorgesehenen »besonderen Aufnahmeeinrichtung« (§ 5 Abs. 5 AsylG) zu wohnen.

Schon aufgrund dieser möglichen Konsequenzen für die Lebenssituation muss gut überlegt werden, ob ein Asyl(folge)antrag gestellt werden sollte. Zentral für diese

Entscheidung ist natürlich außerdem die Frage, ob er Aussicht auf Erfolg hat. Zur Einschätzung der Erfolgsaussicht ist es wichtig zu wissen, was im Rahmen eines Asylverfahrens geprüft wird:

Bei einem »Asylantrag« (auch bei einem Folgeantrag) handelt es sich nicht allein um das Ersuchen nach Asyl i. S. d. Artikel 16a GG, sondern um ein umfassendes Schutzersuchen, das seitens des BAMF in einer vierschrittigen Abfolge geprüft werden muss.

1. Artikel 16a Absatz 1 Grundgesetz
Das Grundrecht auf Asyl wurde 1993 durch die Regelung »sicherer Drittstaaten« (Artikel 16a Abs. 2 GG) erheblich eingeschränkt, indem alle aus einem sicheren Drittstaat Eingereisten kein Asyl in der Bundesrepublik mehr erhalten können. Das betrifft diejenigen, die auf dem Land- oder Seeweg einreisen ebenso wie diejenigen, die nicht nachweisen können auf direktem Luftweg eingereist zu sein. Denn sämtliche die Bundesrepublik umgebenden Staaten gelten als sichere Drittstaaten. Schon deswegen spielt Asyl nach Art. 16a Abs. 1 GG in der Rechtspraxis so gut wie keine Rolle mehr. Es wird ersetzt durch europarechtliche Regelungen, insbesondere die Qualifikationsrichtlinie (RL 2011/95/EU), und die Genfer Flüchtlingskonvention von 1951 mit ihren Zusatzprotokollen. Deren Inhalt wurde mit §§ 3,4 AsylG umgesetzt.

2. §§ 3 ff. AsylG, Art. 9 und 10 QRL: begründete Furcht vor Verfolgung
In Anlehnung an die Genfer Flüchtlingskonvention geht es hier um die begründete Furcht vor Verfolgung aufgrund eines der asylrechtlichen Merkmale: Rasse, Religion, Staatsangehörigkeit, Zugehörigkeit zu einer bestimmten sozialen Gruppe, politische Überzeugung. An mindestens eines dieser Merkmale muss die befürchtete Verfolgung anknüpfen, wobei die Verfol-

gungslage nach der Rechtsprechung objektiv vorliegen muss, wohingegen eine subjektive Furcht nicht genügt. Fand bereits vor der Flucht eine entsprechende Verfolgung statt, so gilt ein herabgestufter Wahrscheinlichkeitsmaßstab (Art. 4 Abs. 4 QRL). Für den Fall, dass eine erlittene Vorverfolgung glaubhaft gemacht werden kann, sind die Chancen der Anerkennung einer Verfolgungsgefahr mithin größer. Die Verfolgung kann vom Staat, aber auch von nichtstaatlichen Akteuren ausgehen, wenn der Staat bewiesenermaßen nicht willens oder in der Lage ist, Schutz zu gewähren (§ 3c AsylG, Art. 6 QRL). Ein häufiger Ablehnungsgrund trotz berechtigter Verfolgungsgefahr besteht in der Annahme, es könne interner Schutz (§ 3e AsylG, Art. 8 QRL) im Herkunftsstaat erlangt werden, da die Verfolgung keine landesweite sei. Allerdings muss dafür auch der Weg in den entsprechenden Landesteil sicher sein und es muss eine reale Überlebensmöglichkeit bestehen, also ein Existenzminimum erwirtschaftet werden können. Art. 8 Abs. 1 QRL verlangt, es müsse vernünftigerweise erwartet werden können, dass die betroffene Person sich dort niederlasse.

3. § 4 AsylG, Art. 15 QRL: Subsidiärer Schutz

Liegt keine Verfolgungsgefahr im obengenannten Sinne vor, so wird subsidiärer Schutz zuerkannt, wenn bei Rückkehr ein ernsthafter Schaden droht. Dieser kann in drohender Todesstrafe (§ 4 Abs. 1 Nr. 1 AsylG), drohender Folter oder unmenschlicher oder erniedrigender Behandlung oder Bestrafung (§ 4 Abs. 1 Nr. 2 AsylG) oder kriegerischen Auseinandersetzungen (»einer ernsthaften individuellen Bedrohung des Lebens oder der Unversehrtheit einer Zivilperson in Folge willkürlicher Gewalt im Rahme eines internationalen oder innerstaatlichen bewaffneten Konflikts«, § 4 Abs. 1 Nr. 3 AsylG) bestehen.

4. § 60 Abs. 5 und Abs. 7 S. 1 AufenthG: Zielstaatsbezogene Abschiebungsverbote
Liegen auch keine Gründe für subsidiären Schutz vor, so sind weiterhin zielstaatsbezogene Abschiebungsverbote zu prüfen. Bei ihnen geht es um (sonstige) erhebliche Gefahren für Leib, Leben oder Freiheit. Dabei kommen zunächst zu erwartende Zustände und Lebenslagen in Betracht, die einen Verstoß gegen Art. 3 EMRK darstellen würden, insbesondere wenn kein menschenwürdiges Leben im Zielstaat der Abschiebung möglich ist. Eine häufige Konstellation in diesem Zusammenhang sind gesundheitliche Einschränkungen der betreffenden Person, die auf eine inadäquate medizinische Versorgung im Zielstaat der Abschiebung träfen. Nach der gesetzlichen Regelung wird eine entsprechend relevante konkrete Gefahr aus gesundheitlichen Gründen nur anerkannt »bei lebensbedrohlichen oder schwerwiegenden Erkrankungen, die sich durch die Abschiebung wesentlich verschlechtern würden« (§ 60 Abs. 7 S. 3 AufenthG). Die Gesetzesformulierung hebt zudem ausdrücklich hervor, dass die medizinische Versorgung im Zielstaat nicht mit der Versorgung in der Bundesrepublik gleichwertig sein müsse, dass eine ausreichende medizinische Versorgung in der Regel schon vorläge, wenn sie nur in einem Teil des Zielstaats gewährleistet sei sowie, dass allgemeine Gefahren für die Bevölkerung dort in diesem Zusammenhang nicht anerkannt würden (§ 60 Abs. 7 S. 4–6 AufenthG).
Die erhebliche und konkrete Gesundheitsverschlechterung bei Rückkehr und die damit verbundene Gefahr für Leib und Leben muss substantiiert belegt werden. Das Bundesverwaltungsgericht hat hier insbesondere für die posttraumatische Belastungsstörung die Anforderungen an eine fachärztliche Bescheinigung kon-

kretisiert.[37] Diese Anforderungen haben inzwischen Eingang in das Gesetz gefunden. Sie gelten für zielstaatsbezogene Abschiebungsverbote, wobei § 60 Abs. 7 S. 2 AufenthG dafür Bezug auf die Regelung in § 60a Abs. 2 c, S. 2 und 3 AufenthG nimmt. Die Regelung § 60a Abs. 2c und 2d AufenthG bezieht sich zwar auf **inlandsbezogene Vollstreckungshindernisse** (▶ 4.2), d. h. auf (gesundheitsbezogene) Gründe gegen eine Abschiebung, die ihre Ursache in Deutschland sowie dem Abschiebungsvorgang selbst haben, z. B. Gesundheitsgefahren während des Fluges einschließlich der Gefahr des Suizids vor, während oder unmittelbar nach der Abschiebung. Hingegen geht es bei den unter § 60 Abs. 7 AufenthG gefassten und in diesem Unterkapitel hier behandelten Gefahren um solche, deren Ursache schwerpunktmäßig im Zielstaat der Abschiebung zu verorten ist. Die auf inlandsbezogene Vollstreckungshindernisse bezogene Regelung gilt aber hinsichtlich der Sätze 2 und 3 von § 60a Abs. 2c AufenthG wegen des Verweises in § 60 Abs. 7 S. 2 AufenthG auch für zielstaatsbezogene Abschiebungsverbote. Dabei geht es um die genauen Anforderungen an eine »qualifizierte ärztliche Bescheinigung«.

Neben im Zielstaat nicht behandelbaren somatischen oder sonstigen psychischen Erkrankungen kann es dabei auch um eine sich voraussichtlich erst nach Rückkehr reaktivierende PTBS gehen. In diesem Fall muss neben den Anforderungen hinsichtlich der Rahmenbedingungen und Ergebnisse der Diagnose, der Einordnung in die ICD-10 (bzw. ab 2022 in die ICD-11), der Schwere der Krankheit, der Behandlungsbedürftigkeit und des bisherigen Behandlungsverlaufs bei der PTBS auch angegeben werden, von welchem traumatisierenden Ereig-

---

37 BVerwG, Urteil vom 11.09.2007 – 10 C 8.07.

nis ausgegangen wurde. Wird das Vorliegen einer PTBS auf traumatisierende Erlebnisse im Herkunftsland gestützt und werden die Symptome erst längere Zeit nach der Ausreise vorgetragen, so muss auch eine Begründung dafür angegeben werden, warum die Erkrankung nicht früher geltend gemacht wurde. Dies verlangt das Bundesverwaltungsgericht in seiner Rechtsprechung, weil solchem späten Vorbringen grundlegend misstraut wird, auch wenn es mit einer PTBS durchaus typischerweise einhergeht. Wichtig ist schließlich noch zu beachten, dass Stellungnahmen von nicht-ärztlichen Psychotherapeut*innen – mögen sie inhaltlich auch noch so fundiert sein – den Formanforderungen nicht genügen, sondern immer fachärztliche Bescheinigungen erforderlich sind (§ 60 Abs. 7 S. 2 AufenthG).

4.1.2 § 71 AsylG: Asylfolgeantrag[38]

Wurde in der Vergangenheit bereits ein Asylverfahren unanfechtbar abgeschlossen oder ein Asylantrag zurückgenommen, so kann später nur noch ein Asylfolgeantrag gestellt werden. Bei diesem handelt es sich um einen Antrag auf Wiederaufgreifen des früheren Verfahrens nach § 51 VwVfG. Diese Regelung gilt selbst dann, wenn der*die Asylbewerber*in inzwischen aus der Bundesrepublik ausgereist war. Damit das Asylverfahren tatsächlich wieder aufgegriffen wird, muss eine Änderung der Sachlage oder der Rechtslage erfolgreich geltend gemacht werden oder es müssen neue Beweismittel (Sachverständigengutachten, Länderberichte, Urkunden, Zeug*innen etc.) beigebracht werden. Dies muss nach dem deutschem Recht innerhalb einer Frist von drei Monaten nach Kenntnisnahme von

---

38 Vgl. näher Müller, § 21 »Der Asylfolgeantrag« in: Oberhäuser 2019 (S. 750–758).

den Wiederaufgreifensgründen geschehen (§ 71 Abs. 1 S. 1 AsylG i.V.m. § 51 Abs. 3 S. 1 VwVfG). Bei späterer Antragstellung kann man sich aber auf Art. 40 ff. der Richtlinie 2013/32/EU (Asylverfahrensrichtlinie) berufen, nach der keine Fristen vorgehen sind, so dass § 51 Abs. 3 S. 1 VwVfG im Asylverfahren mit dem Unionsrecht nicht vereinbar ist und daher keine Anwendung finden darf.[39]

Sollen keine Gründe nach §§ 3, 4 AsylG geltend gemacht werden, sondern nur Abschiebungsverbote nach § 60 Abs. 5 und 7 AufenthG (isolierter Wiederaufgreifensantrag), so stellt sich die Situation differenzierter dar. Wurde bereits zuvor ein Asylverfahren durchlaufen, so muss ein solcher Antrag ebenfalls an das BAMF gerichtet werden, wurde noch kein Asylverfahren durchlaufen, so kann er auch bei der Ausländerbehörde gestellt werden. In solchen Fällen, wenn typischerweise lediglich ein medizinisches Abschiebungshindernis geltend gemacht wird, kann der Antrag auch nach Versäumen der Dreimonatsfrist als ein Wiederaufgreifensantrag im weiteren Sinne gestellt werden (§ 51 Abs. 5 VwVfG).

4.2 Duldungsgründe (inlandsbezogene Vollstreckungshindernisse)

Gründe tatsächlicher Art, die der Abschiebung entgegenstehen, sind etwa unterbrochene Verkehrsverbindungen oder Passlosigkeit in Verbindung mit der Unmöglichkeit über die Behörden des Herkunftsstaates Passersatzpapiere zu erlangen. Neben solchen tatsächlichen kommen auch diverse Konstellationen rechtlicher Duldungsgründe in Betracht, die im Folgenden exemplarisch dargestellt werden.

---

39 Vgl. Huber/Mantel-Stern 2021, § 71 AsylG Rn. 14.

4.2.1 Familiäre Gründe

Rechtlich unmöglich kann die Abschiebung etwa wegen des verfassungs- und menschenrechtlich gebotenen Schutzes von Ehe und Familie (Art. 6 GG, Art. 8 EMRK) sein. Das gilt zum Beispiel, wenn die Eheschließung schon sicher ist und der standesamtliche Termin dafür unmittelbar bevorsteht. Das heißt, es muss entweder ein Ehefähigkeitszeugnis erteilt oder ein Befreiungsverfahren beim Oberlandesgericht bereits durchgeführt worden sein (§ 1309 BGB). Wichtig ist allerdings nicht allein die formelle Eheschließung, es kommt auch auf eine tatsächlich gelebte **eheliche Lebensgemeinschaft** an. Entsprechend besteht Abschiebungsschutz bei Schwangerschaft innerhalb der gesetzlichen Mutterschutzfristen vor und auch noch nach der Geburt, bei Nachweis einer Risikoschwangerschaft auch schon zu einem früheren Zeitpunkt und dann auch für den werdenden Vater des Kindes, wenn dessen Beistand notwendig ist. Auch das Zusammenleben mit einem deutschen oder aufenthaltsberechtigten Kind oder die Perspektive darauf, kann Schutz vor Abschiebung bieten. Dafür muss eine **Vaterschaftsanerkennung** und eine Erklärung über die (gemeinsame) elterliche Sorge in die Wege geleitet werden (**Sorgeerklärung**). Wenn kein Sorgerecht besteht, kann auch eine tatsächlich gelebte Eltern-Kind-Beziehung des nur umgangsberechtigten Elternteils genügen, wenn diese Beziehung nur im Bundesgebiet gelebt werden kann. Das wird dann abgelehnt, wenn z. B. nur Telefonate stattfinden, die auch aus dem Ausland geführt werden könnten.

4.2.2 Weiterer Familienbegriff und faktische Inländer*innen

Während das deutsche Recht (Art. 6 GG) die Notwendigkeit staatlichen Schutzes der Familie im Prinzip nur für die **Kernfamilie** anerkennt, geht Art. 8 EMRK nach der

Rechtsprechung des EGMR erheblich darüber hinaus. In Fällen eheähnlicher Beziehungen, lediglich religiös begründeter Ehen, bei Patchwork-Familien und volljährig gewordenen Kindern in Beziehung zu ihren Eltern kann man sich daher auch in der Bundesrepublik auf das Recht auf Privatleben nach der Europäischen Menschenrechtskonvention berufen.

> **Praxishinweis**
>
> Ausländerbehörden lassen in ihren Bescheiden Beziehungen, die sich nicht in einem eindeutigen Status nach deutschem Recht niederschlagen, oft unberücksichtigt und leugnen deren Relevanz. Es ist in solchen Fällen dennoch und gerade wichtig, ihr tatsächliches Bestehen und die gelebte Verbundenheit zu belegen.

Art. 8 EMRK erlangt besondere Relevanz bei bereits langjährig in der Bundesrepublik lebenden Personen, vor allem wenn dieser Aufenthalt ein rechtmäßiger war. Es kommt aber auf die tatsächlich gelebte intensive Verbundenheit an, nicht auf einen bestimmten rechtlichen Status. Ein rechtliches Hindernis, das der Abschiebung entgegensteht, ist bei Verwurzelung in der Bundesrepublik und gleichzeitig fehlender Bindung an das Herkunftsland nach Art. 8 EMRK gegeben. Hier geht es um die Gesamtheit der familiären, persönlichen, gesellschaftlichen und wirtschaftlichen Bindungen der Person und den Grad der Integration etwa mit Blick auf Sprachkenntnisse, (Hoch-)Schulbesuch sowie Teilnahme am wirtschaftlichen und gesellschaftlichen Leben. Hat ein Hineinwachsen in die hiesigen Verhältnisse bei gleichzeitiger Entfremdung von dem Herkunftsland in einer Weise stattgefunden, dass die Person mit letzterem nur noch das Band der Staatsangehörigkeit formal verbindet (**Verwurzelung**), so spricht man von »**faktischen Inländer*innen**«.

4.2.3 Gesundheitliche Gründe[40]

Ein Grund rechtlicher Unmöglichkeit der Abschiebung liegt auch vor, wenn sich der Gesundheitszustand durch die Abschiebung wesentlich verschlechtern würde, erst recht, wenn dadurch Lebensgefahr besteht. »**Reiseunfähigkeit**« ist dabei aber nicht nur dann gegeben, wenn dies während des Transports eintreten würde. Vielmehr erstreckt sich der relevante Zeitraum von der Mitteilung einer beabsichtigten Abschiebung über die Abholung, eventuelle Unterbringung in Abschiebungshaft, Verbringen an den Zielort und darüber hinaus, wenn etwa eine medizinische Behandlung notwendig ist bis zum Übergang in diese Behandlung im Zielstaat der Abschiebung.

Nach § 60a Abs. 2c S. 1 AufenthG gilt die gesetzliche Vermutung, dass der Abschiebung gesundheitliche Gründe nicht entgegenstehen. Deshalb muss diese Vermutung aktiv widerlegt werden, wofür es eine »qualifizierte ärztliche Bescheinigung« braucht, bei psychischen Erkrankungen also insbesondere von Psychiater*innen. Es genügen also weder einfache ärztliche Atteste noch Bescheinigungen von Psycholog*innen, Therapeut*innen, Psychosozialen Zentren o. Ä. In § 60a Abs. 2c S. 3 und 4 AufenthG ist genau vorgegeben, welchen Inhalt eine solche qualifizierte ärztliche Bescheinigung haben muss[41]:

---

40 Näher Bergmann/Dienelt-Dollinger 2020, § 60a AufenthG Rn. 52–58.

41 Vgl. zur Erstellung von schriftlichen fachärztlichen Stellungnahmen den Beitrag von Maria Bethke im Band von Stingl/Hanewald (2020) aus der Reihe Fluchtaspekte.

»Sie muss insbesondere die tatsächlichen Umstände, auf deren Grundlage eine fachliche Beurteilung erfolgt ist, die Methode der Tatsachenerhebung, die fachlich-medizinische Beurteilung des Krankheitsbildes (Diagnose), den Schweregrad der Erkrankung, den lateinischen Namen oder die Klassifizierung der Erkrankung nach ICD 10 sowie die Folgen, die sich nach ärztlicher Beurteilung aus der krankheitsbedingten Situation voraussichtlich ergeben, enthalten. Zur Behandlung der Erkrankung erforderliche Medikamente müssen mit der Angabe ihrer Wirkstoffe und diese mit ihrer international gebräuchlichen Bezeichnung aufgeführt sein.«

Die Ärzt*innen müssen also sehr genau erklären, auf welchem Weg sie zu der Diagnose gekommen sind, wie oft der*die Patient*in da war, welche Behandlung im Einzelnen erforderlich ist und seither durchgeführt wird. Konnte noch kein Therapieplatz gefunden werden, so muss zumindest der Bedarf genau bezeichnet werden. Ausführungen zur aufenthaltsrechtlichen Situation, Integration und zur medizinischen Versorgung im Zielstaat der Abschiebung haben in einer solchen Bescheinigung dagegen nichts zu suchen und sind eher kontraproduktiv, da sie den Verdacht einer Gefälligkeitsbescheinigung erwecken.

Nach § 60a Abs. 2d AufenthG muss die ärztliche Bescheinigung der Ausländerbehörde unverzüglich vorgelegt werden. Geschieht dies verspätet, darf ihr Inhalt unberücksichtigt bleiben, wenn die verspätete Vorlage nicht entschuldigt werden kann. Gibt es aber auch unabhängig von der Bescheinigung tatsächliche Anhaltspunkte für das Vorliegen einer lebensbedrohlichen oder schwerwiegenden Erkrankung, die sich durch die Abschiebung wesentlich verschlechtern würde, darf dies nicht wegen verspäteter Vorlage der Bescheinigung unberücksichtigt bleiben. Wenn die Ausländerbehörde aufgrund der

Vorlage der Bescheinigung eine ärztliche Untersuchung anordnet, wobei sie selbst den Arzt oder die Ärztin aussuchen kann, darf die Behörde die vorgetragene Erkrankung unberücksichtigt lassen, sofern dieser Aufforderung nicht nachgekommen wird. All dies gilt aber nur, wenn die Ausländerbehörde vorher auf diese Verpflichtungen nach § 60a Abs. 2d AufenthG und die rechtlichen Folgen ihrer Verletzung hingewiesen hat. Es ist daher im Zweifel sinnvoll zu überprüfen, ob ein entsprechender Hinweis der Ausländerbehörde (in deren Akte) dokumentiert ist.

Unabhängig von der Erfüllung dieser formellen Anforderungen darf jedoch niemand sehenden Auges in den Tod oder in eine Situation abgeschoben werden, die zu schwerwiegenden gesundheitlichen Folgen führt. Dies ergibt sich aus menschen- und verfassungsrechtlichen Grundsätzen. Ein Eilantrag sollte in solchen Fällen also auch dann gestellt werden, wenn die ärztliche Bescheinigung erst kurz vor der Abschiebung erlangt werden konnte.

Praxishinweis zu ärztlichen Bescheinigungen

Die meisten ärztlichen Atteste genügen nicht den rechtlichen Anforderungen, die der Ärzteschaft oft unbekannt sind. Es sollte daher unbedingt vermieden werden, eine ärztliche Bescheinigung bei einer Ausländerbehörde oder einem Gericht einzureichen, die nicht zuvor von einer rechtskundigen Person überprüft wurde. Am besten ist es, wenn die ärztliche Bescheinigung gleich in Rücksprache mit einer rechtskundigen Person erstellt wird. Gerade wenn bei Ärzt*innen die Überzeugung besteht, die betreffende Person sei vor Abschiebung zu bewahren, führt dies regelmäßig zu Ausführungen, die wohlmeinend, aber in der Rechtspraxis unbrauchbar und oft sogar kontraproduktiv sind.

Gelingt es beispielsweise anhand einer der genannten Duldungsgründe eine Aussetzung der Abschiebung zu erreichen, so ist dies erst einmal ein Erfolg. Im nächsten Schritt ist dann aber entscheidend, wie sich die Lebenssituation der betroffenen Person unter einer Duldung darstellt (▶ 4.3) und schließlich welche Wege es aus der Duldung heraus in einen gesicherteren Aufenthalt gibt (▶ 6).

4.3 Rechtliche Situation unter Duldung

Grundlegend ist, dass eine Duldung nur die Aussetzung der Abschiebung darstellt, die vollziehbare Ausreisepflicht aber bestehen bleibt. Das bedeutet, dass die Abschiebung der betroffenen Person von den Behörden weiterhin angestrebt wird. Die **Duldung(sbescheinigung)** ist kein **Aufenthaltstitel**. Dementsprechend sind auch die Lebensbedingungen unter einer Duldung rechtlich in vielerlei Hinsicht reglementiert.

4.3.1 Räumliche Beschränkung und Wohnsitzauflage

Geduldete unterliegen zunächst einmal einer **räumlichen Beschränkung** auf das Bundesland, in dem sich die für sie zuständige Ausländerbehörde befindet (§ 61 Abs. 1 AufenthG). Das bedeutet, dass dieses Gebiet zu verlassen im Wiederholungsfall eine Straftat darstellt (§ 95 Abs. 1 Nr. 7 AufenthG). Die Ausländerbehörde kann aber das Verlassen erlauben und Termine bei Gerichten und Behörden können auch ohne Erlaubnis wahrgenommen werden (§ 12 Abs. 5 AufenthG). Aus schulischen, beruflichen oder familiären Gründen kann die Ausländerbehörde ganz von der Beschränkung auf das Bundesland absehen (§ 61 Abs. 1 S. 2 und 3 AufenthG). Die Beschränkung erlischt nach drei Monaten eines gestatteten, erlaubten oder ge-

duldeten Aufenthalts im Bundesgebiet (§ 61 Abs. 1b S. 1 AufenthG). Sie **kann** jedoch im Einzelfall wieder angeordnet werden:
- bei strafrechtlichen Verurteilungen.
- im Falle von angenommenen Verstößen gegen das Betäubungsmittelgesetz kann ein Wiederaufleben der räumlichen Beschränkung sogar ohne Verurteilung erfolgen.
- dies ist zudem im Falle konkret bevorstehender aufenthaltsbeendender Maßnahmen möglich (§ 61 Abs. 1c AufenthG).

Eine weitergehende räumliche Beschränkung, nicht lediglich auf das Bundesland, sondern auf den Bezirk der Ausländerbehörde (Stadt, Landkreis), **soll** angeordnet werden, wenn
- der Abschiebung entgegenstehender Gründe durch vorsätzlich falsche Angaben oder durch eigenständige Täuschung über die Identität oder Staatsangehörigkeit selbst herbeiführt oder
- zumutbare Anforderungen an die Mitwirkung bei der Beseitigung von Ausreisehindernissen nicht erfüllt wurden (§ 61 Abs. 1c S. 2 AufenthG). Hier geht es insbesondere um die (mangelnde) Mitwirkung bei Identitätsklärung und Passbeschaffung.

Solange der Lebensunterhalt nicht gesichert ist (§ 2 Abs. 3 AufenthG) besteht zudem eine **Wohnsitzauflage** für alle Geduldeten (§ 61 Abs. 1d AufenthG). Im Gegensatz zur oben genannten räumlichen Beschränkung geht es hier darum, an welchem Ort gewohnt werden muss, der jedoch vorübergehend verlassen werden darf. Dieser Ort ist in der Regel der Wohnort zum Zeitpunkt der Aussetzung der Abschiebung. Aus humanitären oder familiären Gründen kann die Wohnsitzauflage geändert werden.

4.3.2 Erwerbstätigkeit mit Duldung

Eine Erwerbstätigkeit darf Geduldeten nicht erlaubt werden, wenn sich die Person mit dem Ziel nach Deutschland begeben hat, Leistungen nach dem Asylbewerberleistungsgesetz zu erlangen (§ 60a Abs. 6 S. 1 Nr. 1 AufenthG). Dieser Ausschlussgrund ist wenig praxisrelevant, da eine solche Intention, selbst wenn sie vorkommen sollte, schwer nachweisbar ist.

Weiterhin ist die Erwerbstätigkeit ausgeschlossen, wenn aufenthaltsbeendende Maßnahmen aus Gründen, die die antragstellende Person selbst zu vertreten hat, nicht vollzogen werden können (§ 60a Abs. 6 S. 1 Nr. 2 AufenthG). Zu vertreten hat man die Gründe insbesondere dann, wenn das Abschiebungshindernis durch eine eigenständige Täuschung über die eigene Identität oder Staatsangehörigkeit oder durch selbstgetätigte falsche Angaben herbeigeführt wurde (§ 60a Abs. 6 S. 2 AufenthG). Aufgrund einer Täuschung z. B. der Eltern darf die Erwerbstätigkeit demnach nicht versagt werden. Auch eine Nichterfüllung der __Mitwirkungspflicht__ kann zum Ausschluss von einer Erwerbstätigkeit führen. Es wird regelmäßig die Mitwirkung beim Bemühen um einen Pass oder ein Passersatzpapier sowie die Beschaffung sonstiger Urkunden und Dokumente verlangt, die die Ausländerbehörde bei der Umsetzung der Rückführung unterstützen können. Die dabei geforderten Bemühungen müssen zumutbar sein. Mit der Mitwirkungs- und Initiativpflicht des Ausländers oder der Ausländerin korrespondiert eine behördliche Hinweis- und Anstoßpflicht.[42] Auf mangelnde Mitwirkung kann sich die Behörde also nicht berufen, wenn sie überhaupt nicht gesagt hat, was jemand tun soll und nicht über die Konsequenzen informiert hat, wenn dies unterlassen wird.

---

42 Näher Marx 2020a, S. 182 ff.

Geduldeten aus »sicheren Herkunftsstaaten« i. S. d. § 29a AsylG darf eine Erwerbstätigkeit nicht erlaubt werden, wenn ein nach dem 31.08.2015 gestellter Asylantrag abgelehnt oder zurückgenommen wurde, es sei denn, die Rücknahme erfolgte aufgrund einer Beratung nach § 24 Abs. 1 AsylG durch das BAMF. Nach der zum 01.01.2020 in Kraft getretenen Neuregelung sind Geduldete aus »sicheren Herkunftsstaaten« jedoch nunmehr selbst dann von Erwerbstätigkeit und Ausbildungsduldung ausgeschlossen, wenn sie überhaupt keinen Asylantrag gestellt haben (§ 60a Abs. 6 S. 1 Nr. 3 AufenthG). Ausweislich des Gesetzgebungsverfahrens[43] bezieht sich diese Erweiterung des Ausschlusses auf Fälle Geduldeter nach irregulärer Einreise aus einem »sicheren Herkunftsstaat«. Fälle einer Duldung nach einem zunächst rechtmäßigen Aufenthalt sind demnach nicht erfasst. Von dem Ausschlussgrund verschont bleiben lediglich als unbegleitete Minderjährige eingereiste Personen, bei denen das Jugendamt nach § 42 Abs. 1 S. 4 SGB VIII im Interesse des Kindeswohls entschieden hat, einen zunächst gestellten Asylantrag zurückzunehmen oder auf einen solchen zu verzichten (§ 60a Abs. 6 S. 3 AufenthG).

Liegt kein Ausschlussgrund vor, muss die Ausübung einer Beschäftigung bei der Ausländerbehörde beantragt und kann von dieser erlaubt werden (§ 4a Abs. 4 AufenthG). Sie muss dafür ihrerseits grundsätzlich die Zustimmung der Arbeitsagentur einholen (siehe § 32 BeschV, auch für Ausnahmen). Die Erlaubnis für eine konkrete Tätigkeit kann im Einzelfall nach einem dreimonatigen Aufenthalt erteilt werden.[44]

---

43 BT-Drs. 19/8286, S. 14.
44 Vgl. für rechtliche Informationen zum Arbeitsmarktzugang die Beratungsstelle der Caritas Osnabrück: https://www.zbs-auf.info/publikationen/

4.3.3 Sozialleistungen mit Duldung

Sozialleistungen zur Sicherung des Lebensunterhalts richten sich für Geduldete nach dem Asylbewerberleistungsgesetz (§ 1 Abs. 1 Nr. 4 AsylbLG). Nach § 1a Abs. 3 AsybLG können sehr einschneidende (und vielfach als verfassungswidrig betrachtete) Leistungskürzungen vorgenommen werden, wenn aufenthaltsbeendende Maßnahmen aus Gründen nicht vollzogen werden können, die der leistungsberechtigten Person selbst zugerechnet werden. Dies betrifft neuerdings vor allem die neu geschaffene Gruppe derjenigen, die eine Duldung mit dem schriftlichen Zusatz »für Personen mit ungeklärter Identität« erhalten (§ 60b AufenthG).[45]

4.3.4 Duldung mit dem schriftlichen Zusatz »für Personen mit ungeklärter Identität«

Mit der **Duldung mit dem schriftlichen Zusatz »für Personen mit ungeklärter Identität«** wurde ein rechtlicher Status eingeführt, der noch unterhalb der Duldung liegt, die schon als solche keinen Status im aufenthaltsrechtlichen Sinne vermittelt, sondern lediglich eine Aussetzung der Abschiebung ohne Gewissheit, ob und wann diese doch erfolgen wird. Umgangssprachlich wird diese noch deutlich schwächere Rechtsposition als ›**Duldung light**‹ bezeichnet.

Sie soll dann erteilt werden, wenn die Abschiebung aus von der Person selbst zu vertretenden Gründen nicht vollzogen werden kann, weil

---

[45] Vgl. hierzu auch die Anwendungshinweise des Bundesinnenministeriums z. B. unter https://www.frsh.de/fileadmin/pdf/behoerden/Erlasse_ab_2012/BMI-Anwendungshinweise-_60b_AufenthG_20200414.pdf (Abruf: 18.05.2021).

- das Abschiebungshindernis durch eigene Täuschung über die Identität oder Staatsangehörigkeit oder durch eigene falsche Angaben selbst herbeiführt wurde oder
- zumutbare Handlungen zur Erfüllung der besonderen Passbeschaffungspflicht nicht vorgenommen werden (§ 60b Abs. 1 AufenthG).

Nach dieser letztgenannten, ebenfalls neu formulierten besonderen **Passbeschaffungspflicht** (§ 60b Abs. 2 AufenthG) gelten die folgenden Handlungen zur Beschaffung eines Passes oder Passersatzes als zumutbar (vgl. im Einzelnen den Gesetzestext: § 60b Abs. 3 AufenthG) und müssen vorgenommen werden, wenn dies zur Passerlangung erforderlich und teilweise, wenn es nicht im Einzelfall unzumutbar ist – sonst droht der Zusatz »für Personen mit ungeklärter Identität« in der Duldungsbescheinigung:

- Mitwirkung an der Ausstellung und Verlängerung eines Passes nach dem Recht des Herkunftsstaates;
- Persönliche Vorsprache bei dessen Behörden und Vornahme der notwendigen Handlungen, wie Erklärungen, Fingerabdrücke abgeben, Lichtbilder anfertigen;
- Eine »Freiwilligkeitserklärung« abzugeben: also gegenüber dem Herkunftsstaat, der die Ausstellung eines Passes von einer solchen abhängig macht, zu erklären, man werde der Ausreisepflicht freiwillig nachkommen;
- Eine Erklärung über den Willen zur Erfüllung der Wehrpflicht o. Ä. abzugeben;
- Festgelegte Gebühren zu bezahlen;
- Entsprechende Handlungen zu wiederholen, wenn aufgrund geänderter Sach- und Rechtslage inzwischen hinreichende Wahrscheinlichkeit einer Passausstellung besteht und die Ausländerbehörde erneut dazu auffordert.

Die Ausländerbehörde muss auf diese Pflichten hinweisen und kann Glaubhaftmachung über eine eidesstattliche Versicherung verlangen, dass sie erfüllt wurden. Die Handlungen können jederzeit nachgeholt werden; geschieht dies, entfällt der Zusatz »für Personen mit ungeklärter Identität« wieder (§ 60b Abs. 4 AufenthG).

Mit der Erteilung einer Duldung mit dem Zusatz »für Personen mit ungeklärter Identität« sind drastische aufenthaltsrechtliche Sanktionen verbunden (§ 60b Abs. 5 AufenthG). Eine Erwerbstätigkeit darf während ihres Besitzes nicht ausgeübt werden und es besteht eine Wohnsitzauflage nach § 61 Abs. 1d AufenthG. Die Zeiträume mit ›Duldung light‹ werden zudem nicht als Vorduldungszeiten angerechnet, die etwa für den Erwerb von **Aufenthaltstiteln** relevant sind.

4.4 Ausbildungs- und Beschäftigungsduldung

Mit der Ausbildungs- und Beschäftigungsduldung wurden Möglichkeiten eröffnet, über eine Berufsausbildung bzw. eine niedrig qualifizierte Erwerbstätigkeit in eine rechtlich etwas gesichertere Perspektive in Deutschland zu finden. Dabei sind in begrenztem Umfang auch sog. Spurwechsel aus einem asylrechtlich begründeten Aufenthalt in einen arbeitsbezogenen möglich. Ein solcher wurde bis zu dem am 1.3.2020 in Kraft getretenen Fachkräfteeinwanderungsgesetz stets vermieden. Obwohl es sich bei der Duldung zum Zweck der Ausbildung oder Beschäftigung um einen längerfristigen Aufenthalt handelt, konnte sich der Gesetzgeber auch im FKEG jedoch nicht dazu durchringen, die eigentlich angemessene Form einer Aufenthaltserlaubnis dafür zu wählen. Vielmehr blieb es bei einer Duldung, obwohl es sich bei einer solchen doch lediglich um eine Aussetzung der Abschiebung handelt. Dazu passt nicht, dass die Ausbildungs- und Beschäftigungsduldung unter bestimmten Voraussetzungen von Vornherein einen mehrjährigen Aufenthalt ermöglicht.

Immerhin ist im Anschluss daran ein Übergang in einen Aufenthaltstitel leichter möglich.

4.4.1 § 60c AufenthG: Ausbildungsduldung[46]

Nach § 60c Aufenthaltsgesetz <u>ist</u> eine Duldung zum Zweck einer Ausbildung zu erteilen, wenn eine der dafür im Folgenden genannten Ausgangslagen ist: eine Duldung zum Zweck einer Ausbildung zu erteilen, wenn eine der dafür im Folgenden genannten Ausgangslagen gegeben ist:
1. Wenn während eines Asylverfahrens eine **qualifizierte Berufsausbildung** aufgenommen wurde und diese Ausbildung nach Ablehnung des Asylantrags fortgesetzt werden soll (§ 60c Abs. 1 Nr. 1a AufenthG). Diese Konstellation ermöglicht einen »Spurwechsel«, in dem offiziell der Weg von einem asylrechtlich begründeten Aufenthalt in einen zum Zweck der beruflichen Qualifizierung und Erwerbstätigkeit ermöglicht wird.

Die Möglichkeit einer Ausbildungsduldung besteht ebenfalls, wenn noch keine Berufsausbildung, sondern lediglich eine Assistenzausbildung oder eine Ausbildung als Helfer*in aufgenommen wurde, an die eine qualifizierte Berufsausbildung anschlussfähig ist (§ 60c Abs. 1 Nr. 1b AufenthG). Allerdings gilt dies nur für Ausbildungsberufe, für die die Bundesagentur für Arbeit einen Engpass festgestellt hat und wenn bereits eine Zusage für den späteren Ausbildungsplatz vorliegt. Damit ist beispielsweise eine Ausbildung als Pflegeheilkraft und im Anschluss daran zur examinierten Pflegefachkraft möglich. Es ist allerdings lebensfremd anzunehmen, dass ein Ausbildungsbetrieb die Zusage über einen späteren Ausbildungsplatz bereits gegenüber einer Person ausspricht,

---

46 Näher Marx 2020a, S. 175 ff.; Bergmann/Dienelt-Dollinger 2020, § 60c.

die die Helfer*innenausbildung noch nicht absolviert hat, statt anhand deren Verlaufs über die spätere Ausbildungsplatzzusage zu entscheiden.
2. Eine Ausbildungsduldung ist auch dann zu erteilen, wenn eine Person im Besitz einer Duldung nach § 60a Aufenthaltsgesetz ist und eine qualifizierte Berufsausbildung aufnimmt (§ 60c Abs. 1 Nr. 2 AufenthG). Die unter 1. genannte Erstreckung auf Assistenz- und Helfer*innenberufe gilt auch in diesen Fällen.

Liegen die Voraussetzungen für eine Ausbildungsduldung nach § 60c Abs. 1 S. 1 Aufenthaltsgesetz vor, so besteht zugleich auch ein Rechtsanspruch auf eine Beschäftigungserlaubnis (§ 60c Abs. 1 S. 3 AufenthG), die zugleich mit der Beantragung der Ausbildungsduldung als beantragt gilt. Für die Beschäftigungserlaubnis muss die Ausländerbehörde keine Zustimmung der Arbeitsagentur einholen (§ 32 Abs. 2 Nr. 2 BeschV).

Ein Hochschulstudium fällt nicht unter eine Ausbildung im Sinne des § 60c AufenthG, da es nicht in einen Abschluss in einem staatlich anerkannten oder vergleichbar geregelten Ausbildungsberuf mündet. Dies kann allerdings z. B. bei dualen Hochschulen anders sein. Einstiegsqualifizierungen i. S. v. § 54a SGB III, die darauf gerichtet sind, eine erforderliche Ausbildungsreife erst noch herzustellen, werden nicht als Ausbildung i. S. v. § 60c AufenthG anerkannt.

In Fällen offensichtlichen Missbrauchs, also bei sog. Scheinausbildungsverhältnissen, kann die Ausländerbehörde die Ausbildungsduldung versagen – also, wenn offenkundig ausgeschlossen ist, dass die Ausbildung erfolgreich abgeschlossen werden kann, etwa bei völlig unzureichenden Deutschkenntnissen.

Für die Erteilung einer Ausbildungsduldung aus dem Duldungsstatus heraus kommt es auf das tatsächliche Vorliegen von Duldungsgründen nach § 60a AufenthG unabhängig von deren Art und unabhängig vom Vorliegen einer Duldungsbescheinigung (§ 60a Abs. 4 AufenthG) an. In diesen Fällen darf die Ausbildungsduldung nicht erteilt werden, wenn die vorherige Duldung nicht bereits mindestens drei Monate bestanden hat (§ 60c Abs. 2 Nr. 2 AufenthG). Dieser Zeitraum soll den Ausländerbehörden z. B. bei beabsichtigter Ausbildungsaufnahme nach negativem Abschluss eines Asylverfahrens ermöglichen, die Aufenthaltsbeendigung oder Maßnahmen zu deren Vorbereitung zu betreiben. Deshalb kann es sinnvoll sein, den Antrag auf Erteilung einer Ausbildungsduldung erst nach Ablauf dieser drei Monate zu stellen.[47] Allerdings kann die Ausbildung bereits während dieser drei Monate mit einer Duldung nach § 60a AufenthG begonnen werden, wenn neben dem Ausbildungsgrund noch andere Duldungsgründe bestehen, lediglich die Erteilung einer Ausbildungsduldung nach § 60c AufenthG ist für diesen Zeitraum gesperrt.

Für die Erteilung der Ausbildungsduldung muss die Ausbildung bereits aufgenommen worden sein oder ihre Aufnahme muss bevorstehen. Beides wird durch einen Ausbildungsvertrag nachgewiesen. Der Antrag auf Erteilung der Ausbildungsduldung kann frühestens sieben Monate vor Beginn der Berufsausbildung gestellt werden (§ 60c Abs. 3 AufenthG). Daraus ergeben sich Einschränkungen, wenn es darum geht, der Abschiebung zeitlich zuvorzukommen.

Die Erteilung einer Ausbildungsduldung aus einer Duldung heraus (§ 60c Abs. 1 S. 1 Nr. 2 AufenthG) ist ausgeschlossen, wenn zum Zeitpunkt der Antragsstellung schon konkrete Maßnahmen zur Aufenthaltsbeendigung bevorstehen, wobei nunmehr im Einzelnen geregelt wurde, in welchen Fällen dies als gegeben anzusehen ist (siehe § 60c Abs. 2 Nr. 5 AufenthG), z. B.

---

47 BT-Drs. 19/8286, S. 15.

- bei Buchung eines Fluges für die Abschiebung (Nr. 5c);
- Veranlassen einer ärztlichen Untersuchung zur Feststellung der **Reisefähigkeit** (Nr. 5a);

Leider gibt es jedoch auch weiterhin eine Auffangformulierung mit weniger klarer Reichweite: Nach § 60c Abs. 2 Nr. 5d Aufenthaltsgesetz reicht es für die Ablehnung einer Ausbildungsduldung auch schon aus, wenn »vergleichbar konkrete Vorbereitungsmaßnahmen zur Abschiebung des Ausländers eingeleitet wurden, es sei denn, es ist von vornherein absehbar, dass diese nicht zum Erfolg führen«. Damit dürfte z.B. gemeint sein:
- Die Beschaffung von **Passersatzpapieren** durch die Behörden. Sie kann aber lediglich dann als Ausschlussgrund herangezogen werden, wenn nach der – im Streitfall offenzulegenden – Verwaltungserfahrung mit einer Ausstellung auch zeitnah, d.h. nicht erst in einigen Monaten, zu rechnen ist. Ansonsten wäre der zeitliche Zusammenhang mit der Abschiebung weniger deutlich als bei den explizit genannten Maßnahmen in § 60c Abs. 2 Nr. 5 a-c AufenthG.[48]
- Das Ersuchen der Ausländerbehörde um das **Einvernehmen der Staatsanwaltschaft** betreffend die Abschiebung im Falle eines laufenden Strafverfahrens (§ 72 Abs. 4 AufenthG).[49] Für alle Maßnahmen i.S.v. § 60c Abs. 2 Nr. 5 AufenthG gilt aber, dass sie in einem hinreichenden sachlichen und zeitlichen Zusammenhang zur Aufenthaltsbeendigung stehen müssen und die Durchführung der Abschiebung tatsächlich absehbar sein muss. Gerade weil die Staatsanwaltschaften sich hier in der Praxis oft sehr lange Zeit lassen und zunächst das Strafverfahren – durchaus auch mit

---

48 vgl. VGH Bayern, 28.02.2020 – 10 C 20.32.
49 Dazu Marx 2020a, S. 193.

Wissen der Ausländerbehörde – auf unbestimmte Zeit weiterbetreiben, dürfte es auf die bloße Anfrage nicht ankommen können.

Leitet die Ausländerbehörde jedoch, was als eine nicht seltene Praxis ins Auge fällt, aufenthaltsbeendende Maßnahmen erst als Reaktion auf den Antrag auf Ausbildungsduldung ein, so besteht ein Sicherungsanspruch nach § 123 Abs. 1 VwGO[50], der mit einem entsprechenden Eilantrag gerichtlich durchgesetzt werden kann.

Als weitere, im Gesetz ausdrücklich benannte konkrete Vorbereitungsmaßnahme soll die Einleitung eines Verfahrens zur Bestimmung der Zuständigkeit nach der **Dublin III-Verordnung** durch die Behörden gelten (§ 60c Abs. 2 Nr. 5 e AufenthG). Diese Regelung bedarf allerdings aus systematischen Gründen der einschränkenden Auslegung. Nähme man sie nämlich beim Wort, wären davon alle (ehemaligen) Asylbewerber*innen ausgeschlossen, denn bei einer erstmaligen Asylantragstellung ist die Behörde immer verpflichtet, ein solches Zuständigkeitsbestimmungsverfahren einzuleiten (Art. 20 Abs. 1 Dublin III-VO: »wird eingeleitet«). Dass (ehemalige) Asylbewerber*innen aber gerade nicht sämtlich von einer Ausbildungsduldung ausgeschlossen sein sollten, ergibt sich aus § 60c Abs. 1 Nr. 1 AufenthG. Mit dieser Regelung sollte ein **Spurwechsel** aus dem ursprünglich asylrechtlich begründeten Aufenthalt schließlich gerade ermöglicht werden. Jedenfalls aber muss vom Entfallen dieses Ausschlussgrundes ausgegangen werden, wenn im Rahmen des Dublinverfahrens die Zuständigkeit der Bundesrepublik festgestellt wird oder werden muss, z. B. nach Ablauf der Frist für ein Ersuchen an den anderen Staat (Art. 21 Abs. 1 Dublin III-VO, Art. 23 Abs. 2 Dublin III-

---

50 OVG Berlin-Brandenburg, Beschluss vom 22.11.2016, OVG 12 S 61.16 (https://tinyurl.com/yc4cnbv3).

VO) oder Ablauf der Überstellungsfristen (Art. 29 Abs. 2 Dublin III-VO) sowie bei (ggf. konkludentem) Selbsteintritt Deutschlands.[51] Zumindest im Ergebnis dürfte der Ausschlussgrund deshalb nur bei mit einer Abschiebungsanordnung verbundenen Ablehnung des Asylantrags als unzulässig praxisrelevant werden.[52] Eine Ausbildungsduldung darf weiterhin dann nicht erteilt werden, wenn die Identität der antragstellenden Person nicht geklärt ist. Das Gesetz sieht nunmehr konkrete Fristen vor, innerhalb derer zumutbare Maßnahmen zur Identitätsklärung ergriffen worden sein müssen, wenn die Identität erst nach dieser Frist geklärt werden kann.[53] Die vorgesehene Frist ist dennoch viel zu kurz, zumal bei fehlendem Erfolg der Identitätsklärung trotz Ergreifen der als zumutbar erachteten Maßnahmen die Erteilung der Ausbildungsduldung in das pflichtgemäße _Ermessen_ der Ausländerbehörde gestellt ist. Dies lässt Ablehnungen der Ausländerbehörden erwarten, die erfahrungsgemäß stets noch weitere Bemühungen für zumutbar erachten.[54] Wichtig ist, dass die Frist schon nach der Einreise beginnt. Die gilt grundsätzlich auch für Personen, die nach der Einreise einen Asylantrag stellen und erst nach durchlaufenem Asylverfahren eine Ausbildungsduldung beantragen. Jedoch ist Asylbewerber*innen eine Kontaktaufnahme mit der Auslandsvertretung des (vermeintlichen) Herkunftsstaates bis zum unanfechtbaren Abschluss des Asylverfahrens nicht zumutbar, sodass sich deren Mit-

---

51 Röder/Wittmann 2019, 23 (30).
52 Decker/Bader/Kothe-Röder 2021, AufenthG § 60c Rn. 60 f.
53 Die Fristen sind: bei Einreise in das Bundesgebiet bis zum 31.12.2016 bis zum Zeitpunkt der Beantragung der Ausbildungsduldung; bei Einreise zwischen dem 01.01.2017 und dem 01.01.2020 bis zur Beantragung der Ausbildungsduldung, spätestens jedoch bis zum 30.06.2020 und bei Einreise nach dem 31.12.2019 innerhalb der ersten sechs Monate nach der Einreise.
54 S. auch Marx (2020a), S. 190 ff.

wirkungspflichten auf biographische Angaben, die Vorlage vorhandener Papiere oder Datenträger und die Duldung erkennungsdienstlicher Maßnahmen beschränken.[55] Bei Minderjährigen kann eine entsprechende Frist erst mit Eintritt der Volljährigkeit beginnen.

Die Erteilung einer Ausbildungsduldung führt weder zu einem Anspruch auf <u>Familiennachzug</u> noch zu einem Anspruch auf Duldung für Familienangehörige. Bei Minderjährigen mit Ausbildungsduldung oder für Ehegatt*innen z. B. kommt jedoch eine Ermessensduldung nach § 60a Abs. 2 S. 3 AufenthG in Betracht. Weitere Ausschlussgründe bestehen bei – gegenwärtigen, nicht bei in der Vergangenheit liegenden – Bezügen zu oder Unterstützung von extremistischen oder terroristischen Organisationen (›**Gefährder*innen**‹ ▸ 8.3) sowie bei Verurteilung wegen vorsätzlicher Straftaten von über 50 <u>Tagessätzen</u> bzw. 90 Tagessätzen bei **<u>ausländerspezifischen Straftatbeständen</u>** (§ 60c Abs. 2 Nr. 4 i. V. m. § 19d Abs. 1 Nr. 6 und 7 AufenthG), bei Vorliegen einer **<u>Ausweisungsverfügung</u>** oder einer **<u>Abschiebungsanordnung nach § 58a AufenthG</u>** (§ 60c Abs. 2 Nr. 4 AufenthG).

Weiterhin gelten die Ausschlussgründe des § 60a Abs. 6 AufenthG (§ 60c Abs. 2 Nr. 1 AufenthG).[56] Die Ausbildungsduldung darf in all denjenigen dort geregelten Fällen nicht erteilt werden, in denen Geduldeten keine Erwerbstätigkeit erlaubt werden darf (▸ 4.3.2). Mit der am 01.03.2020 in Kraft getretenen Neuregelung wurden Personen aus »sicheren Herkunftsstaaten« vollständig von der Möglichkeit einer Ausbildungsduldung ausgenommen. Damit erfolgte der Ausschluss einer Vielzahl derjenigen, die die Regelung zuvor typischerweise in Anspruch genommen haben.

---

55 Decker/Bader/Kothe-Röder 2021, AufenthG § 60c Rn. 44 f.
56 Näher Bergmann/Dienelt-Dollinger 2020, § 60a Rn. 70 ff.

Die Erteilung der Ausbildungsduldung setzt weiter voraus, dass der Berufsausbildungsvertrag entweder bereits in das Verzeichnis der Berufsausbildungsverhältnisse (»Lehrlingsrolle« nach § 28 HandwO, Verzeichnis nach § 34 BBiG) eingetragen ist oder nachgewiesen wird, dass die Eintragung jedenfalls beantragt ist. Bei schulischer Berufsausbildung genügt die Bestätigung der entsprechenden Bildungseinrichtung.

Bei Vorliegen der Erteilungsvoraussetzungen besteht ein Rechtsanspruch auf Erteilung einer Ausbildungsduldung für die gesamte im Ausbildungsvertrag vorgesehene Dauer (§ 60c Abs. 3 S. 4 AufenthG).

Während die Ausbildungsduldung im Falle der Antragstellung aus einem geduldeten Aufenthalt heraus frühestens sieben Monate vor Beginn der Berufsausbildung (mit Aussicht auf Erfolg) beantragt werden kann, ist deren Ausstellung frühestens sechs Monate vor Beginn der Ausbildung möglich (§ 60c Abs. 3 AufenthG). Dieser Zeitraum soll den Ausländerbehörden Zeit geben, die Aufenthaltsbeendigung oder Maßnahmen zu deren Vorbereitung zu betreiben, etwa zur Beschaffung eines Passes oder Passersatzes aufzufordern. Die Ausbildungsduldung erlischt, wenn die Ausbildung vorzeitig beendet oder abgebrochen wird (§ 60c Abs. 4 AufenthG). Nach vorzeitigem Abbruch besteht ein Anspruch auf einmalige Erteilung einer sechsmonatigen Duldung zum Zweck der Suche nach einem neuen Ausbildungsplatz (§ 60c Abs. 6 S. 1 AufenthG).

Weiterhin erlischt die Ausbildungsduldung, wenn nachträglich ein Ausschlussgrund nach § 60c Abs. 2 Nr. 4 AufenthG eintritt. Es geht dabei also um dieselben Gründe, die auch einer Erteilung der Ausbildungsduldung entgegen stehen würden, also Bezüge zu extremistischen oder terroristischen Organisationen (§ 19d Abs. 1 Nr. 6 und 7 AufenthG), strafrechtliche Verurteilungen zu mehr als 50 bzw. 90 Tagessätzen, Vorliegen einer Ausweisungsverfügung oder Abschiebungsanordnung nach § 58a AufenthG. Bei der Erlöschensregelung wegen einer **Abschiebungsanordnung nach § 58a AufenthG** handelt es sich allerdings um reine Symbolpolitik, da mit einer solchen ohnehin selbst eine Abschiebung aus einem Aufenthalt mit Aufenthaltstitel möglich ist. Weiterhin ist es rechtsstaatlich fragwürdig, wenn auf das bloße Vorhandensein einer Ausweisungsverfügung Bezug genommen wird statt auf deren Bestandskraft. Mit dem Erlöschen der Ausbildungsduldung bei strafrechtlicher Verurteilung oberhalb einer Geldstrafe von 50 Tagessätzen bzw. 90 Tagessätzen bei Taten (wie z. B. der unerlaubten Einreise), die nur von Ausländer*innen verwirklicht werden können (§ 60c Abs. 4 i. V. m. § 60c Abs. 2 Nr. 4 i. V. m. § 19d Abs. 1 Nr. 7 AufenthG) wurde zudem ein völlig neues aufenthaltsrechtliches Sanktionsinstrumentarium für strafrechtliche Verstöße eingeführt. Es wirkt im Sinne einer Doppelbestrafung nichtdeutscher Straftäter*innen und geht noch über das System des Ausweisungsrechts hinaus, indem das Erlöschen der Ausbildungsduldung sogar unabhängig von einer **Ausweisungsverfügung** eintreten soll.[57] Gemäß § 60c Abs. 5 AufenthG ist »die Bildungseinrichtung« verpflichtet, das vorzeitige Ende oder den Abbruch (es ist unklar, worin der Unterschied zwischen beidem bestehen soll) der Ausbildung unverzüglich, in der Regel innerhalb von zwei Wochen, der zuständigen Ausländerbehörde unter Angabe im Gesetz näher genannter Daten mitzuteilen. Die Nichterfüllung dieser Pflicht stellt eine Ordnungswidrigkeit dar (§ 98 Abs. 2a Nr. 4 AufenthG). Nach der früheren Regelung in § 60a Abs. 2 S. 7 AufenthG

---

57 Vgl. zur zunehmenden Verflechtung straf- und migrationsrechtlicher Kontrolle unter Abbau von Verfahrensgarantien und Rechtsschutzmöglichkeiten Graebsch, (2019, 2019a) und ▸ 8.3 zum Krimmigrationsdilemma.

a.F. war der Ausbildungsbetrieb zur Mitteilung verpflichtet, was im Umkehrschluss heute nicht mehr der Fall zu sein scheint, mit »Bildungseinrichtung« dürfte damit nur die den schulischen Teil einer Ausbildung anbietende Einrichtung gemeint sein.

Nach erfolgreichem Abschluss der Ausbildung und Übernahme durch den Ausbildungsbetrieb in ein reguläres Beschäftigungsverhältnis oder anderweitiger an die Ausbildung anknüpfender Tätigkeit besteht Anspruch auf eine Aufenthaltserlaubnis nach § 19d Abs. 1a AufenthG (▶ 6.4), wenn die weiteren Voraussetzungen dieser Vorschrift vorliegen, die im Wesentlichen jedoch bereits für die Erteilung der Ausbildungsduldung erfüllt werden mussten. Soll erst noch ein der erlangten Ausbildung angemessener Arbeitsplatz gesucht werden, so besteht Anspruch auf eine sechsmonatige Verlängerung der Ausbildungsduldung zu diesem Zweck, allerdings ohne eine weitere Verlängerungsmöglichkeit bei erfolgloser Suche (§ 60c Abs. 6 AufenthG).

4.4.2 § 60d AufenthG: Beschäftigungsduldung[58]

Die Beschäftigungsduldung knüpft anders als die Ausbildungsduldung an eine Erwerbstätigkeit an, für die keine bestimmte Qualifikation vorliegen oder erworben werden muss.

Erstmals mit dem FKEG wurde mit Geltung ab dem 01.03.2020 und befristet bis zum 31.12.2023 die »Beschäftigungsduldung« neu eingeführt. Sie soll Geduldeten, die mittels Erwerbstätigkeit ihren Lebensunterhalt zu sichern in der Lage sind und die gut integriert sind, den Übergang in eine Aufenthaltserlaubnis (▶ 6), insbesondere nach § 25b AufenthG (▶ 6.3), ebnen.

---
58 Näher Marx (2020a), S. 199 ff.

Die Beschäftigungsduldung knüpft an Duldungsgründe des § 60a Abs. 2 S. 3 AufenthG an, sie kann also nicht direkt im Anschluss an ein negativ verlaufenes Asylverfahren erlangt werden. Nach § 60d AufenthG ist in der Regel (siehe **Regelanspruch**) einer ausreisepflichtigen Person und dem*der Ehepartner*in, die bis zum 01.08.2018 eingereist sind, eine Duldung mit Geltungsdauer von 30 Monaten zu erteilen, wenn die im Gesetz im Einzelnen genannten Voraussetzungen erfüllt sind:

- Es müssen eine Identitätsklärung innerhalb der gesetzlichen Fristen erfolgt sein oder zumindest die zumutbaren und dafür erforderlichen Maßnahmen getroffen worden sein.
- Es muss ein seit mindestens 12 Monaten geduldeter Aufenthalt bestehen und seit mindestens 18 Monaten eine sozialversicherungspflichtige Beschäftigung im Umfang von mindestens 35 Stunden pro Woche (bei Alleinerziehenden: 20 Stunden) ausgeübt werden.
- Der Lebensunterhalt muss in den 12 Monaten vor dem Antrag gesichert gewesen sein und dieser Zustand muss weiterhin andauern.
- Es müssen mündliche Deutschkenntnisse auf dem Niveau A1 GER vorhanden sein und bei Teilnahmepflicht an einem Integrationskurs dieser von der Person selbst sowie dem*der Ehepartner*in erfolgreich abgeschlossen worden oder der Abbruch nicht zu vertreten sein.
- Kinder müssen einen tatsächlichen Schulbesuch nachweisen.
- Die ausreisepflichtige Person und ihr*e Ehepartner*in dürfen nicht mit Straftaten oberhalb der Grenze von 50 **Tagessätzen** bzw. 90 Tagessätzen bei Taten, die nur von Ausländer*innen begangen werden können, in Erscheinung getreten sein (§ 60d Abs. 1 Nr. 7 AufenthG).
- Bemerkenswerterweise dürfen weiterhin auch ihre Kinder nicht wegen einer vorsätzlichen Straftat nach § 29

Abs. 1 S. 1 Nr. 1 BtmG rechtskräftig verurteilt worden sein (§ 60d Abs. 1 Nr. 10 AufenthG).
- Schließlich dürfen keine Bezüge zu extremistischen oder terroristischen Organisationen bestehen und diese nicht unterstützt werden (›**Gefährder*innen**‹ ▸ 8.3);
- es darf keine **Abschiebungsanordnung nach § 58a AufenthG** bestehen,
- aber auch keine **Ausweisungsverfügung** vorliegen (§ 60d Abs. 1 Nr. 8 und 9 AufenthG).

Die in familiärer Lebensgemeinschaft lebenden Kinder der Person mit Beschäftigungsduldung erhalten für denselben Zeitraum eine Duldung.

Die Beschäftigungsduldung wird widerrufen, wenn nachträglich eine ihrer vielfältigen Voraussetzungen nicht mehr erfüllt ist. Bei Beendigung des Beschäftigungsverhältnisses ist der*die Arbeitgeber*in innerhalb von zwei Wochen zur Meldung verpflichtet. Eine Verlängerung der Beschäftigungsduldung über die 30 Monate hinaus ist nach dem Gesetzeswortlaut innerhalb des Geltungszeitraum des Gesetzes nicht ausdrücklich ausgeschlossen und dürfte nach dessen Zweck geboten sein.

4.5 Härtefallkommissionen/ Petitionsverfahren

4.5.1 Härtefallkommissionen

Wenn keine rechtliche Möglichkeit greift, keiner der gesetzlich vorgesehenen und oben dargestellten Gründe einschlägig ist, wie eine Abschiebung verhindert werden kann, kann es sinnvoll sein, noch eine Eingabe bei der Härtefallkommission des jeweiligen Bundeslandes zu machen. Eine solche Kommission ist in jedem Bundesland vorhanden und über ihren Internetauftritt auffindbar. Die Kommissionen sind unterschiedlich zusammengesetzt, die Mitglieder können etwa zivilgesellschaftlichen Organisationen angehören, Abgeordnete sein, Vertreter*innen von karitativen Organisationen und Kirchen einbeziehen etc. Jede Kommission hat ihre eigene Entscheidungsgrundlage und Verfahrensweise, die jeweils über ihre Verordnung, die ebenfalls im Internet verfügbar ist, in Erfahrung gebracht werden kann. Gemäß § 23a AufenthG können sich diese Kommissionen eines Falls annehmen und eine – allerdings nicht zwingend zu befolgende – Empfehlung abgeben, der betreffenden Person eine Aufenthaltserlaubnis zu erteilen, obwohl die gesetzlich vorgesehenen Erteilungs- bzw. Verlängerungsvoraussetzungen nicht vorliegen.

Es ist darauf zu achten, dass ein solcher Antrag nicht zu spät gestellt wird, weil er mit der Einleitung aufenthaltsbeendender Maßnahmen regelmäßig nicht mehr zur Prüfung angenommen wird. Es ist zumeist ein Vorprüfungsverfahren vorgesehen, in dem über die Annahme des Antrags zur weiteren Prüfung entschieden wird. Ab wann die Antragsstellung selbst zu einer vorrübergehenden Aussetzung der Abschiebung führt, ist unterschiedlich.

Mit dem Antrag muss vorgebracht werden, weshalb die Abschiebung im vorliegenden Fall eine besondere Härte bedeuten würde. Dabei sind alle denkbaren Integrationsleistungen aufzuführen. Eine zentrale Rolle wird im Regelfall die Frage spielen, ob der Lebensunterhalt gesichert ist oder eine Verpflichtungserklärung (§ 68 AufenthG) abgegeben wurde (§ 23a Abs. 1 S. 2 AufenthG). Strafverfahren oder strafrechtliche Verurteilungen schließen die Annahme eines Härtefalls nicht zwingend aus, machen sie jedoch unwahrscheinlich.

Ist der Antrag insoweit erfolgreich, dass die Härtefallkommission ein Härtefallersuchen an die zuständige Stelle stellt, lehnt diese aber den Erlass einer Härtefallanordnung ab, so kann eine Leistungsklage auf – ermessensfehlerfreie – Bescheidung in Betracht kommen. Erlässt die zuständige Landesbehörde eine Härtefallanordnung, weigert sich aber die Ausländerbehörde diese umzusetzen und eine Aufenthaltserlaubnis zu erteilen, so kann eine gegen die Ausländerbehörde gerichtete Verpflichtungsklage erhoben werden. Obwohl die Härtefallkommission also nur tätig werden soll, wenn kein gesetzlich vorgesehener Aufenthaltsgrund greift, findet auch das Härtefallverfahren nicht außerhalb rechtlicher Regulierung statt.

4.5.2 Petitionen

Im Grundgesetz (Art. 17 GG) und auch in den Verfassungen der Länder findet sich das Recht, sich mit Anliegen und Beschwerden u. a. an die Volksvertretungen zu wenden. Das lateinische Wort *petitio* bedeutet Bittschrift, mithin besteht zwar ein Recht auf Petition, aber die Petition ist kein rechtliches Instrument, kein Rechtsweg. Die Volksvertretungen verfügen über Petitionsausschüsse, die mit Parlamentsabgeordneten besetzt sind. Wenn es um ein Anliegen geht, das eine Bundesbehörde (z. B. das Bundesamt für Migration und Flüchtlinge) betrifft, sollte der Petitionsausschuss des Bundestages, wenn es um ein die Landesbehörden betreffendes Anliegen geht (z. B. die Ausländerbehörden), sollte der Petitionsausschuss des jeweiligen Landtages adressiert werden. Wichtig ist, dass nicht gegen gerichtliche Entscheidungen vor dem Petitionsausschuss vorgegangen werden kann, da die Gerichte unabhängig sind. Es muss das Handeln einer Behörde angestrebt werden. Denn Aufgabe der Petitionsausschüsse ist die Kontrolle von Verwaltungsentscheidungen. Gleichwohl kann der Petitionsausschuss auch keine Behörde anweisen, ihre Entscheidung zu ändern, sondern nur eine Empfehlung aussprechen.

In diesem Kapitel ging es darum, Wege aufzuzeigen, mit welchen rechtlichen Argumenten und Vorgehensweisen eine Abschiebung verhindert werden könnte. Im nächsten Kapitel geht es dagegen um Möglichkeiten, u. a. die in diesem Kapitel dargestellten Rechte gegen Behörden durchzusetzen. Leider zeigt die Erfahrung, dass dies sehr häufig notwendig ist und keineswegs davon ausgegangen werden kann, dass Behörden von sich aus entsprechend handeln.

5 Rechtsschutz

Wie bereits im 3. und 4. Kapitel gezeigt, gibt es verschiedene Möglichkeiten, gegen eine drohende Beendigung des Aufenthalts in der Bundesrepublik vorzugehen, Rechtsschutz zu suchen und eine zwangsweise Durchsetzung der Ausreisepflicht zu verhindern. Dabei ist allerdings auch deutlich geworden, dass die Einlegung von Rechtsbehelfen nicht zwangsläufig dazu führt, dass aufenthaltsbeendende Maßnahmen unterbleiben. Es gilt zudem, zwischen verschiedenen Rechtsschutzmöglichkeiten zu differenzieren. Das soll im Folgenden näher erläutert werden.

5.1 Antrag bei der Behörde

Sowohl die Erteilung als auch die Verlängerung eines Aufenthaltstitels setzen grundsätzlich einen Antrag durch die betreffende **drittstaatsangehörige Person** voraus (§ 81 Abs. 1 AufenthG, anders bei **Unionsbürger*innen** ▶ 3.5). Drittstaatsangehörige sind darüber hinaus nach § 82 Abs. 1 AufenthG dazu verpflichtet, ihre Belange und für sie günstige Umstände, soweit sie nicht offenkundig oder bekannt sind, unter Angabe nachprüfbarer Umstände unverzüglich geltend zu machen und die erforderlichen Nachweise über ihre persönlichen Verhältnisse, sonstige erforderliche Bescheinigungen und Erlaubnisse sowie erforderliche Nachweise unverzüglich beizubringen. Diese **Mitwirkungspflicht** besteht auch im **Widerspruchsverfahren**. Es ist wichtig, diesen Grundsatz bei der Beratung von Personen, die von Abschiebung bedroht sind, zu beachten. Gleichzeitig muss die Behörde bei Fragen hinsichtlich der

Erteilung und Verlängerung eines Aufenthaltstitels, der Einleitung aufenthaltsbeendender Maßnahmen und deren Aussetzung für den oder die Betroffene günstige Umstände, von denen sie anderweitig Kenntnis erlangt hat, berücksichtigen und ist auch nicht von ihren grundsätzlichen Amtsermittlungs-, Beratungs- und Hinweispflichten befreit (§§ 24 und 25 VwVfG). Zwar sind Antragsteller*innen dazu verpflichtet, ihr Antragsziel zu bezeichnen, jedoch reicht es aus, den Lebenssachverhalt zu schildern, aus dem sie einen Anspruch auf Erteilung eines Aufenthaltstitels bzw. einer Duldung herleiten. Die Ausländerbehörde muss dann alle in Betracht kommenden Rechtsgrundlagen prüfen.[59] Deshalb sollte immer allgemein ein Aufenthaltstitel und nicht nur eine Aufenthaltserlaubnis nach einer bestimmten Vorschrift beantragt werden. Das Aufenthaltsgesetz kennt kein formelles Antragserfordernis, d. h. es ist für die Wirksamkeit eines Antrags nicht erforderlich, bestimmte Formblätter oder überhaupt die Schriftform zu verwenden.

Ablehnende Entscheidungen der Ausländerbehörde können gerichtlich angefochten werden.

> **Praxishinweis**
>
> Damit eine Anfechtung sinnvoll möglich ist, sollte zunächst dafür gesorgt werden, wenigstens eine schriftliche Ablehnung – wenn schon keine positive Entscheidung – zu bekommen. Mit einer mündlichen Ablehnung sollte man sich nicht zufriedengeben. Erst recht sollte man einem eventuellen Rat der Ausländerbehörde, einen Antrag gar nicht erst zu stellen, weil dieser ohnehin abgelehnt werden würde, keinesfalls folgen.

---

59 Vgl. Marx 2020, § 2 Rn. 234–235.

Lehnt die Ausländerbehörde die Erteilung oder Verlängerung eines Aufenthaltstitels ab, muss sie einen schriftlichen Bescheid mit Begründung erlassen (§ 77 Abs. 1 AufenthG). Gleiches gilt für belastende Verwaltungsakte wie die **Ausweisung** (▶ 3.4), die **Abschiebungsanordnung nach § 58a AufenthG** (▶ 8.3.1), die **Androhung der Abschiebung** (▶ 2.2.2), die **Rücknahme** und den **Widerruf** von Verwaltungsakten nach dem AufenthG (▶ 3.1) sowie die Entscheidung über die Anordnung eines **Einreise- und Aufenthaltsverbots** nach § 11 AufenthG. Die Versagung einer beantragten **Duldung** nach § 60a ff. AufenthG unterliegt zwar, anders als deren Erteilung (§ 77 Abs. 1 Nr. 5 AufenthG), nicht dem strengen Schriftformerfordernis nach § 77 AufenthG, erfolgt aber in der Regel ebenfalls als schriftlicher, begründeter Verwaltungsakt.

Gegen einen belastenden Verwaltungsakt wie eine Ausweisung oder eine Abschiebungsandrohung, aber auch gegen die Versagung eines beantragten Aufenthaltstitels durch die Ausländerbehörde ist grundsätzlich ein Widerspruch im Sinne des § 68 VwGO einzulegen, bevor eine Klage vor dem Verwaltungsgericht erhoben werden kann. Hiervon gibt es aber eine Reihe von Ausnahmen. So haben einige Bundesländer (u. a. Bayern, Berlin, Hessen, Niedersachsen und Nordrhein-Westfalen) das Widerspruchsverfahren im Rahmen landesrechtlicher Regelungen abgeschafft, sodass dort direkt Klage vor dem zuständigen Verwaltungsgericht zu erheben ist. Stellt ein*e Betroffene*r einen Antrag auf Erteilung einer Duldung, findet gegen dessen Ablehnung ebenfalls, auch in den anderen Ländern, kein Widerspruchsverfahren statt (§ 83 Abs. 2 AufenthG). Gleiches gilt für eine Abschiebungsanordnung nach § 58a AufenthG. Ob Widerspruch oder Klage zu erheben ist, ergibt sich aus dem jeweiligen Bescheid der Ausländerbehörde. Dieser muss zumindest in den Fällen, in denen ein Aufenthaltstitel versagt oder mit dem ein Aufenthaltstitel zum Erlöschen gebracht wird, eine Rechtsbehelfsbelehrung enthalten. Mit dieser muss auf die Art des einzulegenden Rechtsbehelfs, die Frist für seine Einlegung und den oder die zuständige Adressat*in hingewiesen werden. Fehlt diese Rechtsbehelfsbelehrung oder ist sie unrichtig oder unvollständig, dann beträgt die Frist zur Einlegung des Widerspruchs ein Jahr nach **Bekanntgabe** des Bescheids (§ 58 Abs. 2 VwGO).

Ist zunächst ein Widerspruchsverfahren durchzuführen, dann müssen Betroffene den Widerspruch schriftlich oder zur Niederschrift bei der Ausländerbehörde einlegen, die den Bescheid erlassen hat. Eine Begründung des Widerspruchs ist gesetzlich nicht zwingend vorgeschrieben, bietet sich in den meisten Fällen aber an.

Praxishinweis

Bei Erhebung eines mit einer Begründung versehenen Widerspruchs sollten auch alle Umstände genannt werden, die seit der Beantragung des Aufenthaltstitels bzw. der Duldung oder der Entscheidung der Ausländerbehörde über die Aufenthaltsbeendigung hinzugetreten sind. Denn die Behörde muss auch diese neuen Tatsachen bei ihrer Entscheidung über den Widerspruch berücksichtigen.

Am Ende des Verfahrens hilft die Ausländerbehörde entweder dem Widerspruch ab oder es ergeht ein Widerspruchsbescheid durch die zuständige Widerspruchsbehörde. Ist auch dieser ablehnend, können Betroffene Klage vor dem Verwaltungsgericht erheben.

5.2 Gerichtlicher Rechtschutz

Ist ein Widerspruchsverfahren erfolglos abgeschlossen worden oder ist landesrechtlich oder bundesrechtlich (z. B. in Asylsachen oder nach Ablehnung einer Duldungserteilung) ein solches nicht vorgesehen, können sich Betroffene gerichtlich gegen eine drohende Aufenthaltsbeendigung zur Wehr setzen und Klage vor dem Verwaltungsgericht erheben. Grundsätzlich haben Widerspruch und Klage gemäß § 80 Abs. 1 VwGO **aufschiebende Wirkung** (sog. Suspensiveffekt), d. h. aufenthaltsbeendende Maßnahmen dürfen bis zum Ende des Rechtsmittelverfahrens nicht vollzogen werden. Sowohl das AufenthG als auch das AsylG kennen aber viele Ausnahmen (▸ 3.1 und 3.3), die sich insbesondere aus § 75 AsylG und § 84 AufenthG ergeben. Haben Widerspruch oder Klage keine aufschiebende Wirkung, so müssen Betroffene neben dem Klageverfahren (sog. Hauptsacheverfahren) auch ein Eilverfahren beim Verwaltungsgericht führen.

5.2.1 Klageverfahren

Nach Zugang eines Bescheides der Ausländerbehörde[60], mit dem eine Ausweisung verfügt, die Erteilung eines Aufenthaltstitels bzw. einer Duldung versagt oder das Erlöschen eines Aufenthaltstitels festgestellt und eine Abschiebung angedroht bzw. angeordnet wird, können Betroffene Klage innerhalb eines Monats bei dem sich aus der Rechtsbehelfsbelehrung ergebenden zuständigen Verwaltungsgericht erheben (Ausnahme: ▸ 8.3.1). Bei Be-

---

[60] Alternativ nach Zugang des entsprechenden, die ausländerbehördliche Entscheidung bestätigenden Widerspruchsbescheides, wenn zuvor ein Widerspruchsverfahren durchzuführen ist (▸ 5.1).

scheiden des BAMF beträgt die Klagefrist in der Regel zwei Wochen – ausnahmsweise gelten aber noch kürzere Klagefristen (▶ 3.3). Die Klage kann schriftlich oder zu Protokoll bei den Rechtsantragsstellen der Verwaltungsgerichte erhoben werden. Die Klage muss zumindest die Namen und ladungsfähige Anschrift von Kläger*in und Beklagtem*r, die angegriffene Entscheidung der Behörde (Behörde, Datum und Aktenzeichen) und eine Angabe, was der*die Betroffene mit der Klage begehrt, sowie eine Unterschrift enthalten. Es sollte außerdem eine Kopie des Bescheides (und ggf. des Widerspruchsbescheides) beigefügt werden, gegen den Klage erhoben wird. Eine Begründung der Klage kann zu einem späteren Zeitpunkt erfolgen.

> **Praxishinweis**
>
> Eine Frist zur Klagebegründung sieht das Gesetz in aufenthaltsrechtlichen Verfahren nicht vor. Allerdings kann das Gericht den oder die Kläger*in dazu auffordern, die zur Begründung der Klage dienenden Tatsachen und Beweismittel anzugeben, und hierfür eine Frist setzen. Spätestens, wenn das Gericht eine Frist nach 87b VwGO setzt, ist eine Begründung der Klage dringend geboten. In Asylsachen sieht § 74 Abs. 2 S. 1 AsylG vor, dass diese Tatsachen und Beweismittel innerhalb eines Monats nach Zugang des BAMF-Bescheides vorgebracht werden müssen. Allerdings darf das Gericht auch in diesen Fällen eine später erfolgende Klagebegründung nur unberücksichtigt lassen, wenn diese zu einer Verzögerung des Rechtsstreits führt.

Grundsätzlich findet im Rahmen jedes Klageverfahrens eine mündliche Verhandlung statt, wenn auf diese nicht von Kläger- und Beklagtenseite verzichtet wurde.[61] Es dauert aber zumeist Monate oder teilweise sogar Jahre, bis diese stattfindet. Betroffene müssen für das erstinstanzliche Verfahren vor dem Verwaltungsgericht nicht anwaltlich vertreten werden. Oftmals ist eine anwaltliche Vertretung oder zumindest eine anwaltliche Vorbereitung auf die mündliche Verhandlung aber sinnvoll. Im verwaltungsgerichtlichen Klageverfahren gilt zwar der sog. Amtsermittlungs- bzw. Untersuchungsgrundsatz (§ 86 VwGO), sodass das Gericht dazu verpflichtet ist, den Sachverhalt umfassend zu ermitteln, um alle erforderlichen Rechtsfragen klären zu können. Allerdings ist der*die Kläger*in dazu verpflichtet, alle in ihrer Sphäre liegenden entscheidungserheblichen Umstände vorzutragen und Unterlagen vorzulegen.[62]

Können sich Betroffene die Mandatierung einer Anwält*in oder eines Anwalts nicht leisten, gibt es die Möglichkeit, Prozesskostenhilfe zu beantragen (§ 166 VwGO i. V. m. §§ 114 ff. ZPO). Wird diese gewährt, dann übernimmt die Staatskasse die Gerichts- und Anwaltskosten. Dazu muss das Gericht der Klage allerdings Erfolgsaussicht zusprechen, wofür zunächst der Prozesskostenhilfeantrag (gut) begründet werden sollte, wofür es dann wiederum kompetenter Unterstützung bedarf.

Das verwaltungsgerichtliche Hauptsacheverfahren endet in der Regel mit einem Urteil. Wird der Klage stattgegeben, hebt das Gericht entweder nur den angefochte-

---

61 In manchen Fällen entscheidet das Gericht auch in Form eines Gerichtsbescheids ohne vorherige mündliche Verhandlung (§ 84 Abs. 1 VwGO). Fällt dieser negativ für den oder die Betroffene aus, kann diese*r innerhalb eines Monats nach Zustellung die Durchführung einer mündlichen Verhandlung beantragen oder direkt Berufung einlegen bzw. einen Antrag auf Zulassung der Berufung stellen (§ 84 Abs. 2 VwGO).
62 Dietz (2020), S. 71, 236 ff.

nen Bescheid auf oder verpflichtet die Ausländerbehörde bzw. das BAMF zusätzlich zu etwas – etwa zu einer neuen Entscheidung über einen Antrag unter Beachtung der Rechtsauffassung des Gerichts, zur Erteilung einer Aufenthaltserlaubnis oder Duldung oder zur Zuerkennung der Flüchtlingseigenschaft.

Weist es die Klage ab, dann gibt es die Möglichkeit, Berufung einzulegen, wenn das Verwaltungsgericht diese zugelassen hat, oder einen Antrag auf Zulassung der Berufung zu stellen, wenn es das nicht getan hat (§§ 124 ff. VwGO). Über beide **Rechtsmittel** entscheidet das zuständige Oberverwaltungsgericht[63], welches ebenfalls **grundsätzlich** eine mündliche Verhandlung durchführt. Gegen ein ablehnendes Berufungsurteil gibt es das Rechtsmittel der Revision bzw. den Antrag auf Zulassung der Revision an das Bundesverwaltungsgericht (§§ 132 ff. VwGO). Am Oberverwaltungs- und Bundesverwaltungsgericht besteht Anwaltszwang, sodass eine anwaltliche Vertretung im Berufungs- und Revisionsverfahren zwingend erforderlich ist. Auch für diese Instanzen kann Prozesskostenhilfe beantragt werden.

5.2.2 Eilrechtsschutz

In den Fällen, in denen Widerspruch und Klage **aufschiebende Wirkung** haben, droht Betroffenen während des laufenden Widerspruchs- bzw. Gerichtsverfahrens keine zwangsweise Beendigung ihres Aufenthalts in der Bundesrepublik. Hat der jeweilige Rechtsbehelf allerdings keine aufschiebende Wirkung, droht eine Aufenthaltsbeendigung, auch wenn noch nicht über den Widerspruch oder die Klage entschieden worden ist.

---

63 Bzw. in Bayern, Baden-Württemberg und Hessen der Verwaltungsgerichtshof.

In diesen Fällen ist es notwendig, zusätzlich einen Eilrechtsschutzantrag beim zuständigen Verwaltungsgericht zu stellen. Zuständig ist das gleiche Gericht, bei dem auch die Klage erhoben worden ist bzw. zu erheben sein wird. Beim Eilrechtsschutz ist im Aufenthalts- und Asylrecht zwischen zwei verschiedenen Arten zu entscheiden:
- dem Antrag auf Anordnung bzw. Wiederherstellung der aufschiebenden Wirkung nach § 80 Abs. 5 VwGO und
- dem Antrag auf Erlass einer einstweiligen Anordnung nach § 123 VwGO.

Welche Form des Eilrechtsschutzes beim Verwaltungsgericht gesucht werden muss, hängt davon ab, welche Art der Klage in der Hauptsache statthaft ist. Dabei gilt die Grundregel:
- Handelt es sich um einen belastenden Verwaltungsakt, der angegriffen wird (z. B. eine Ausweisungsverfügung, die Feststellung des Verlusts des Freizügigkeitsrechts oder die Ablehnung eines Asylantrags als unzulässig), dann ist eine sog. Anfechtungsklage zu erheben.
- Hat der*die Betroffene einen Antrag gestellt, dem die Behörde nicht stattgegeben hat und will er oder sie die Behörde zu etwas verpflichten (Erteilung einer Aufenthaltserlaubnis oder Duldung, Zuerkennung der Flüchtlingseigenschaft etc.), dann ist eine sog. Verpflichtungsklage zu erheben.
- Geht es um die Feststellung, ob ein Aufenthaltstitel von Gesetzes wegen erloschen ist oder noch besteht, ist eine sog. Feststellungsklage statthaft.

Ist in der Hauptsache eine Anfechtungsklage zu erheben, dann richtet sich das Eilverfahren nach § 80 Abs. 5 AufenthG. Es muss, wenn die aufschiebende Wirkung von Gesetzes wegen entfällt (§ 84 AufenthG, § 75 AsylG), ein

Antrag auf Anordnung der aufschiebenden Wirkung des Widerspruchs bzw. der Klage gestellt werden. Hat die Behörde die sofortige Vollziehung eines Bescheides gemäß § 80 Abs. 2 S. 1 Nr. 4 VwGO angeordnet, dann ist der Eilantrag auf die Wiederherstellung der aufschiebenden Wirkung zu richten. Gegenstand des Verfahrens ist eine Interessensabwägung des Gerichts zwischen dem öffentlichen Interesse an der sofortigen Vollziehung des Bescheides (d. h. der Aufenthaltsbeendigung) und dem privaten Interesse des oder der Adressat*in, den Bescheid bis zum Abschluss des gegen ihn gerichteten Rechtsbehelfsverfahrens nicht befolgen – also nicht ausreisen – zu müssen. Dies hängt maßgeblich von den Erfolgsaussichten in dem Hauptsacheverfahren ab. Der Antrag ist grundsätzlich nicht fristgebunden, es gibt aber – insbesondere im Asylrecht – viele Ausnahmen (▶ 3.3 und 8.3).

> **Praxishinweis**
>
> Steht eine Abschiebung der betroffenen Person unmittelbar bevor und ist zu befürchten, dass die Behörde diese vor der gerichtlichen Entscheidung über den Eilantrag durchführt, kann beim Verwaltungsgericht zusätzlich eine sog. **Hängeanordnung** beantragt werden. Dies gilt auch für Anträge nach § 123 VwGO. Der Antrag könnte lauten: »Es wird außerdem beantragt, der Antragsgegnerin mitzuteilen, dass sie aufenthaltsbeendende Maßnahmen bis zu einer Entscheidung über den vorliegenden Eilantrag zu unterlassen hat.«

Wäre in der Hauptsache dagegen eine Verpflichtungs- oder eine Feststellungsklage zu erheben, dann richtet sich der Eilrechtsschutz nach § 123 VwGO. Nach dieser Vorschrift kann das Gericht auf Antrag eine einstweilige Anordnung,

d. h. die vorläufige Sicherung oder Regelung eines Zustandes, treffen. Hierbei gilt ein sog. Verbot der Vorwegnahme der Hauptsache. Es darf also nicht schon das beantragt werden, was mit der Klage erreicht werden soll, sondern nur eine vorläufige Regelung bis zur Entscheidung in der Hauptsache. Möglich ist beispielsweise folgender – nicht fristgebundener – Antrag:

> »Es wird beantragt, dem Antragsgegner im Wege einer einstweiligen Anordnung nach § 123 VwGO aufzugeben, einstweilen von einer Durchsetzung der Ausreisepflicht der Antragstellerin durch Abschiebung nach [Zielland der Abschiebung] abzusehen.«

Hierfür muss der*die Antragsteller*in einen Anordnungsanspruch und einen Anordnungsgrund glaubhaft machen. Das bedeutet, dass die betroffene Person in dem Antrag darlegen muss, dass die Voraussetzungen etwa für die Erteilung des beantragten Aufenthaltstitel oder der Duldung erfüllt sind (Anordnungsanspruch), und dass die Sache besonders dringlich ist – z. B. weil die Abschiebung unmittelbar bevorsteht (Anordnungsgrund).

Praxishinweis

Manchmal ist es nicht leicht zu erkennen, welche Klage in der Hauptsache statthaft ist oder es kommt eine Kombination zweier Klagearten (v. a. Anfechtungs- und Verpflichtungsklage) in Betracht. Dann kann auch ein kombinierter Antrag nach § 80 Abs. 5 und 123 VwGO infrage kommen. Wegen der erhöhten Darlegungsanforderungen und Einschränkungen hinsichtlich des Amtsermittlungsgrundsatzes im Eilverfahren, wird es daher oftmals notwendig sein, anwaltliche Hilfe in Anspruch zu nehmen.

Lehnt das Gericht den Eilrechtsschutzantrag ab, kann die betroffene Person dagegen in der Regel noch eine Beschwerde einlegen (§§ 146, 147 VwGO).[64] Wurde ein Antrag nach § 80 Abs. 5 VwGO abgelehnt, läuft das Klageverfahren aber noch, besteht zudem die Möglichkeit, einen sog. Abänderungsantrag nach § 80 Abs. 7 S. 2 VwGO zu stellen. Dies ist zulässig, wenn sich die rechtlichen oder tatsächlichen Verhältnisse nach der Ablehnung des Antrags auf Anordnung oder Wiederherstellung der aufschiebenden Wirkung durch das Verwaltungsgericht geändert haben. Liegen etwa neue ärztliche Atteste vor oder gab es in der Zwischenzeit abweichende höchstrichterliche Entscheidungen, kann ein solcher Abänderungsantrag gestellt werden. Gibt das Gericht dem Antrag statt, ordnet es die aufschiebende Wirkung der Klage an bzw. stellt sie wieder her, sodass eine Aufenthaltsbeendigung nicht vor Abschluss des Hauptsacheverfahrens droht.

5.2.3 Verfassungs- und menschenrechtlicher Rechtschutz

Neben den dargestellten ordentlichen behördlichen und verwaltungsgerichtlichen Rechtsbehelfen gibt es weitere Rechtsschutzinstrumente, die Betroffene nutzen können, um sich gegen eine drohende Aufenthaltsbeendigung zu wehren.

Hierzu zählt die sog. Anhörungsrüge gemäß § 152a VwGO. Sie kann gegen alle verwaltungsgerichtlichen Entscheidungen erhoben werden, gegen die ein Rechtsmittel oder ein anderer Rechtsbehelf nicht gegeben ist. Hier spielen insbesondere Beschlüsse des Verwaltungsgerichts in asylrechtlichen Eilverfahren eine Rolle, gegen die eine

---

64 Dies gilt allerdings nicht für verwaltungsgerichtliche Eilbeschlüsse in Asylsachen (§ 80 AsylG).

Beschwerde nicht zulässig ist (§ 80 AsylG). Zu beachten ist, dass mit der Anhörungsrüge ausschließlich die Verletzung des Rechts auf rechtliches Gehör gerügt werden kann. Dieses Recht ergibt sich aus Art. 103 Abs. 1 GG und ist – in entscheidungserheblicher Weise – verletzt, wenn das Gericht auf einen wesentlichen Kern des Tatsachenvortrags des Antragstellers oder der Antragstellerin nicht eingeht, der für das Verfahren von zentraler Bedeutung ist, und der nach dem gerichtlichen Rechtsstandpunkt weder unerheblich noch offensichtlich unsubstantiiert ist.[65] Gleiches gilt auch, wenn das Gericht tatsächliches oder rechtliches Vorbringen gar nicht erst zur Kenntnis genommen und erwogen hat, wenn es sich auf Tatsachen stützt, zu denen der*die Antragsteller*in sich nicht äußern konnte, oder eine sog. Überraschungsentscheidung[66] getroffen hat. Die Rüge ist innerhalb von zwei Wochen nach Kenntnisnahme von der Verletzung des rechtlichen Gehörs bei dem Gericht zu erheben, das den gehörsverletzenden Beschluss erlassen hat.

Ist das ordentliche Rechtsmittelverfahren beendet und sind alle möglichen Rechtsbehelfe ausgeschöpft, können von Abschiebung bedrohte Personen zudem erwägen, zum Bundesverfassungsgericht eine Verfassungsbeschwerde zu erheben und diese mit einem Antrag auf Erlass einer einstweiligen Anordnung zu verbinden.

Eine Verfassungsbeschwerde ist innerhalb eines Monats nach Zugang der gerichtlichen Entscheidung schriftlich zu erheben und zugleich mit der Einlegung zu begründen.

---

65 BVerfG, Beschluss vom 23.7.2003 – 2 BvR 624/01.
66 Eine solche ist anzunehmen, wenn das Gericht ohne vorherigen Hinweis Anforderungen an den Sachvortrag stellt, mit denen auch eine gewissenhafte und kundige prozessbeteiligte Person selbst unter Berücksichtigung der Vielfalt vertretbarer Rechtsauffassungen nicht zu rechnen brauchte (BVerwG, Beschluss vom 12.12.2007 – 8 B 57.07).

Die Besonderheit des Verfahrens beim Bundesverfassungsgericht liegt darin, dass mit einer Verfassungsbeschwerde nur die Verletzung spezifischen Verfassungsrechts – das heißt von Grundrechten und grundrechtsgleichen Rechten – gerügt werden kann. In der Beschwerde sind daher das verletzte Recht und die Verletzungshandlung zu bezeichnen (§§ 23, 92 und 93 BVerfGG). Darüber hinaus ist eine Verfassungsbeschwerde nur dann zulässig, wenn der Rechtsweg erschöpft ist, also alle möglichen Rechtsbehelfe eingelegt worden sind. Der*die Beschwerdeführer*in hat daher innerhalb der Monatsfrist alle ihn oder sie belastenden Behördenbescheide und gerichtlichen Entscheidungen zu benennen und diese Entscheidungen der Beschwerde beizufügen. Dies gilt auch für alle anderen in der Beschwerde bezeichneten Beweise und Dokumente. Die Verfassungsbeschwerde ist nämlich nur dann hinreichend begründet, wenn sie den Sachverhalt nachvollziehbar darlegt und belegt und substantiiert eine Verletzung von Grundrechten geltend macht.[67]

Die Verfassungsbeschwerde kann mit einem Antrag auf Erlass einer einstweiligen Anordnung nach § 32 BVerfGG verbunden werden, um eine unmittelbar bevorstehende Aufenthaltsbeendigung zu verhindern. Ein solcher Antrag wird in der Regel erforderlich sein, da die Entscheidung über eine Verfassungsbeschwerde regemäßig Monate oder sogar Jahre in Anspruch nimmt und ihre Einlegung keine aufschiebende Wirkung hat. Dieser Antrag ist darauf zu richten, dass die Vollziehung des angefochtenen Bescheids der Ausländerbehörde oder des BAMF, auf deren Grundlage die Abschiebung erfolgen soll, einstweilig bis zur Entscheidung über die Verfassungsbeschwerde nach § 32 BVerfGG ausgesetzt wird. Auch hier gilt, dass eine Vorwegnahme der Hauptsache, also die Feststellung

---

67 BVerfG, Beschluss vom 21.02.2018 – 2 BvR 301/18.

der Grundrechtsverletzung der verwaltungsgerichtlichen Entscheidung, verboten ist. Schließlich ist im Rahmen der Antragstellung darzulegen, welche Umstände die Dringlichkeit der Anordnung begründen. Eine einstweilige Anordnung durch das Bundesverfassungsgericht kommt nur zur Abwehr schwerer Nachteile oder zur Verhinderung drohender Gewalt in Betracht. Das Bundesverfassungsgericht hat dementsprechend eine Folgenabwägung für den Fall der Abschiebung zu treffen.

> **Praxishinweis**
>
> Lässt sich der*die Betroffene vor dem Bundesverfassungsgericht anwaltlich vertreten, ist es wichtig zu beachten, dass hierfür eine spezielle, für die Erhebung der Verfassungsbeschwerde und die Stellung des Antrags nach § 32 BVerfGG ausgestellte Vollmacht erforderlich ist. Sie ist schriftlich zu erteilen und muss sich ausdrücklich auf das Verfahren beziehen.

Lehnt auch das Bundesverfassungsgericht die Annahme der Verfassungsbeschwerde bzw. den Antrag auf Erlass einer einstweiligen Anordnung nach § 32 BVerfGG ab, verbleibt der von Abschiebung bedrohten Person ausschließlich die Erhebung einer sog. Individualbeschwerde bei dem Europäischen Gerichtshof für Menschenrechte (EGMR).

Nach Art. 34 kann jede Person, die behauptet, durch eine Vertragspartei – die Bundesrepublik ist eine solche – in einem ihrer von der Europäischen Menschenrechtskonvention (EMRK) garantierten Rechte verletzt zu sein, Beschwerde bei dem EGMR erheben. Eine solche ist nur dann zulässig, wenn alle nationalen Rechtsbehelfe ausgeschöpft sind, wozu auch die Verfassungsbeschwerde zählt.

Die Beschwerde zum EGMR muss innerhalb von sechs Monaten nach der Entscheidung über die Verfassungsbeschwerde unter Verwendung des amtlich zur Verfügung gestellten Beschwerdeformulars (www.echr.coe.int/applicants) erhoben werden und kann in deutscher Sprache verfasst werden. Die weiteren inhaltlichen Anforderungen an die Individualbeschwerde finden sich in Art. 47 der Verfahrensordnung des EGMR (Rules of Court).

> **Praxishinweis**
>
> Lässt sich der*die Beschwerdeführer*in anwaltlich vertreten, gilt auch hier, dass eine spezielle anwaltliche Vollmacht erforderlich ist. Der Vollmachtsvordruck findet sich auf dem Beschwerdeformular.

Da auch die Entscheidung des EGMR über eine Individualbeschwerde geraume Zeit in Anspruch nimmt, muss die Beschwerde mit einem Antrag auf Anordnung vorläufiger Maßnahmen nach Art. 39 der Verfahrensordnung des EGMR verbunden werden. Hierfür ist es wichtig, dass auf der ersten Seite des Schriftsatzes »Rule 39. Urgent« vermerkt ist und ein Hinweis auf das Datum der geplanten Abschiebung erfolgt. Weitere praktische Hinweise zu dem Antrag hat der Gerichtshof auf seiner Internetseite veröffentlicht (https://www.echr.coe.int/Documents/Interim_Measures_DEU.pdf).

Der Gerichtshof hat schon in mehreren Verfahren Abschiebungen einstweilig nach dieser Vorschrift untersagt.

6 Wege aus der Duldung in einen gesicherten Aufenthalt

Weil die Duldung kein Recht auf Aufenthalt gewährt, ist stets anzustreben, wieder einen <u>Aufenthaltstitel</u> zu erwerben, denn ein solcher ist für den rechtmäßigen Aufenthalt erforderlich (§ 4 Abs. 1 AufenthG). Aus der Duldung heraus kommt vor allem eine Aufenthaltserlaubnis in Betracht, die aus humanitären Gründen oder wegen bereits erfolgter Integration erteilt werden kann. Mit der Einführung solcher Arten von Aufenthaltserlaubnis wurde das politische Ziel der Vermeidung von ›Kettenduldungen‹ (Duldung reiht sich an Duldung über Jahre oder gar Jahrzehnte und Generationen) verfolgt. Allerdings sind die Voraussetzungen immer noch recht engherzig, so dass viele Geduldete sie nicht erfüllen. Das ist vor allem der Fall, wenn Ihnen unterstellt wird, ihre Ausreise gezielt und selbst zu verhindern, beispielsweise indem sie ihre Identität nicht offenlegen oder sich zu wenig um die Vorlage eines <u>Passes</u> kümmern.

6.1 § 25 Abs. 5 AufenthG: Aufenthalt aus humanitären Gründen

§ 25 Abs. 5 AufenthG[68] ist eine wichtige Rechtsgrundlage für die Verfestigung des Aufenthalts bei langfristig bestehenden <u>Duldungsgründen</u>. Dabei ist insbesondere an familiäre Bindungen innerhalb der Kernfamilie bzw. Verwurzelung in Deutschland, an dauernde Reiseunfähig-

---

68 Vgl. auch Oberhäuser-Bruns 2019, § 5 Rn. 105–122; ausführlich Marx 2020, § 5 Rn. 70–137.

keit aus gesundheitlichen Gründen bzw. Suizidgefahr oder langfristige Unmöglichkeit und Unzumutbarkeit einer **Passbeschaffung** zu denken. Die Vorschrift knüpft an das Bestehen **inlandsbezogener Vollstreckungshindernisse** (§ 60a Abs. 2 S. 1 AufenthG, ▶ 4.2) an, für **zielstaatsbezogene Abschiebungshindernisse** bestehen Spezialregelungen (§ 25 Abs. 1–3 AufenthG, ▶ 4.1).

Nach § 25 Abs. 5 AufenthG **kann** einer **vollziehbar ausreisepflichtigen** Person eine **Aufenthaltserlaubnis** erteilt werden, wenn die Ausreise aus rechtlichen oder tatsächlichen Gründen unmöglich ist und mit dem Wegfall der Ausreisehindernisse in absehbarer Zeit nicht zu rechnen ist. Nach dieser Regelung kann die Ausländerbehörde also von Anfang an bei Bestehen langfristiger **Duldungsgründe** eine Aufenthaltserlaubnis anstelle einer Duldung erteilen. Da ihr dafür aber ein (pflichtgemäßes) **Ermessen** eingeräumt ist, geschieht dies in der Praxis oft nicht. Wenn die Abschiebung seit 18 Monaten ausgesetzt ist, **soll** die Aufenthaltserlaubnis erteilt werden, d. h. sie muss erteilt werden, wenn keine besonderen Gründe des Einzelfalls dagegensprechen. Letztere können sich z. B. aus dem Gewicht eines verwirklichten **Ausweisungsinteresses** ergeben.

In jedem Fall darf die Ausländerbehörde aber eine Aufenthaltserlaubnis nur dann erteilen, wenn der*die Ausländer*in unverschuldet an der Ausreise gehindert ist. Von einem Verschulden wird bei falschen Angaben, bei Täuschung über die Identität oder Staatsangehörigkeit ausgegangen. Solches Verhalten darf dem oder der Ausländer*in aber dann nicht vorgehalten werden, wenn im konkreten Fall die Unmöglichkeit der Ausreise offensichtlich auf anderen Gründen beruht, dieses Verhalten also nicht kausal für die gegenwärtige Unmöglichkeit der Ausreise ist. Das Gesetz formuliert hier in der Gegenwartsform (z. B. »falsche Angaben macht«, »täuscht«), sodass falsche Angaben oder Täuschungen in der Vergangenheit dann irrelevant sind, wenn der gegenwärtige Aufenthalt nicht mehr auf diesen früheren Gründen, sondern auf einem anderen, neuen Duldungsgrund beruht.

Mit dem Erfordernis des Bestehens eines »Ausreisehindernisses« in § 25 Abs. 5 AufenthG ist gemeint, dass neben der Abschiebung auch die **freiwillige Ausreise** unmöglich sein muss. So kann es beispielsweise sein, dass eine Sicherheitsbegleitung bei der Abschiebung in einen bestimmten Staat nicht durchführbar ist, die Person aber unbegleitet in diesen einreisen könnte.

Unmöglich ist die Ausreise auch dann, wenn sie zwar faktisch möglich wäre, aber unzumutbar ist. Wenn ein rechtliches Abschiebungshindernis besteht, etwa zum Schutz der Familie oder der Gesundheit, dann ist neben einer Abschiebung auch eine ›freiwillige Ausreise‹ (rechtlich) unmöglich. So ist etwa die zynische Praxis, Personen mit bei Abschiebung festgestellter Suizidgefahr zu einer selbständigen Ausreise aufzufordern, offensichtlich rechtswidrig.

Ein Ausschlussgrund für die Aufenthaltserlaubnis nach § 25 Abs. 5 AufenthG besteht, wenn »zumutbare Anforderungen zur Beseitigung der Ausreisehindernisse nicht erfüllt« werden (§ 25 Abs. 5 S. 4 AufenthG). Die letztgenannte (vage) Regelung bietet das höchste Streitpotenzial mit Ausländerbehörden, die vielfach und oft zu Unrecht behaupten, die ausreisepflichtige Person könne das Ausreisehindernis selbst in zumutbarer Weise beseitigen. Hier geht es zumeist um die Beschaffung eines **Passes** oder von anderen Unterlagen aus dem Herkunftsland, die Anhaltspunkte für Identität und Staatsangehörigkeit geben können. Als zumutbar wird dabei von der Rechtsprechung angesehen, einen Pass und sonstige Identitätspapiere zu beschaffen sowie auch sog. ›Freiwilligkeitserklärungen‹ gegenüber dem Herkunftsstaat abzugeben oder eine (Wieder-)Einbürgerung zu beantragen.[69] Wenn allerdings noch weitere Ausreisehindernisse bestehen (z. B. bei drohender Trennung der Kernfamilie), dürfen fehlende Passbeschaffungsbemühungen der betroffenen Person nicht entgegengehalten werden, denn dann sind sie nicht der (einzige) Grund für das Bestehen eines Ausreisehindernisses.

Botschaften und Konsulate verweigern in der Praxis oft aus den unterschiedlichsten Gründen die Ausstellung eines Passes. Manchmal werden Pässe nur ausgestellt, wenn der Nachweis erbracht wird, dass damit in Deutschland eine Aufenthaltserlaubnis erteilt werde. Die Ausländerbehörde verlangt aber oft umgekehrt zunächst einen Pass und will erst dann über die Erteilung eines Aufenthaltstitels entscheiden. Botschaften und Konsulate verweigern aber in aller Regel auch eine Bestätigung, dass kein Pass ausgestellt werde. In dieser Situation ist es schwierig Beweis zu erbringen. Gleichwohl sollte sich, gerade wenn es den Nachweis betrifft, alles Zumutbare unternommen zu haben, stets um eine genaue Dokumentation bemüht werden. Fotos mit Datum und Schild beweisen z. B. immerhin die Anwesenheit vor einer Botschaft (innerhalb darf regelmäßig nicht fotografiert werden), wenn auch noch nicht das Gespräch dort oder dessen Inhalt.

> **Praxishinweis**
>
> Weil oft nur Staatsangehörige desselben Staates mit vorsprechen dürfen, empfiehlt es sich eine solche Person mitzunehmen, die zudem die relevante Sprache spricht, damit sie später notwendigenfalls eine **eidesstattliche Versicherung** abgeben kann.

---

69 Zum Umfang der Mitwirkungspflicht und Zumutbarkeit mit Beispielen Marx 2020, § 5 Rn. 110–120.

Liegt eine schutzwürdige soziale Bindung i. S. v. Art. 8 EMRK vor, so genügt es nicht, wenn der Staat vor deren Hintergrund von einer Abschiebung absieht, vielmehr müssen auch positive Maßnahmen getroffen werden, damit die Person ihr Recht ungehindert ausüben kann, namentlich also eine Aufenthaltserlaubnis – und nicht nur eine Duldung – erteilt werden.[70] Zudem darf die Aufenthaltserlaubnis nicht allein mit dem Argument abgelehnt werden, die betreffende Person habe sich seither nur geduldet, nicht aber rechtmäßig im Bundesgebiet aufgehalten.[71] Es ist weiterhin zu beachten, dass auch für eine Aufenthaltserlaubnis nach § 25 Abs. 5 AufenthG prinzipiell die **allgemeinen Erteilungsvoraussetzungen** für Aufenthaltstitel (§ 5 Abs. 1 AufenthG) gegeben sein müssen, ergo insbesondere der **Lebensunterhalt gesichert** sein muss (§ 2 Abs. 3 AufenthG), wovon die Ausländerbehörde allerdings nach **Ermessen** absehen **kann** (§ 5 Abs. 3 AufenthG). Bei der Ermessensentscheidung ist u. a. zu berücksichtigen, dass die Lebensunterhaltssicherung oft erst mit Erteilung der Aufenthaltserlaubnis möglich sein wird, da der Zugang zum Arbeitsmarkt mit einer Duldung, wenn nicht rechtlich beschränkt (▶ 4.3.2), so doch zumindest praktisch oft schwierig ist.

Die Ausländerbehörde **kann** weiterhin nach pflichtgemäßem Ermessen auch von den allgemeinen Erteilungsvoraussetzungen der Klärung von Identität und Staatsangehörigkeit oder dem Bestehen eines **Ausweisungsinteresses** absehen (§ 5 Abs. 3 S. 2 i. V. m. 5 Abs. 1 und 2 AufenthG). Wenn es unmöglich ist, einen Pass zu erlangen, kann ein **Reiseausweis für Ausländer*innen** ausgestellt werden (§ 5 AufenthV).

---

70 EGMR, Sisojeva gegen Lettland, 15.01.2007, Individualbeschwerde Nr. 60654/00.
71 Dazu Marx 2020, § 5 Rn. 86–91.

Beruft sich die Ausländerbehörde auf ein der Erteilung entgegenstehendes **Einreise- und Aufenthaltsverbot** (§ 11 Abs. 1 AufenthG), so sollte ein Antrag auf dessen Aufhebung nach § 11 Abs. 4 AufenthG gestellt werden. Eine vorherige Ausreise ist nicht erforderlich.

Wurde zuvor ein Asylantrag als **»offensichtlich unbegründet« (ou)** abgelehnt, so besteht eine Sperre für die Erteilung einer Aufenthaltserlaubnis nach § 25 Abs. 5 AufenthG. Dies ist allerdings nur dann der Fall, wenn Asyl, Flüchtlingsanerkennung und subsidiärer Schutz sämtlich als ou abgelehnt wurden und dabei auf einen der Gründe des § 30 Abs. 3 AsylG Bezug genommen wurde.

Der mit der Aufenthaltserlaubnis nach § 25 Abs. 5 AufenthG erlangte Status liegt zwar oberhalb der Duldung, ist jedoch schlechter als bei anderen Arten der Aufenthaltserlaubnis. So wird diese Aufenthaltserlaubnis zunächst nur für sechs Monate erteilt und wird nicht verlängert, wenn das Ausreisehindernis weggefallen ist (§ 26 Abs. 1 S. 1 und Abs. 2 AufenthG). Während der ersten 18 Monate besteht nur ein Anspruch auf **Leistungen nach dem Asylbewerberleistungsgesetz** (§ 1 Abs. 1 Nr. 3c AsylbLG). Erwerbstätigkeit ist mit der Erteilung automatisch erlaubt, da dies neuerdings immer dann der Fall ist, wenn für eine Art der Aufenthaltserlaubnis kein ausdrückliches Verbot besteht (§ 4a Abs. 1 S. 1 AufenthG). Nach § 29 Abs. 3 S. 3 AufenthG ist der Familiennachzug zu einem oder einer Inhaber*in einer Aufenthaltserlaubnis nach § 25 Abs. 5 AufenthG ausgeschlossen. Letzteres beruht auf der konstruierten Annahme, der Aufenthalt werde nur vorübergehender Natur sein (dürfen). Da diese Regelung verfassungs- und menschenrechtlich bedenklich ist, sollte man im Einzelfall prüfen, ob ein Familiennachzug nicht trotzdem erreicht werden kann.

Von der Aufenthaltserlaubnis nach § 25 Abs. 5 AufenthG ist der Übergang in eine **Niederlassungserlaubnis** möglich (§§ 26 Abs. 4, 9 AufenthG).

6.2 § 25 a AufenthG: Aufenthalt wegen guter Integration von Jugendlichen/ Heranwachsenden

Mit dieser Vorschrift wurde eine sog. stichtagsunabhängige Altfallregelung geschaffen, mit der insbesondere Nachkommen von langjährig Geduldeten begünstigt werden sollten. Sie richtet sich an Jugendliche und Heranwachsende, also ab einem Alter von 14 Jahren und bis vor ihrem 21. Geburtstag. Der Antrag muss auch vor letzterem gestellt werden, zum Zeitpunkt der Erteilung der Aufenthaltserlaubnis kann die Person dann auch schon älter sein.

Jugendlichen oder Heranwachsenden <u>soll</u> nach § 25a AufenthG[72] eine Aufenthaltserlaubnis erteilt werden, wenn sie sich u. a. (siehe für die Erteilungsvoraussetzungen im Einzelnen den Gesetzestext) seit vier Jahren ununterbrochen im Bundesgebiet mit einer Duldung, Aufenthaltsgestattung oder Aufenthaltserlaubnis aufhalten. Jedenfalls zum Zeitpunkt der Erteilung der Aufenthaltserlaubnis muss die Person geduldet sein. Das ist sie aber auch dann nicht, wenn sie über einen anderen Aufenthaltstitel verfügt. Dieser kann allerdings ein auslaufender, insbesondere auf Grundlage von Minderjährigkeit erteilter sein, so dass der Weg in einen dauerhaften Aufenthalt über § 25a AufenthG dennoch angestrebt werden muss.

In diesem Zusammenhang ist wichtig zu erwähnen, dass die Duldung nicht bereits bei Antragstellung vorhanden sein muss und es sich auch nicht um eine bestimmte rechtliche Qualität der Duldung handeln muss. Dies hat das Bundesverwaltungsgericht inzwischen – zwar bezogen auf § 25 b AufenthG, aber auf § 25a AufenthG übertragbar – klargestellt.[73] Weil das Vorhandensein einer Duldung

---

72 Näher Marx 2020, § 5 Rn 138–164.
73 BVerwG, Beschluss vom 18.12.2019 – 1 C 34.18, Rn. 23 ff.

zum Zeitpunkt der Erteilung der Aufenthaltserlaubnis genügt, reicht es aus – wenn die Aufenthaltserlaubnis erst gerichtlich erstritten werden muss –, dass die Person diese Voraussetzung erst sehr viel später erfüllt, nämlich zum Zeitpunkt der letzten mündlichen Verhandlung oder Entscheidung der gerichtlichen Tatsacheninstanz. Da außerdem auch eine sog. **Verfahrensduldung** ausreichend ist, kann die Person auch noch nach Antragstellung in die Erfüllung der Voraussetzungen »hineinwachsen«, indem sie die Duldung erst während und aufgrund des Gerichtsverfahrens erwirbt, mit dem sie ihr Recht auf eine Aufenthaltserlaubnis nach § 25a AufenthG durchzusetzen sucht.[74]

Die Ausreisepflicht muss bei § 25a AufenthG – im Gegensatz zu den Anforderungen des § 25 Abs. 5 AufenthG – nicht vollziehbar sein.

Die Person muss außerdem mindestens seit vier Jahren (also auch aktuell noch) erfolgreich eine Schule besuchen oder sie muss einen anerkannten Schul- oder Berufsabschluss erworben haben. Auch ein Schulbesuch ohne Abschluss kann nach dieser Regelung »erfolgreich« sein, dabei können sich aber erhebliche unentschuldigte Fehlzeiten negativ auswirken, ebenso die Versetzung gefährdende Leistungen.

Es muss weiter gewährleistet erscheinen, dass sich die Person in die Lebensverhältnisse der Bundesrepublik einfügen kann. Es muss also eine günstige Integrationsprognose vorliegen. Zu berücksichtigen sind dabei Deutschkenntnisse, die soziale Einbindung außerhalb der Familie, Vereine und bürgerschaftliches Engagement, berufliche Tätigkeiten, die Dauer des Aufenthalts etc.

---

74 So bezüglich § 25a AufenthG in Anlehnung an die Entscheidung des BVerwG auch VGH Mannheim Beschluss vom 03.06.2020 – 11 S 427/20, Rn. 20 ff. m. w. N.; überholt dagegen OVG Münster, Beschluss vom 19.10.2017 – 18 B 1197/17.

§ 25 a AufenthG: Aufenthalt wegen guter Integration

Eine wichtige Besonderheit der Regelung des § 25a AufenthG besteht darin, dass während sich der*die Jugendliche/Heranwachsende in einer schulischen oder beruflichen Ausbildung oder einem Hochschulstudium befindet, keine eigenständige Lebensunterhaltssicherung nachgewiesen werden muss, die Inanspruchnahme öffentlicher Leistungen dann also unschädlich ist (§ 25a Abs. 1 S. 2 AufenthG). Ein Antrag nach § 25a AufenthG sollte daher möglichst frühzeitig noch während dieser Ausbildungszeit gestellt werden. Ist die Ausbildung abgeschlossen, greift nämlich die allgemeine Erteilungsvoraussetzung des § 5 Abs. 1 Nr. 1 AufenthG zur Lebensunterhaltssicherung wieder.

Einen ausdrücklichen Ausschlussgrund wegen Straftaten enthält § 25a Abs. 1 AufenthG für die Jugendlichen/Heranwachsenden nicht (anders etwa § 25a Abs. 3 AufenthG für die Eltern). Dennoch wird es im Rahmen der Integrationsprognose (§ 25a Abs. 1 Nr. 4 AufenthG) negativ berücksichtigt werden, wenn die antragstellende Person strafrechtlich in Erscheinung getreten ist. Es kann dann insbesondere damit argumentiert werden, weshalb es sich um jugendtypische und episodenhafte Taten gehandelt hat, die in Zukunft nicht mehr zu erwarten sind. Die Einzelheiten sind hier umstritten. Die Annahme einer negativen Integrationsprognose, zumindest bei einer strafgerichtlichen Verurteilung, die doppelt so hoch sei wie die in Abs. 3 für die Eltern benannten __Tagessätze__ (dazu sogleich unten), insbesondere wenn eine Wiederholungsgefahr nicht auszuschließen sei, ist ein der typischen Jugenddelinquenz unangemessener Schematismus.[75] Auch dürfte das Erfordernis der positiven Integrationsprognose in § 25a AufenthG als diesbezügliche Spezialregelung einen

---

75 So auch Bergmann/Dienelt-Röcker 2020, AufenthG § 25a Rn. 15; Marx 2020, § 5 Rn. 145.

Rückgriff auf die allgemeine Erteilungsvoraussetzung des § 5 Abs. 1 Nr. 2 AufenthG (**Fehlen eines Ausweisungsinteresses**) ausschließen.[76]

Da es anders als in anderen Vorschriften (§§ 25 Abs. 5 S. 3; 25b Abs. 2 Nr. 1; 104a S. 1 Nr. 4 AufenthG) nicht als Ausschlussgrund genannt ist, darf der antragstellenden Person auch nicht die Nichterfüllung zumutbarer Anforderungen an die Mitwirkung bei der Beseitigung von Ausreisehindernissen entgegengehalten werden[77], auch nicht unter Berufung auf die allgemeinen Erteilungsvoraussetzungen für Aufenthaltstitel (hier: § 5 Abs. 1 Nr. 1a AufenthG).

Die **Regelerteilungsvoraussetzung**, wonach die **Passpflicht** erfüllt sein muss (§ 5 Abs. 1 Nr. 4 i.V.m. § 3 AufenthG) gilt allerdings auch für § 25a AufenthG. Frühere falsche Angaben oder eine Täuschung über Identität bzw. Staatsangehörigkeit können der Erteilung der Aufenthaltserlaubnis nur dann entgegenstehen, wenn es sich um eigene Angaben handelt, wohingegen solche der Eltern unschädlich sind (§ 25a Abs. 1 S. 3 AufenthG). Zudem müssen Falschangaben oder Täuschung die alleinige Ursache für die Verzögerung der Abschiebung – bis heute – sein, damit ein Ausschlussgrund angenommen werden darf. Ein Ausschlussgrund liegt deswegen also nicht vor, wenn es heute andere Gründe für die Aussetzung der Abschiebung gibt (z.B. mangelnde Kooperation der Auslandsvertretung des Herkunftsstaates) bzw. wenn frühere Falschangaben inzwischen korrigiert wurden. Es reicht auch nicht für einen Ausschlussgrund, wenn die jugendliche/heranwachsende Person es nur unterlässt, falsche Angaben der Eltern auszuräumen. Unterschiedlich bewertet wird es, wenn der*die Jugendliche/Heranwachsende Angaben der Eltern ausdrücklich bestätigt.

---

76 Marx 2020, § 5 Rn. 146.
77 Marx 2020, § 5 Rn. 147.

Es kann jedoch nicht Ziel des Gesetzes sein, Kinder in innerfamiliäre Loyalitätskonflikte mit ihren Eltern zu zwingen.[78] Bei Bestehen einer Sperre für die Erteilung eines Aufenthaltstitels aufgrund eines __Einreise- und Aufenthaltsverbots__ nach § 11 AufenthG ist bei Vorliegen der Voraussetzungen des § 25a Abs. 1 AufenthG ein __Sollanspruch__ auf Aufhebung der Sperre gegeben (§ 11 Abs. 4 S. 2 AufenthG). Eine Titelerteilungssperre nach § 10 Abs. 3 S. 2 AufenthG besteht nicht, wenn der Asylantrag als offensichtlich unbegründet unter Berufung auf § 30 Abs. 3 Nr. 7 AslyG nach einer Antragsfiktion für Kinder (§ 14a AsylG) abgelehnt wurde. In dem (seltenen) Fall, dass die Person schon eigenständig ein Asylverfahren mit __ou__ abgeschlossen haben sollte, __kann__ die Aufenthaltserlaubnis trotz dann an sich bestehender Titelerteilungssperre (§ 10 Abs. 3 S. 2 AufenthG i. V. m. § 30 Abs. 3 Nr. 1–6 AsylG) erteilt werden.

Gelingt der Erwerb einer Aufenthaltserlaubnis nach § 25a AufenthG, und war die __stammberechtigte__ Person zumindest zum Zeitpunkt der Antragstellung noch minderjährig, so __kann__ auch u. a. den Eltern eine Aufenthaltserlaubnis nach § 25a Abs. 1 AufenthG erteilt werden. Der begünstigte Elternteil muss seit 2015 nicht mehr (allein) das Sorgerecht ausüben. Die Aufenthaltserlaubnis kann auch beiden Eltern und auch einem nur umgangsberechtigten Elternteil erteilt werden.

Vorausgesetzt ist weiter, dass die Abschiebung der Eltern nicht aufgrund falscher Angaben, Täuschung über Identität oder Staatsangehörigkeit oder Nichterfüllung zumutbarer Anforderungen an die Beseitigung von Ausreisehindernissen verhindert oder verzögert wird. Das Fehlverhalten eines Elternteils wird regelmäßig als auch für den anderen relevant angenommen. Es muss aber eine

---

78 Marx 2020, § 5 Rn. 147.

gewisse Erheblichkeit aufweisen und ursächlich für die unterbliebene Abschiebung sein. Wenn die Abschiebung auch aufgrund anderer Umstände – z. B. wegen mangelnder Kooperation der Auslandsvertretung des Herkunftsstaates oder krankheitsbedingt – ausgesetzt ist, stehen falsche Angaben der Erteilung der Aufenthaltserlaubnis nicht entgegen.

Vorausgesetzt ist weiter, dass die Eltern ihren Lebensunterhalt eigenständig durch Erwerbstätigkeit sichern (§ 25a Abs. 2). Dabei ist es ausreichend, wenn ein Elternteil den Lebensunterhalt durch Erwerbstätigkeit für alle sichert. Nicht eingerechnet wird dabei allerdings der Bedarf der jugendlichen/heranwachsenden Person, wenn diese wegen ihres (Hoch-)Schulbesuchs oder ihrer Ausbildung vom Erfordernis der Lebensunterhaltssicherung ausgenommen ist (§ 25a Abs. 1 S. 2 AufenthG). Die Erteilung der Aufenthaltserlaubnis für die Eltern ist ausgeschlossen bei deren Verurteilung wegen vorsätzlicher Straftaten zu Geldstrafen von über 50 Tagessätzen bzw. über 90 Tagessätzen wegen ausländerspezifischer Delikte (§ 25a Abs. 3 AufenthG). Das Erfordernis von Deutschkenntnissen wird nach dieser Rechtsgrundlage – auch für die Eltern – durch den Schulbesuch der Kinder ersetzt.

Minderjährigen Kindern einer nach § 25a Abs. 2 AufenthG berechtigten Person, also der Eltern der stammberechtigten Person (d. h. Geschwistern oder Halbgeschwistern der stammberechtigten Person), **kann** ebenfalls eine Aufenthaltserlaubnis erteilt werden (§ 25 a Abs. 2 S. 2 AufenthG), wenn sie mit diesen in **familiärer Lebensgemeinschaft** (also nicht notwendigerweise auch in häuslicher Gemeinschaft) leben. Kindern der stammberechtigten Person selbst **soll** bei familiärer Lebensgemeinschaft mit dieser ebenfalls eine Aufenthaltserlaubnis erteilt werden (§ 25a Abs. 2 S. 5 AufenthG). Es muss sich dabei nicht zwingend um das leibliche Kind der stammberechtigten Person handeln. Weiterhin **soll** Ehegatt*innen[79] der stammberechtigten Person (die also nicht ledig sein müssen) eine Aufenthaltserlaubnis erteilt werden, wenn diese in familiärer Gemeinschaft leben. Da es sich angesichts des Alters der nach § 25a Abs. 1 AufenthG zumeist um im Bundesgebiet geschlossene Ehen handeln wird, für die eine Identitätsklärung vorausgesetzt wird, dürfte der Ausschlussgrund des § 25a Abs. 2 S. 3 i. V. m. § 25a Abs. 2 S. 1 Nr. 1 AufenthG kaum Praxisrelevanz erlangen. Allerdings muss der*die Ehegatt*in seinen oder ihren Lebensunterhalt sichern (§ 25a Abs. 2 S. 3 i.Vm. § 25a Abs. 2 S. 1 Nr. 2 AufenthG).[80]

Der Personenkreis, der von der Regelung des § 25a AufenthG profitieren kann, ist relativ klein. Insbesondere fallen unbegleitet eingereiste Minderjährige dann nicht unter die Regelung, wenn sie nach ihrem 17. Geburtstag eingereist sind, weil der Antrag vor Vollendung des 21. Lebensjahres gestellt werden muss (§ 25a Abs. 1 Nr. 3 AufenthG) und sie dann noch keine vier Jahre in der Bundesrepublik waren, geschweige denn eine Schule besucht haben. Der Antrag kann hier höchstens in der Hoffnung auf eine Ausnahme dahingehend dennoch gestellt werden, dass es am Ende eines gerichtlichen Verfahrens als ausreichend erachtet werde, wenn diese Voraussetzungen bis dahin erfüllt sind.[81] Denn **grundsätzlich** ist maßgeblicher Zeitpunkt für das Vorliegen der Anspruchsvoraussetzungen die Sach- u. Rechtslage im Zeitpunkt der letzten mündlichen Verhandlung. Allerdings wird mit Blick auf § 25a Abs. 1 AufenthG vertreten, da diese Norm eine strikte Altersgrenze enthalte, sei für den Fall, dass die Per-

---

79 Nach dem Gesetz auch – gleichgeschlechtlichen – **Lebenspartner*innen**, wofür es aber in der Praxis kaum Anwendungsfälle geben wird.
80 Siehe näher auch Marx 2020, § 5 Rn. 165 ff.
81 Dazu bereits oben (▶ Seite 116) unter Bezugnahme auf das Erfordernis einer bestehenden Duldung.

son im maßgeblichen Entscheidungszeitpunkt die relevante Altersgrenze bereits überschritten habe, zusätzlich zu prüfen, ob sämtliche Erteilungsvoraussetzungen auch im Zeitpunkt der Vollendung des 21. Lebensjahres vorgelegen hätten, um sicherzustellen, dass die von Gesetzes wegen vorgesehene Antragsfrist nicht durch eine lang andauernde Rechtsverfolgung umgangen werde.[82] Dem kann allerdings hier der Zweck der Regelung vor allem dann entgegenzuhalten versucht werden, wenn es sich nur um eine geringfügige Überschreitung handelt. Zudem dürfte die bereits oben erwähnte Entscheidung des Bundesverwaltungsgerichts zu § 25b AufenthG[83] so zu verstehen sein, dass auch diesbezüglich keine Abweichung von dem sonst maßgeblichen Zeitpunkt für das Vorliegen von Tatsachen, der letzten mündlichen Verhandlung oder Entscheidung in der Tatsacheninstanz anzunehmen ist.

Die Aufenthaltserlaubnis nach § 25a AufenthG kann für längstens drei Jahre erteilt werden (§ 26 Abs. 1 S. 1 Hs. 1 AufenthG). Sie berechtigt ohne weitere Erlaubnis zur Ausübung einer Erwerbstätigkeit (§ 4a Abs. S. 1 AufenthG). Nach den drei Jahren werden regelmäßig die Voraussetzungen für eine Niederlassungserlaubnis erfüllt sein (§ 26 Abs. 4 S. 4 i. V. m. § 35 AufenthG). Während Familiennachzug zu der stammberechtigten Person nur sehr eingeschränkt (völkerrechtliche, humanitäre Gründe oder zur Wahrung der Interessen der Bundesrepublik) erlaubt wird (§ 29 Abs. 3 S. 1 AufenthG), ist er zu deren Angehörigen, die eine Aufenthaltserlaubnis nach § 25a Abs. 2 AufenthG bekommen, gänzlich ausgeschlossen (§ 29 Abs. 3 S. 3 AufenthG).

---

82 So Bergmann/Dienelt-Röcker 2020, AufenthG § 25a Rn. 9.
83 BVerwG, Beschluss vom 18.12.2019 – 1 C 34.18, Rn. 23 ff.

6.3 § 25b AufenthG: Aufenthalt wegen nachhaltiger Integration

§ 25b AufenthG[84] stellt eine weitere stichtagsunabhängige Bleiberechtsregelung für langjährig Geduldete, in diesem Fall Erwachsene, dar. Mit § 25b Abs. 6 AufenthG ist in ihr nun auch eine Möglichkeit zum ›Spurwechsel‹ insofern enthalten, als aus einer **Beschäftigungsduldung** heraus ein Aufenthaltstitel erlangt werden kann.

Nach § 25b AufenthG **soll** eine Aufenthaltserlaubnis nach einem mindestens achtjährigen Aufenthalt in der Bundesrepublik mit **Duldung**, **Aufenthaltsgestattung** oder **Aufenthaltserlaubnis** erteilt werden. Bei häuslicher Gemeinschaft mit einem minderjährigen, ledigen Kind genügt ein sechsjähriger Aufenthalt. Dabei muss ein Zusammenleben im selben Haushalt gegeben sein, die häusliche Gemeinschaft mit dem Kind muss aber nicht schon seit sechs Jahren andauern, das Kind kann z. B. auch jünger sein, es muss kein Sorge- oder Umgangsrecht bestehen. Für das Vorliegen der zeitlichen Voraussetzungen kommt es auf den Zeitpunkt der Entscheidung über die Aufenthaltserlaubnis an. Sie müssen also nicht notwendig schon zum Zeitpunkt der Antragstellung erreicht sein und können ebenso wie das Vorliegen einer Duldung erst im Laufe eines gerichtlichen Verfahrens erreicht werden.[85] Weiterhin ist u. a. (siehe im Einzelnen den Gesetzestext) eine zwar nicht vollständige, jedoch zumindest überwiegend eigenständige **Sicherung des Lebensunterhalts** oder jedenfalls die begründete Erwartung erforderlich, dass der Lebensunterhalt in Zukunft eigenständig gesichert werde. Dies ist eine deutliche Erleichterung gegenüber der **allgemeinen Erteilungsvoraus-**

---

84 Näher Marx (2020a), S. 212–216.
85 BVerwG, Beschluss vom 18.12.2019 – 1 C 34.18, Rn. 23 ff. und siehe ausführlicher oben zu § 25a AufenthG.

setzung des § 5 Abs. 1 Nr. AufenthG. Der vorrübergehende Bezug von Sozialleistungen für die **Lebensunterhaltsicherung** ist zudem unschädlich während eines Studiums oder einer Berufsausbildung, bei vorrübergehend ergänzenden Sozialleistungen für Familien mit minderjährigen Kindern, bei Alleinerziehenden mit minderjährigen Kindern, denen eine Arbeitsaufnahme nicht zumutbar ist, oder wenn Angehörige gepflegt werden (§ 25b Abs. 1 AufenthG). Weiterhin müssen u. a. mündliche Deutschkenntnisse auf dem Niveau A2 GER und ein tatsächlicher Schulbesuch schulpflichtiger Kinder nachgewiesen werden.

Die soeben genannten gesetzlichen Voraussetzungen für die erforderliche nachhaltige Integration sind im Gesetz nur als **Regelbeispiele** (§ 25b Abs. 1 S. 2 AufenthG: »setzt regelmäßig voraus«) aufgeführt. Daher dürfen sie nicht schematisch vorausgesetzt werden, vielmehr ist ein **Soll-Anspruch** auf Erteilung der Aufenthaltserlaubnis auch dann gegeben, wenn andere Integrationsleistungen von vergleichbarem Gewicht geltend gemacht werden können, wie etwa besonderes soziales Engagement. In Bremen gibt es einen Erlass[86], wonach ein vier- anstelle eines achtjährigen Aufenthalts bei bis zu 27 Jahre alten geduldeten Geflüchteten genügen kann – womit auch die oben in Bezug auf § 25a AufenthG dargestellte, in Bezug auf diesen Personenkreis bestehende Lücke verringert wird.

Anders als bei § 25a AufenthG wird ein aktives Bekenntnis zur freiheitlichen demokratischen Grundordnung gefordert (§ 25b Abs. 1 S. 2 Nr. 2 AufenthG), das über die Unterzeichnung einer Loyalitätserklärung erfüllt werden kann.

Von der überwiegenden oder zu erwartenden Lebensunterhaltssicherung ebenso wie vom Nachweis der Sprach-

---

86 https://www.nds-fluerat.org/wp-content/uploads/2020/10/ERlass-HB_AE_25b_junge_Gefl_01-09-2020.pdf

§ 25b AufenthG: Aufenthalt wegen nachhaltiger Integration

kenntnisse kann abgesehen werden, wenn die antragstellende Person sie wegen einer körperlichen, geistigen oder seelischen Krankheit oder Behinderung oder aus Altersgründen nicht erfüllen kann (§ 25b Abs. 3 AufenthG).

Auch hier besteht ein Ausschlussgrund[87] bei
- Täuschung über die Identität oder die Staatsangehörigkeit
- falschen Angaben, aber nur bei vorsätzlichen, über auch sonstige abschiebungsrelevante Umstände, z. B. die wahrheitswidrige Behauptung, keinen Pass zu besitzen und
- Nichterfüllung zumutbarer Anforderungen an die Mitwirkung bei der Beseitigung von Ausreisehindernissen.

Allerdings bestehen diese Gründe jeweils nur, wenn es sich um ein noch aktuell wirksames, die Abschiebung verhinderndes oder verzögerndes Verhalten handelt (§ 25b Abs. 2 Nr. 1 AufenthG).[88] Ein Ausschlussgrund ergibt sich zudem aus bestimmten Ausweisungsinteressen (§ 25b Abs. 2 Nr. 2 AufenthG). Nicht mehr in die Gegenwart wirkende Verletzungen der Mitwirkungspflicht können aber über das Ausweisungsinteresse nach § 5 Abs. 1 Nr. 2 AufenthG dennoch zum Ausschluss führen. Nach der Rechtsprechung des Bundesverwaltungsgerichts können sie auch einen Ausnahmefall begründen, der die regelmäßig vorgegebene Rechtsfolge (»**soll** erteilt werden«) zu einer **Ermessensregelung** herabstuft, wonach die Aufenthaltserlaubnis dann nur noch erteilt werden **kann**.[89]

---

[87] Vgl. zum Ganzen Decker/Bader/Kothe-Röder 2021, § 25b AufenthG, Rn. 64–68.

[88] Insofern besteht ein Unterschied zu § 25a Abs. 1 S. 3 und Parallelität zu § 25a Abs. 2 S. 1 Nr. 1 AufenthG.

[89] BVerwG, Urteil vom 18.12.2019 – 1 C 34.18, Rn. 56; auch OVG Hamburg, Beschluss vom 19.05.2017 – 1 Bs 207/16 Rn. 30 ff.

Anders als bei § 25a AufenthG können nach § 25b Abs. 2 Nr. 2 AufenthG strafrechtliche Verurteilungen auch bei der stammberechtigten Person die Erteilung der Aufenthaltserlaubnis unmittelbar ausschließen, wenn es sich um vorsätzliche Straftaten handelt, die noch nicht aus dem Bundeszentralregister getilgt sind (dazu §§ 51 Abs. 1 BZRG). Zu beachten ist, dass die Tilgung im Bundeszentralregister (langjährigen) gesetzlich vorgesehenen Fristen unterliegt (§ 45, 46 BZRG). Es ist hingegen ein verbreiteter Irrtum zu glauben, die Tilgung sei gleichbedeutend mit der Zahlung einer Geldstrafe oder der Verbüßung einer Freiheitsstrafe. Die aufenthaltsrechtlichen Folgen strafrechtlicher Verurteilung sind weitaus langjähriger. Es kann allenfalls ein Antrag an das Bundesamt für Justiz auf ausnahmsweise vorzeitige Tilgung aus dem Bundeszentralregister gestellt werden (§ 49 Abs. 1 BZRG), der aber gut begründet sein muss.

Bei Erteilung einer Aufenthaltserlaubnis nach § 25b AufenthG **sollen** Angehörige der stammberechtigten Person ebenfalls eine Aufenthaltserlaubnis erhalten (Abs. 4), wenn sie mit Ausnahme der acht- oder sechsjährigen Aufenthaltserlaubnis dieselben Voraussetzungen (selbst) erfüllen wie die stammberechtigte Person (§ 25b Abs. 4 i. V. m. Abs. 1 S. 2 Nr. 2 bis 5 AufenthG).

Die Aufenthaltserlaubnis nach § 25b AufenthG **soll** bereits vor Ablauf der sonst geltenden Mindestduldungsfrist nach 30 Monaten des Besitzes einer Beschäftigungsduldung (§ 60d AufenthG) sowie bestimmter Deutschkenntnisse erteilt werden (siehe § 25b Abs. 6 AufenthG).

Die Aufenthaltserlaubnis nach § 25b AufenthG wird für längstens zwei Jahre erteilt und verlängert (§ 25b Abs. 5 S. 1 AufenthG). Sie berechtigt ohne weitere Erlaubnis kraft Gesetzes zur Ausübung einer Erwerbstätigkeit (§ 4a Abs. 1 S. 1 AufenthG).

6.4 § 19d AufenthG: Aufenthaltserlaubnis für Erwerbstätigkeit nach Berufsqualifizierung

Nach § 19d AufenthG[90] **kann** die Ausländerbehörde unter bestimmten Voraussetzungen eine Aufenthaltserlaubnis zur Ausübung einer der beruflichen Qualifikation entsprechenden Beschäftigung erteilen. Dies setzt allerdings sowohl den erfolgreichen Abschluss einer beruflichen Qualifikation als auch das Vorhandensein eines an diese anknüpfenden Arbeitsplatzes voraus. Die Vorschrift ist insbesondere zugeschnitten auf Fallgestaltungen, in denen nach **Ausbildungsduldung** eine Berufstätigkeit auf dem fachlichen Gebiet der abgeschlossenen Ausbildung aufgenommen werden soll. Die Vorschrift ist aber auch in Fällen anwendbar, in denen eine Ausbildung oder ein Hochschulstudium bereits im Herkunftsland durchgeführt wurde, bei Personen, die sich im Rahmen einer Beschäftigung im Bundesgebiet qualifiziert haben (auch in Verbindung mit einer **Beschäftigungsduldung**) und die auf anderer Grundlage geduldet sind.

> **Praxishinweis**
>
> Wird die Ausbildung vor Erreichen des 21. Geburtstages abgeschlossen, so ist eine Aufenthaltserlaubnis nach § 25a AufenthG (▶ 6.2) günstiger. Bei älteren Personen bietet sich die Bezugnahme auf § 19d AufenthG an, falls (noch) nicht alle Voraussetzungen des § 25b AufenthG (▶ 6.3) erfüllt sind.

---

90 Näher Marx (2020a), S. 110–117; Bergmann/Dienelt-Dienelt/Dollinger 2020, § 19d AufenthG.

Es müssen weiterhin die Voraussetzungen nach § 18 Abs. 2 AufenthG erfüllt sein. Zwingend erforderlich ist stets ein konkretes Arbeitsplatzangebot (§ 18 Abs. 2 Nr. 1 AufenthG) im gelernten Beruf, also nicht etwa eine damit nicht in Verbindung stehende Hilfstätigkeit. Ein Arbeitsvertrag muss in diesem Stadium noch nicht vorgelegt werden, dieser kann auch erst nach Vorliegen der Aufenthaltserlaubnis geschlossen werden, wenn zuvor eine Zusicherung des Arbeitgebers oder der Arbeitgeberin vorliegt, dass dies geschehen wird. Die Bundesagentur für Arbeit muss zugestimmt haben (§ 18 Abs. 2 Nr. 2 i. V. m. 39 AufenthG).

Zudem ist vorausgesetzt, dass »ausreichender Wohnraum« (vgl. die Definition in § 2 Abs. 4 AufenthG) zur Verfügung steht (§ 19d Abs. 1 Nr. 2 AufenthG) und »ausreichende Kenntnisse der deutschen Sprache« vorhanden sind (§ 19d Abs. 1 Nr. 3 AufenthG), was hier das Niveau B1 GER erfordert (vgl. die Definition in § 2 Abs. 11 AufenthG).

Auch hier ist die Erteilung ausgeschlossen bei Bezügen zu extremistischen Organisationen oder deren Unterstützung (§ 19d Abs. 1 Nr. 6 AufenthG) und bei noch nicht im Bundeszentralregister getilgten strafgerichtlichen Verurteilungen wegen vorsätzlicher Taten zu einer Geldstrafe oberhalb der Grenze von 50 **Tagessätzen** bzw. 90 Tagessätzen bei Taten, die nur von Ausländer*innen begangen werden können (§ 19d Abs. 1 Nr. 7 AufenthG).

Nach § 19d Abs. 1 Nr. 4 AufenthG darf außerdem keine vorsätzliche Täuschung der Ausländerbehörde über aufenthaltsrechtlich relevante Umstände stattgefunden haben. Obwohl hier im Gesetzestext, anders als etwa in § 25b Abs. 2 Nr. 1 AufenthG, nicht ausdrücklich die Ursächlichkeit der Täuschung für die Verzögerung oder Verhinderung der Abschiebung vorausgesetzt wird, sondern allein auf Verhalten in der Vergangenheit Bezug genommen wird, soll es nach in der rechtswissenschaftlichen Literatur vertretener Auffassung auch hier auf einen strengen Kausalzusammenhang ankommen.[91] Es kommt zudem auf eigene Täuschung, nicht etwa die der Eltern an und es sind nur Täuschungen gegenüber der Ausländerbehörde, nicht etwa gegenüber dem BAMF oder anderen Behörden relevant. Der Ausschlussgrund des § 19d Abs. 1 Nr. 5 AufenthG erfasst aktive Handlungen zur Verzögerung oder Verhinderung der Abschiebung in der Vergangenheit, die allein ursächlich für die Erfolglosigkeit einer bereits eingeleiteten aufenthaltsbeendenden Maßnahme gewesen sein müssen, z. B. Untertauchen oder Vernichten von Urkunden mit dem Ergebnis der Vereitelung der Abschiebung.

Wurde eine Ausbildung mit einer **Ausbildungsduldung** nach § 60c AufenthG (▶ 4.4.1) abgeschlossen, so besteht ein **Anspruch** auf die Aufenthaltserlaubnis nach § 19d AufenthG für eine an diese anknüpfende Erwerbstätigkeit, wenn die Voraussetzungen nach § 19d Abs. 1 Nr. 2, 3, 6 und 7 AufenthG vorliegen (§ 19d Abs. 1a AufenthG). Das bedeutet, dass eine Prüfung der auf Täuschung, Verzögerung und Behinderung der Abschiebung gerichteten Ausschlussgründe nicht erfolgen darf (§ 19d Abs. 1 Nr. 4 und 5 AufenthG). Dies ist ohnehin bereits vor Erteilung der Ausbildungsduldung geschehen. Wurde die Ausbildungsduldung noch nach altem Recht (§ 60a Abs. 2 S. 4 AufenthG in der bis zum 31.12.2019 geltenden Fassung) erlangt, so gelten die auf Täuschung, Verzögerung und Behinderung der Abschiebung gerichteten Ausschlussgründe für eine Aufenthaltserlaubnis (§ 19d Abs. 1 Nr. 4 und 5 AufenthG) ebenfalls nicht (siehe § 104 Abs. 15 AufenthG).

Bei vorangegangenem Besitz einer **Beschäftigungsduldung** ist hingegen kein Anspruch auf eine Aufenthalts-

---

91 Marx 2020a, S. 113; Bergmann/Dienelt- Dienclt/Dollinger 2020 § 19d AufenthG Rn. 20 ff. Rechtsprechung existiert zu dieser erst am 01.03.2020 in Kraft getretenen Regelung noch nicht.

erlaubnis nach § 19d AufenthG gegeben. Für die mit Beschäftigungserlaubnis typischerweise durchgeführten Tätigkeiten mit geringerer Qualifizierung besteht nicht einmal die Möglichkeit, im Wege des Ermessens eine Aufenthaltserlaubnis nach § 19d AufenthG zu erteilen.[92] Unabhängig von einer vorangegangen Ausbildung besteht ein **Ermessensanspruch** auf Erteilung dieser Art der Aufenthaltserlaubnis lediglich nach einem in Deutschland erlangten oder einem in Deutschland anerkannten oder einem deutschen vergleichbaren, ausländischen Hochschulabschluss, wenn seit zwei Jahren in Deutschland eine diesem Abschluss angemessene Beschäftigung ausgeübt wurde (§ 19d Abs. 1 Nr. 1b AufenthG) oder seit drei Jahren eine »qualifizierte Beschäftigung«, durch die der Lebensunterhalt zumindest während des letzten Jahres gesichert war (§ 19d Abs. 1 Nr. 1c AufenthG). Eine »qualifizierte Beschäftigung« ist nach der Definition in § 2 Abs. 12b AufenthG gegeben, »wenn zu ihrer Ausübung Fertigkeiten, Kenntnisse und Fähigkeiten erforderlich sind, die in einem Studium oder einer qualifizierten Berufsausbildung erworben werden.«

Nicht zu vergessen ist, dass auch für diese Art der Aufenthaltserlaubnis die allgemeinen Erteilungsvoraussetzungen für Aufenthaltstitel vorliegen müssen (§ 5 AufenthG), insbesondere muss also der **Lebensunterhalt gesichert** sein (§ 5 Abs. 1 Nr. 1 AufenthG). Dies folgt einer gegenwarts- und zukunftsbezogenen Betrachtung, nur bei der eben erwähnten »qualifizierten Beschäftigung« kommt eine vergangenheitsbezogene mit Blick auf das letzte Jahr hinzu (§ 19d Abs. 1 Nr. 1c AufenthG). Die Identität muss geklärt sein und der Passpflicht nachgekommen werden (§ 5 Abs. 1a AufenthG; § 5 Abs. 1 Nr. 4 i. V. m. § 3 Abs. 1 AufenthG). Auf das Erfordernis der Einreise mit Visum **kann** hingegen verzichtet werden (§ 19d Abs. 3 i. V. m. 5

---

92 Vgl. aber die sehr engen Ausnahmen nach § 19c AufenthG

Abs. 2 AufenthG). Vor dem Hintergrund des langjährigen Aufenthalts und des integrativen Zwecks der Vorschrift des § 19d AufenthG dürfte dieses <u>Ermessen</u> in aller Regel zugunsten der betreffenden Person auszuüben sein. Die Aufenthaltserlaubnis <u>kann</u> abweichend von einer Titelerteilungssperre nach einem Asylverfahren (§ 10 Abs. 3 S. 1 AufenthG) erteilt werden (§ 19d Abs. 3 AufenthG).

Ein nach § 19d Abs. 1b AufenthG zwingender Widerrufsgrund für die Aufenthaltserlaubnis ist gegeben, wenn das ihr zugrundeliegende Arbeitsverhältnis aus Gründen, die in der Person des*der Arbeitnehmer*in liegen, aufgelöst wird. Ebenfalls zwingend erfolgt der Widerruf, wenn die betreffende Person wegen vorsätzlicher Straftaten verurteilt wird, die **grundsätzlich** oberhalb der üblichen Geringfügigkeitsgrenze von 50 bzw. 90 Tagessätzen liegen müssen. Auch hier handelt es sich um eine drastische Doppelsanktionierung nichtdeutscher Verurteilter, wie bereits bei der <u>Ausbildungsduldung</u> (▶ 4.4.1).[93]

> **Praxishinweis**
>
> Es empfiehlt sich, einen Antrag auf Aufenthaltserlaubnis nicht allein auf eine Vorschrift zu stützen, sondern – zumindest hilfsweise – allgemein eine Aufenthaltserlaubnis unabhängig von der konkreten Rechtsgrundlage zu beantragen. Dann muss die Ausländerbehörde nämlich auch prüfen, ob die Erteilungsvoraussetzungen anderer als der konkret genannten Vorschrift erfüllt sind.

---

93 Zur Kritik siehe dort und Marx (2020a), S. 116 f.

7 Beratung in der Abschiebungshaft

Die Beratung von Personen, die sich zwecks Durchführung einer Aufenthaltsbeendigung in Haft befinden, stellt Haupt- und Ehrenamtliche in Abschiebungshaftanstalten regelmäßig vor große Herausforderungen und unterscheidet sich maßgeblich von der Beratung von Abschiebung bedrohter Personen, denen die Freiheit nicht entzogen wurde. Betroffene und Berater*innen sehen sich oftmals mit dem Umstand konfrontiert, dass die in Kapitel 4 und 5 beschriebenen Möglichkeiten, eine Aufenthaltsbeendigung abzuwenden, nicht gefruchtet haben. Denn die Anordnung einer Freiheitsentziehung zum Zwecke der zwangsweisen Durchführung der Ausreisepflicht stellt oftmals den letzten Schritt vor der Aufenthaltsbeendigung dar. Nichtsdestotrotz stehen selbstverständlich auch den Betroffenen in Haft diese Rechtsschutzoptionen grundsätzlich offen und es sollte wegen der unmittelbar bevorstehenden Aufenthaltsbeendigung in jedem Fall eingehend geprüft werden, ob noch Eilrechtsschutz gegen die drohende Rückführung gesucht werden kann.

> **Praxishinweis**
>
> Es ist in diesen Fällen unbedingt geboten, das Gericht darauf hinzuweisen, dass die betroffene Person sich in Haft befindet, für welchen Tag die Rückführung geplant ist und dass große Eilbedürftigkeit besteht.

Darüber hinaus können Berater*innen Gefangene dabei unterstützen, sich gegen die Freiheitsentziehung zur Wehr zur setzen. Denn die zugrundeliegenden Haftbeschlüsse erweisen sich oftmals als rechtswidrig. Der auf Abschiebungshaftrecht spezialisierte Rechtsanwalt Peter Fahlbusch veröffentlicht zu dieser Frage regelmäßig eine eigene Statistik. Bei den von ihm seit dem Jahr 2001 bis Februar 2021 knapp über 2.000 betreuten Mandant*innen stellte sich in etwa der Hälfte der Fälle heraus, dass die Freiheitsentziehung rechtswidrig war.[94] Ähnliche Erfahrungen haben auch wir im Rahmen der Betreuung von Abschiebungsgefangenen in Bremen und Nordrhein-Westfalen gemacht.

Bei der Freiheitsentziehung zum Zwecke der Aufenthaltsbeendigung ist zwischen verschiedenen Haftarten zu differenzieren, die jeweils eigene Voraussetzungen haben. Allen Formen der Freiheitsentziehung zum Zwecke der Aufenthaltsbeendigung gemein ist jedoch der sich aus Art. 2 Abs. 2 S. 2 GG (Recht auf Freiheit der Person) ergebende Grundsatz, dass die Freiheitsentziehung nur als letztes mögliches Mittel – als sog. ultima ratio – angeordnet werden darf, also keine milderen Mittel zur Durchsetzung der Ausreisepflicht zur Verfügung stehen dürfen. Zudem darf die jeweilige Freiheitsentziehung nur der Sicherung des Aufenthaltsbeendigungsverfahrens dienen und nicht etwa als Sanktion oder Beugemittel eingesetzt werden.[95]

7.1 Rechtliche Grundlagen

Die im Folgenden aufgeführten Haftarten werden alle unter dem Begriff der Abschiebungshaft zusammengefasst. Es ist allerdings zu beachten, dass sie alle unterschiedliche

---

94 Vgl. Deutscher Bundestag, BT-Drs. 19/31669, S. 3.
95 BVerfG, Beschluss vom 16.5.2007 – 2 BvR 2106/05.

konkrete Haftzwecke verfolgen, unterschiedliche rechtliche Voraussetzungen haben und daher – von der Verfassung ausgehend (Art. 104 Abs. 1 GG) – klar voneinander abzugrenzen sind.[96]

7.1.1 Sicherungshaft nach § 62 AufenthG

Wenn von Abschiebungshaft die Rede ist, dann ist damit zumeist die sog. Sicherungshaft nach § 62 Abs. 3 AufenthG gemeint. Nach dieser Vorschrift ist ein*e Ausländer*in zur Sicherung der Abschiebung auf richterliche Anordnung in Haft zu nehmen, wenn Fluchtgefahr besteht (S. 1 Nr. 1), die betroffene Person auf Grund einer unerlaubten Einreise vollziehbar ausreisepflichtig ist (S. 1 Nr. 2) oder diese eine Abschiebungsanordnung nach § 58a AufenthG erhalten hat, die aber nicht unmittelbar vollzogen werden kann (S. 1 Nr. 3). Dabei sind die europarechtlichen Vorgaben der sog. Rückführungsrichtlinie (Richtlinie 2008/115/EG), insbesondere diejenigen der Art. 6 und 15 ff., zu berücksichtigen.

7.1.1.1 Vollziehbare Ausreisepflicht

Zunächst einmal setzt die Sicherungshaft voraus, dass der*die Betroffene **vollziehbar ausreisepflichtig** (▸ 2.2.1) ist. Eine vollziehbare Ausreisepflicht liegt nicht vor, wenn der Aufenthalt der betroffenen Person wegen der Stellung eines Asylerstantrags vor der Inhaftnahme gemäß § 55 Abs. 1 AsylG gestattet ist (▸ 3.3). [97] Ist die Person im

---

96 Vgl. Marschner/Lesting/Stahmann-Stahmann 2019, Kapitel E, Rn. 8.
97 BGH, Beschl. v. 14.10.2010 – V ZB 78/10; bei Zweifelsfragen siehe Kaniess 2020, S. 24 ff. Zu beachten ist an dieser Stelle, dass der Haftanordnung eine Aufenthaltsgestattung nach § 55 Abs. 1 AsylG nur dann entgegensteht, wenn der Asylantrag vor Abschluss der Haftanhörung – und nicht erst aus der Haft heraus – gestellt wor-

Besitz einer Duldung, muss das Haftgericht prüfen, ob die Abschiebung angesichts der Geltungsdauer der Duldung innerhalb des beantragten Haftzeitraum möglich ist. Gleiches gilt für die Stellung eines Asylfolgeantrags (▸ 4.1.2), die zwar keine Aufenthaltsgestattung nach sich zieht, aber dazu führt, dass eine Abschiebung bis zur Entscheidung des BAMF über die Durchführung eines weiteren Asylverfahrens unzulässig ist (§ 71 Abs. 5 S. 2 AsylG).

7.1.1.2 Vorliegen einer Rückkehrentscheidung

Eine weitere Voraussetzung für eine Abschiebung – und damit auch für die Anordnung von Sicherungshaft –, die vom Haftgericht zwingend zu prüfen ist, ist das Vorliegen einer wirksamen **Rückkehrentscheidung** (▸ 2.2.1). Das Gericht muss vor einer Haftanordnung genau prüfen, ob die Rückkehrentscheidung der betroffenen Person auch wirksam bekanntgegeben wurde.[98] Es ist allerdings nicht Aufgabe der Haftrichter*innen, die Rechtmäßigkeit der Rückkehrentscheidung zu überprüfen. Hierfür sind, wie unter 5.2 beschrieben, die Verwaltungsgerichte zuständig.

7.1.1.3 Haftgründe

Sicherungshaft darf darüber hinaus nur dann angeordnet werden, wenn einer der in § 62 Abs. 3 S. 1 Nr. 1–3 AufenthG genannten Haftgründe vorliegt.

In den meisten Sicherungshaftfällen wird die Haftanordnung auf den Haftgrund der Fluchtgefahr (Nr. 1) gestützt. Für die Frage, wann eine solche gegeben ist, hat der Gesetzgeber im Jahr 2019 mit dem § 62 Abs. 3a AufenthG eine Reihe von Verhaltensweisen normiert, bei denen

---

den ist. Dies ist in § 14 Abs. 3 S. 1 AsylG geregelt. Für eine ausführliche Auseinandersetzung mit dieser Problematik, siehe: Bergmann/Dienelt – Winkelmann 2020, § 14 AsylG Rn. 17–33.

98 Marschner/Lesting/Stahmann-Stahmann 2019, Kapitel E, Rn. 31.

Fluchtgefahr »widerleglich vermutet« wird. Das bedeutet, dass bei Vorliegen eines (oder mehrerer) der in § 62 Abs. 3a Nrn. 1 bis 6 AufenthG genannten Umstände ohne weiteres – von Gesetzes wegen – vermutet wird, dass die betroffene Person Fluchtgefahr aufweist. Sie muss diese Fluchtgefahr in der Haftanhörung aktiv widerlegen, also darlegen, dass eine solche trotz dieser Umstände nicht gegeben ist. Das heißt aber nicht, dass das Gericht von seiner Pflicht zur Amtsermittlung (§ 26 FamFG) befreit wäre. Es muss also prüfen, ob es Anhaltspunkte für Zweifel an der Fluchtgefahr gibt und eine Gesamtwürdigung aller Umstände des Einzelfalls vornehmen.

Zusätzlich sind in § 62 Abs. 3b Nrn. 1 bis 7 AufenthG Verhaltensweisen aufgelistet, die konkrete Anhaltspunkte für Fluchtgefahr darstellen können. Hierbei handelt es sich nach Ansicht des Gesetzgebers um erste Indizien für die Annahme einer Fluchtgefahr. Ob eine solche tatsächlich gegeben ist, muss das Haftgericht anhand einer Einzelfallabwägung unter Berücksichtigung aller Umstände, insbesondere auch entlastender Gründe (z. B. freiwillige Meldung der*des Betroffenen bei der Behörde) feststellen.

Für alle in § 62 Abs. 3a und 3b AufenthG genannten Umstände gilt, dass das Verhalten der betroffenen Person in der Vergangenheit eine noch aktuelle Aussagekraft haben muss. Eine lange zurückliegende Täuschung über die Identität, die in keinem Zusammenhang mit der geplanten Aufenthaltsbeendigung stand, darf etwa nicht zur Annahme von Fluchtgefahr führen.

Praxishinweis

Es würde an dieser Stelle den Rahmen dieses Bandes sprengen, nähere Ausführungen zu den einzelnen Vermutungstatbeständen und Anhaltspunkten für das Vorliegen von Fluchtgefahr des § 62 Abs. 3a und 3b AufenthG zu machen. Um im Rahmen der Beratung in der Haft zu eruieren, ob das zuständige Amtsgericht zurecht einen Haftgrund nach § 62 Abs. 3 S. 1 Nr. 1, Abs. 3a oder 3b AufenthG angenommen hat, empfiehlt sich die folgende Lektüre: Rechtsprechungshinweise zur Abschiebungshaft von BGH-Richterin Johanna Schmidt-Räntsch (wird ständig aktualisiert), einsehbar auf: http://www.schmidt-raentsch.eu/Entscheidungen/Index-Entscheidungen%20Abschiebungshaft.html; Kaniess 2020, S. 42–56; Marx 2020, § 8 Rn. 14–42; Grotkopp 2020, Rn. 51–110. Sehr empfehlenswert ist außerdem der Mailverteiler des Vereins Hilfe für Menschen in Abschiebehaft Büren e. V., auf dem der Verein gerichtliche Entscheidungen aus dem Abschiebungshaftrecht veröffentlich, an denen er beteiligt war: http://www.gegenabschiebehaft.de/hfmia/index.php?id=17.

Nicht selten wird eine Haftanordnung zudem auf den Haftgrund des § 62 Abs. 3 S. 1 Nr. 2 AufenthG (vollziehbare Ausreisepflicht aufgrund der unerlaubten Einreise) gestützt. Wann eine Einreise unerlaubt ist, haben wir unter ▶ 3.2 beschrieben. Ist die Einreise nur deshalb unerlaubt, weil die betroffene Person in der Vergangenheit bereits einmal ausgewiesen oder abgeschoben wurde und ein Wiedereinreiseverbot erhalten hat, dann muss das Gericht allerdings prüfen, ob dieses Verbot von der zuständigen Behörde befristet worden ist. Das ist insbesondere bei alten Ausweisungs- und Abschiebungsverfügungen relevant. Wurde die Wiedereinreisesperre nicht befristet, liegt der Haftgrund des § 62 Abs. 3 S. 1 Nr. 2 AufenthG nicht vor.[99] Außerdem

---

99 Achtung: Dies gilt nach Ansicht des BGH nicht, wenn die Einreise auch aus anderen Gründen unerlaubt war (BGH, Beschluss vom 22.10.2014 – V ZB 64/14).

gibt es eine weitere Besonderheit bei diesem Haftgrund: Die vollziehbare Ausreisepflicht muss gerade auf der unerlaubten Einreise beruhen, es muss also ein Kausalzusammenhang bestehen. Wurde der betroffenen Person nach der Einreise zwischenzeitlich ein Aufenthaltstitel erteilt oder war ihr Aufenthalt wegen der Stellung eines Asylantrags nach § 55 Abs. 1 AsylG gestattet[100], dann ist dieser Kausalzusammenhang entfallen und Behörde und Gericht dürfen sich nicht auf diesen Haftgrund stützen. Stellt die betroffene Person erst nach Anordnung der Sicherungshaft, welche ausschließlich auf den Haftgrund des § 62 Abs. 3 S. 1 Nr. 2 AufenthG gestützt wird, einen Asylerstantrag, dann ist sie umgehend zu entlassen, wenn die Einreise noch nicht länger als einen Monat her ist (§ 14 Abs. 3 S. 1 Nr. 4 AsylG). Zu beachten ist bei diesem Haftgrund außerdem die Regelung des § 62 Abs. 3 S. 2 AufenthG: Von einer Haftanordnung wegen unerlaubter Einreise ist abzusehen, wenn die betroffene Person dem Gericht – z. B. durch Vorlage eines Flugtickets oder den Nachweis anderer Ausreisebemühungen – glaubhaft macht, dass sie sich nicht der Abschiebung entziehen wird.

Unter welchen Voraussetzungen eine Haftanordnung nach § 62 Abs. 3 S. 1 Nr. 3 AufenthG zulässig ist, beschreiben wir in ▸ 8.3.

7.1.1.4 Durchführbarkeit der Abschiebung und Dauer der Sicherungshaft

Eine Sicherungshaftanordnung muss zeitlich befristet sein und einen konkreten Tag als Endzeitpunkt enthalten. Sie darf gemäß § 62 Abs. 3 S. 3 AufenthG für maximal drei Monate ergehen, es sei denn, die Abschiebung

---

100 Keine Rolle spielt in diesem Zusammenhang, ob der Asylantrag später abgelehnt wurde (BGH, Beschluss vom 21.8.2019 – V ZB 138/18).

ist aus von der betroffenen Person zu vertretenden Gründen[101] nicht innerhalb von drei Monaten möglich.[102] § 62 Abs. 4 AufenthG ermöglicht für diesen Fall die Anordnung von Sicherungshaft für höchstens sechs Monate mit einer Verlängerungsoption auf bis zu 18 Monate (maximale Gesamthaftdauer). Hierbei handelt es sich allerdings jeweils um Höchstfristen, die nicht pauschal ausgeschöpft werden dürfen. Für jede Sicherungshaftanordnung gilt nämlich der übergeordnete, aus dem verfassungsrechtlichen Übermaßverbot folgende Grundsatz des § 62 Abs. 1 S. 2 AufenthG: »Die Inhaftnahme ist auf die kürzest mögliche Dauer zu beschränken.«

Das Gericht muss eine eigene Prognose darüber treffen, ob die Abschiebung innerhalb des behördlich beantragten Haftzeitraums durchführbar ist. Ist sie das voraussichtlich nicht, darf das Gericht nicht Sicherungshaft »auf Vorrat« anordnen, um sie dann später zu verlängern.[103] Das Gericht darf sich bei dieser Prognose auch nicht allein auf die Angaben der Behörde verlassen, sondern hat gemäß § 26 FamFG eine Pflicht zur umfassenden Aufklärung des Sachverhalts (**Amtsermittlungsgrundsatz**). In einer Vielzahl von Fällen verletzen Amtsgerichte diesen Grundsatz und übernehmen – teilweise wortwörtlich – die

---

101 Wann ein*e Betroffene*r die Verzögerung der Abschiebung zu vertreten hat, ist einzelfallabhängig. Das Verhalten muss für die Verzögerung alleinursächlich sein. Bei Marschner/Lesting/Stahmann-Stahmann 2019, Kapitel E, Rn. 66, gibt es eine Übersicht über Fälle, in denen die Rechtsprechung ein »Vertretenmüssen« der Betroffenen bejaht hat.
102 Stellt das Gericht fest, dass von der betroffenen Person eine erhebliche Gefahr für Leib und Leben Dritter oder bedeutende Rechtsgüter der inneren Sicherheit ausgeht, dann ist eine Anordnung von Sicherungshaft über die Dauer von drei Monaten hinaus zulässig, auch wenn diese die Verzögerung der Abschiebung nicht zu verantworten hat (§ 62 Abs. 3 S. 4 AufenthG).
103 Vgl. Kaniess (2020), S. 59.

Angaben der haftbeantragenden Behörde. Dies gilt nicht nur für die Prognoseentscheidung, sondern auch für die übrigen Voraussetzungen der Sicherungshaft, weshalb es für Betroffene und Berater*innen sinnvoll ist, dort anzusetzen und – mithilfe des Haftantrags, des Gerichtsprotokolls und -beschlusses und am besten auch der bei Gericht einsehbaren Akte – ggf. die Verletzung der Amtsermittlungspflicht im Rahmen einer Beschwerde zu rügen.

Der Durchführbarkeit der Abschiebung können verschiedene Hindernisse entgegenstehen, die allesamt vom Gericht zu berücksichtigen sind. Diese können sowohl tatsächlicher als auch rechtlicher Natur sein. Hat der*die Betroffene etwa im Hinblick auf die bevorstehende Aufenthaltsbeendigung einen **Eilantrag an das Verwaltungsgericht** gestellt, kann dieses verwaltungsgerichtliche Verfahren der Durchführung der Abschiebung innerhalb des Haftzeitraums im Wege stehen. Dies gilt insbesondere dann, wenn zu erwarten ist, dass dem verwaltungsgerichtlichen Antrag stattgegeben wird, weil es hierzu eine einheitliche Rechtsprechung der zuständigen Kammer oder des Verwaltungsgerichts gibt. Ist die Erfolgsaussicht offen, muss das Haftgericht klären, ob mit einer Entscheidung des Verwaltungsgerichts innerhalb des beantragten Haftzeitraums zu rechnen ist, wofür Haftrichter*innen mit dem zuständigen Verwaltungsgericht Kontakt aufnehmen müssen. Regelmäßig kommt dann erstmal nur eine einstweilige Anordnung nach § 427 FamFG in Betracht. Entscheidet das Gericht trotzdem in der Hauptsache, sollte dies mit der Beschwerde angegriffen werden. Hat das Verwaltungsgericht bereits entschieden und aufenthaltsbeendende Maßnahmen vorläufig untersagt oder die aufschiebende Wirkung eines eingelegten Rechtsbehelfs angeordnet bzw. wiederhergestellt, darf Sicherungshaft grundsätzlich nicht angeordnet werden und wäre rechtswidrig. Die Durchführbarkeit kann im Rahmen einer

Haftbeschwerde auch dann infrage gestellt werden, wenn noch eine Entscheidung der Härtefallkommission oder des Petitionsausschusses über einen Antrag der betroffenen Person aussteht und mit dieser nicht innerhalb des beantragten Haftzeitraums zu rechnen ist. Gleiches gilt bei einer noch nicht vorliegenden Entscheidung des BAMF über einen **Asylfolgeantrag** (▶ 7.1.1.1).

Für die Frage der Durchführbarkeit der Abschiebung ist zudem von großer Bedeutung, ob innerhalb der beantragten Dauer der Sicherungshaft ein Pass oder Passersatzpapiere beschafft werden können. Hierzu muss sich die haftbeantragende Behörde zwingend unter Bezugnahme auf allgemeine Erfahrungswerte oder konkrete jüngere Vergleichsfälle verhalten und im Haftantrag konkrete Angaben zu den dafür notwendigen Schritten und den dafür notwendigen Zeitaufwand machen.

Eine vom Gericht bei entsprechenden Anhaltspunkten zu prüfende, für die Durchführbarkeit der Abschiebung ebenfalls elementare Voraussetzung ist das Einvernehmen der Staatsanwaltschaft, welches immer dann von Belang ist, wenn gegen die betroffene Person im Zeitpunkt der Haftanordnung ein strafrechtliches Ermittlungsverfahren läuft (§ 72 Abs. 4 AufenthG). Die Zustimmung der Staatsanwaltschaft zur Abschiebung muss für alle einzelnen Ermittlungsverfahren vorliegen, wenn nicht ein generelles Einvernehmen der Generalstaatsanwaltschaft vorliegt. Der Gesetzgeber hat allerdings in § 72 Abs. 4 S. 4 und 5 AufenthG eine Reihe von Straftatbeständen von dem Erfordernis der Zustimmung ausgenommen.[104] Das Einvernehmen muss zudem nach der aktuellen Rechtsprechung des BGH nicht bereits vor der Haftanordnung vorliegen, sondern erst im Zeitpunkt der Abschiebung oder Überstellung.[105]

---

104 Vgl. Kaniess (2020), S. 64 f.
105 BGH, Beschluss vom 12.02.2020 – XIII ZB 15/19.

Weitere im Rahmen der haftrichterlichen Prognose bedeutsamen Aspekte, die auch entsprechend im Beschwerdeverfahren zugunsten von Betroffenen geltend gemacht werden können, sind die Reise(un)fähigkeit (▶ 4.2.3), der betroffenen Person, eine bestehende und noch nicht widerrufene Duldung[106], fehlende Transportverbindungen, Verweigerung der Aufnahme durch den Zielstaat der Abschiebung und fortgeschrittene Schwangerschaft.

7.1.1.5 Weitere Hafthindernisse und der Verhältnismäßigkeitsgrundsatz

Neben Gründen, die gegen die Durchführbarkeit der Abschiebung innerhalb des beantragten Haftzeitraums sprechen, kann es auch solche geben, die zu einer Unzulässigkeit der Anordnung von Sicherungshaft oder deren Fortdauer als solcher führen.

Insbesondere wenn eine Person nicht haftfähig ist, darf gegen sie keine Abschiebungshaft angeordnet bzw. darf diese nicht verlängert werden. Liegen Anhaltspunkte für eine Haftunfähigkeit vor, muss dieses Hafthindernis zwingend vom Gericht geprüft werden. Ist eine Person schwer erkrankt oder besteht Suizidgefahr, dann kann Haftunfähigkeit gegeben sein. Nach der Rechtsprechung des Bundesgerichtshofs soll dies bei der Gefahr der Selbsttötung allerdings nur der Fall sein, wenn die Inhaftierung selbst Anlass für die Suizidabsicht ist. Bezieht sich diese Absicht auf die anstehende Aufenthaltsbeendigung, dann handle es sich um ein Abschiebungshindernis, das vor dem Verwaltungsgericht geltend zu machen sei.[107] Auch wenn bei

---

106 Zur Pflicht, die Abschiebung bei Widerruf einer Duldung anzukündigen ▶ 2.2.2
107 Der BGH setzt sich mit dieser Frage in seinen Beschlüssen vom 14.4.2016 – V ZB 112/15 – und vom 1.6.2017 – V ZB 163/15 – auseinander.

der betroffenen Person eine PTBS diagnostiziert wurde, kann dies wegen der Retraumatisierungsgefahr zur Haftunfähigkeit führen.

Im Übrigen kann die Anordnung von Sicherungshaft auch deshalb unzulässig sein, weil sie gegen den Verhältnismäßigkeitsgrundsatz verstößt. Dieser sieht zunächst einmal nach § 62 Abs. 1 S. 1 AufenthG vor, dass Abschiebungshaft unzulässig ist, wenn der Zweck der Haft durch ein milderes Mittel erreicht werden kann. Das Gericht muss daher mögliche mildere Mittel prüfen. Hier kommen z. B. polizeiliche Meldeauflagen, die Hinterlegung einer Kaution oder sonstigen Sicherheit und eine Aufenthaltsbeschränkung oder -überwachung in Betracht. Aber auch wenn keine milderen Mittel zur Verfügung stehen, muss das Gericht zwischen dem behördlichen Interesse an der Durchführung der Abschiebung und dem Freiheitsgrundrecht der betroffenen Person eine Abwägung treffen.

So kann Sicherungshaft auch deshalb unverhältnismäßig sein bzw. werden, weil die für die Durchführung der Abschiebung zuständige Behörde gegen das sich aus dem Freiheitsgrundrecht des Art. 2 Abs. 2 S. 2 GG ergebende Beschleunigungsgebot verstößt.[108] Diesem zufolge sind die Behörden verpflichtet, die Haftzeit so kurz wie möglich zu halten, was nur dann der Fall ist, wenn sie Abschiebung des oder der Betroffenen ernstlich und mit der größtmöglichen Beschleunigung betreiben. Unternimmt die Ausländerbehörde nicht umgehend alle notwendigen Anstrengungen, um notwendige Passersatzpapiere zu beschaffen oder bei Vorliegen eines Reisedokuments die Abschiebung zu organisieren, liegt ein Verstoß gegen den Be-

---

108 Dieses Gebot gilt nicht nur für die Anordnung und Fortdauer der Sicherungshaft, sondern für alle im Folgenden aufgeführten Abschiebungshaftarten.

schleunigungsgrundsatz vor und die betroffene Person ist umgehend zu entlassen. Dies gilt auch, wenn diese sich zunächst noch in Untersuchungs- oder Strafhaft befindet und die Behörde während der Haftverbüßung keine Vorbereitungsmaßnahmen trifft. Eine wegen der behördlichen Untätigkeit im Anschluss erforderliche Sicherungshaft darf nicht angeordnet werden. Auch Verzögerungen anderer deutscher Behörden (z. B. Auswärtiges Amt oder BAMF) muss die zuständige Ausländerbehörde gegen sich gelten lassen und führen zu einem Verstoß gegen den Beschleunigungsgrundsatz. Alle behördlichen Bemühungen müssen in der vom Gericht beizuziehenden Verwaltungsakte dokumentiert werden; nur dann darf das Gericht sie im Rahmen der Verhältnismäßigkeitsprüfung berücksichtigen. Eine behördliche Untätigkeit von nur wenigen Tagen kann zur Unverhältnismäßigkeit der Haft führen. Dies gilt auch dann, wenn die – nicht nur ganz kurzfristige – Untätigkeit auf einer mangelhaften Personalsituation oder Überlastung der Behörde beruht. Verzögerungen ausländischer Behörden führen nach Ansicht des BGH nicht zu einem Verstoß gegen das Beschleunigungsgebot.[109]

Auch familiäre Belange der betroffenen Person können dazu führen, dass die Anordnung von Sicherungshaft unverhältnismäßig ist. Dies ist insbesondere dann der Fall, wenn die Inhaftierung eine Trennung von einem Elternteil und einem (jungen) Kind bewirkt und diese mit dem Kindeswohl nicht vereinbar ist oder wenn ein*e erkrankte*r Familienangehörige*r dringend auf den Beistand der betroffenen Person angewiesen ist. Wird eine unmittelbar bevorstehende Eheschließung durch die Anordnung von Sicherungshaft verhindert oder ist eine Betroffene hochschwanger bzw. besteht eine Risikoschwangerschaft, kann

---

[109] BGH, Beschluss vom 25.2.2010 – V ZA 2/10.

die Haftanordnung ebenfalls unverhältnismäßig sein.[110] Unter der Berücksichtigung des Verhältnismäßigkeitsgrundsatzes ist zudem die Inhaftnahme von Minderjährigen oder Familien mit minderjährigen Kindern fast immer unzulässig (§ 62 Abs. 1 S. 3 AufenthG).

7.1.2 Zurückweisungshaft nach § 15 Abs. 5 AufenthG

Eine besondere Form der Aufenthaltsbeendigung stellt die <u>Zurückweisung</u> gemäß § 15 AufenthG dar. Formaljuristisch gesehen handelt es sich nämlich gar nicht um eine Aufenthaltsbeendigung, weil die betroffene Person so behandelt wird, als sei sie noch gar nicht eingereist und hätte keinen Aufenthalt in der Bundesrepublik begründet. Dies setzt voraus, dass die Grenzbehörde sie beim Grenzübertritt aufgreift und die Einreise aus einem der in § 15 Abs. 1, 2 oder 3 AufenthG genannten Gründen verweigert. Bleibt der*die Betroffene für die Zeit der Prüfung eines Einreiserechts und der Vorbereitung und Durchführung der Zurückweisung unter der Kontrolle der Behörde, dann hat nach dem Gesetz keine Einreise stattgefunden, auch wenn sie außerhalb des Grenzbereichs verbracht wird (sog. Nichteinreisefiktion).[111] Zurückweisungshaft, die ausschließlich der Sicherung der Zurückweisung dienen darf, kommt demnach nur infrage, wenn die betroffene Person noch nicht eingereist ist. Dies gilt auch für solche Fälle, bei denen der*die Betroffene an der Grenze ein Asylgesuch äußert. Hier kann die zuständige Grenz-

---

110 Weitere vertiefende Hinweise finden sich bei Marschner/Lesting/Stahmann-Stahmann 2019, Kapitel E, Rn. 76 f.; Kaniess 2020, S. 69 f.

111 Diese Konstruktion ist wegen der weitreichenden Konsequenzen aus verfassungsrechtlicher Sicht sehr fragwürdig, wird aber so von der höchstrichterlichen Rechtsprechung gehalten.

behörde die Einreise unter den in § 18 Abs. 2 AsylG genannten Voraussetzungen verweigern.[112]

Hat die Behörde eine Zurückweisungs- bzw. Einreiseverweigerungsentscheidung getroffen und kann die Zurückweisung in den Aufnahmestaat nicht sofort erfolgen, **soll** die betroffene Person nach § 15 Abs. 5 AufenthG in Zurückweisungshaft genommen werden.

Die Anordnung von Zurückweisungshaft hat dabei die folgenden Voraussetzungen:[113]
- eine wirksam ergangene, also der betroffenen Person bekannt gemachte Zurückweisungsentscheidung,[114]
- Unmöglichkeit des sofortigen Vollzugs der Zurückweisung,
- Verhältnismäßigkeit der Haft.

Nach der Rechtsprechung des Bundesgerichtshofs ist ein Haftgrund – wie in § 62 Abs. 3 AufenthG – nicht erforderlich. Dies ist er laut BGH auch dann nicht, wenn die betroffene Person ein Asylgesuch äußert und die Dublin-III-VO Anwendung findet, die für die Inhaftierung eine »erhebliche Fluchtgefahr« vorsieht (▶ 7.1.3).

---

112 Für eine vertiefende Auseinandersetzung mit den Voraussetzungen der Zurückweisung nach § 15 AufenthG bzw. der Einreiseverweigerung nach §§ 18 ff. AsylG, siehe Hofmann-Fränkel 2016, § 15 AufenthG Rn. 1–16; Bergmann/Dienelt-Winkelmann/Kolber 2020, § 18 AsylG.

113 Bergmann/Dienelt-Winkelmann/Kolber 2020, § 15 AufenthG Rn. 42.

114 Das Haftgericht ist zwar nicht verpflichtet, die Rechtmäßigkeit der Zurückweisungsentscheidung/Einreiseverweigerung zu prüfen, denn dafür sind die Verwaltungsgerichte zuständig. Ist aber offensichtlich, dass die Voraussetzungen der §§ 14, 15 AufenthG bzw. §§ 18 ff. AsylG nicht vorliegen, darf es dennoch aus unserer Sicht keine Zurückweisungshaft anordnen (Marschner/Lesting/Stahmann-Stahmann 2019, Kapitel E, Rn. 123).

Was die Dauer der Zurückweisungshaft anbelangt, verweist § 15 Abs. 5 S. 2 AufenthG auf § 62 Abs. 4 AufenthG. Demnach ist Zurückweisungshaft höchstens für die Dauer von sechs Monaten zulässig, die Drei-Monats-Regel (▶ 7.1.1.5) findet keine Anwendung. Doch auch für die Zurückweisungshaft gilt, dass die Haft so kurz wie möglich gehalten werden muss.[115]

Hinsichtlich der Verhältnismäßigkeit der Zurückweisungshaft gelten die unter ▶ 7.1.1.5 dargestellten Anforderungen.

7.1.3 Überstellungshaft nach der Dublin-III-Verordnung

Im Gegensatz zur Dublin-II-Verordnung, die im Juli 2013 außer Kraft trat, enthält die Dublin-III-Verordnung eine eigene Rechtsgrundlage für die Anordnung von Haft zur Sicherung eines Überstellungsverfahrens nach dieser Verordnung. Ist die **Dublin-III-Verordnung** anwendbar und findet eine Dublin-Prüfung statt,[116] dann darf nur Überstellungshaft nach Art. 28 Abs. 2 Dublin-III-VO gegen betroffene Drittstaatsangehörige oder staatenlose Personen angeordnet werden. Die lange übliche und immer noch vereinzelt vorkommende Praxis von Behörden und Amtsgerichten, Abschiebungs- bzw. Zurückschiebungshaft nach §§ 57, 62 AufenthG in Dublin-Fällen zu beantragen bzw. anzuordnen, ist rechtswidrig und muss zur Entlassung der oder des Betroffenen führen.

---

115 BGH, Beschluss vom 22.6.2017 – V ZB 178/17.
116 Dies ist immer dann der Fall, wenn die betroffene Person über einen anderen EU-Staat, Norwegen, Liechtenstein, Island oder der Schweiz in die Bundesrepublik eingereist und dort registriert worden ist bzw. in einem dieser Staaten einen Antrag auf internationalen Schutz gestellt hat und vor Abschluss oder nach negativem Abschluss des Verfahrens weitergereist ist.

7.1.3.1 Voraussetzungen

Auch im Falle der Überstellungshaft ist zwingende Voraussetzung für eine Haftanordnung, dass die betroffene Person vollziehbar ausreisepflichtig ist. Es bedarf ebenfalls einer sog. **Rückkehrentscheidung**, welche in der Regel in Form einer sofort vollziehbaren **Abschiebungsanordnung des BAMF nach § 34a AsylG** (▶ 3.3) ergeht. Sie enthält keine Frist zur freiwilligen Ausreise und keine Androhung der Abschiebung (§ 34a Abs. 1 S. 3 AsylG). Nur für den Fall, dass die Überstellung aktuell – etwa wegen einer schweren Erkrankung – nicht durchführbar ist, erlässt das Bundesamt eine **Abschiebungsandrohung** und bestimmt eine **Ausreisefrist** nach §§ 34a Abs. 1 S. 4, 34 AsylG. Eine hiergegen erhobene Klage hat **aufschiebende Wirkung** (▶ 5.2), sodass eine Abschiebung in diesem Fall nicht vor Abschluss des Klageverfahrens vollzogen werden darf. In einem solchen Fall kommt Überstellungshaft nicht in Betracht. Hinsichtlich der Abschiebungsanordnung nach § 34a AsylG ist zu beachten, dass diese nach Ansicht des BGH nicht vor der Haftanordnung ergehen muss, sondern lediglich rechtzeitig vor der Überstellung vorzuliegen hat.

Gegenstand der Überstellungshaft kann nur ein laufendes Überstellungsverfahren sein. Hierfür erforderlich ist, dass das BAMF bei dem Mitgliedstaat, dessen Zuständigkeit es annimmt, die Aufnahme bzw. Wiederaufnahme[117] der betroffenen Person beantragt hat. Das Haftgericht hat

---

117 Ein Aufnahmeersuchen erfolgt, wenn der*die Betroffene in dem Mitgliedstaat keinen Antrag auf internationalen Schutz (Asylantrag) gestellt hat, in der Bundesrepublik aber schon (Art. 21 f. Dublin-III-VO). Das BAMF wird ein Wiederaufnahmeersuchen an diesen Mitgliedstaat richten, wenn in diesem ein Asylantrag gestellt worden ist, die betroffene Person diesen Staat jedoch während des laufenden Verfahrens oder nach Rücknahme des Antrags Richtung Deutschland verlassen hat (Art. 23 ff. Dublin-III-VO).

in diesem Zusammenhang zwar nicht die Rechtmäßigkeit des Überstellungsverfahrens zu prüfen, jedoch hat es bei seiner Prognose hinsichtlich der Durchführbarkeit der Überstellung zu berücksichtigen, ob die für die (Wieder-)Aufnahme geltenden Fristen bzw. die sechsmonatige Überstellungsfrist eingehalten worden bzw. abgelaufen sind.[118]

Die Anordnung von Überstellungshaft setzt zudem auch das Vorliegen eines Haftgrundes voraus. Art. 28 Abs. 2 Dublin-III-VO nennt an dieser Stelle alleinig die »erhebliche Fluchtgefahr«. Fluchtgefahr meint hierbei das Vorliegen von Gründen im Einzelfall, die auf objektiven gesetzlich festgelegten Kriterien beruhen und zu der Annahme Anlass geben, dass sich ein oder eine Antragsteller*in (Drittstaatsangehörige*r oder Staatenlose*r), gegen den oder die ein Überstellungsverfahren läuft, diesem Verfahren möglicherweise durch Flucht entziehen könnte (Art. 2 Buchstabe n Dublin-III-VO). Der Umstand, dass überhaupt ein Überstellungsverfahren gegen die betroffene Person läuft, reicht allein also nicht aus (Art. 28 Abs. 1 Dublin-III-VO). Der deutsche Gesetzgeber hat in § 2 Abs. 14 S. 1 Dublin-III-VO festgelegt, dass § 62 Abs. 3a und 3b AufenthG (▶ 7.1.1.3) solche objektiven Kriterien für das Vorliegen von Fluchtgefahr darstellen. Eine Fluchtgefahr i. S. v. Art. 28 Abs. 2 Dublin-III-VO soll ebenfalls gegeben sein, wenn die betroffene Person einen Mitgliedstaat vor Abschluss des dort laufenden Asylverfahrens oder Dublin-Verfahrens verlassen hat und die Umstände des Aufgriffs in der Bundesre-

---

118 LG Bamberg, Beschluss vom 08.12.2017 – 3 T 241/16; Nach neuerer Rechtsprechung des BGH soll der*die Haftrichter*in die Frage des Ablaufs der Überstellungsfrist allerdings nur berücksichtigen müssen, wenn ihm*ihr bekannt ist, dass die betroffene Person gegen die Überstellung verwaltungsgerichtlichen (Eil-)Rechtsschutz in Anspruch genommen hat (vgl. BGH Beschl. v. 7.4.2020 – XIII ZB 53/19). Ist dies der Fall, sollte entsprechender Vortrag in der Haftanhörung erfolgen.

publik konkret darauf hindeuten, dass er oder sie den zuständigen Mitgliedstaat in absehbarer Zeit nicht aufsuchen will (§ 2 Abs. 14 S. 2 Nr. 1 AufenthG), oder wenn er oder sie zuvor mehrfach einen Asylantrag in anderen Mitgliedstaaten gestellt hat und den jeweiligen anderen Mitgliedstaat der Asylantragstellung wieder verlassen hat, ohne den Ausgang des dort laufenden Verfahrens abzuwarten (§ 2 Abs. 14 S. 2 Nr. 2 AufenthG). Die Fluchtgefahr muss zudem erheblich sein, d. h. es muss eine überwiegende Wahrscheinlichkeit gegeben sein, dass sich der*die Betroffene der Überstellung entziehen wird, die bloße Möglichkeit reicht nicht aus.[119] Weiterhin ist zu beachten, dass es nicht ausreicht, dass das Gericht einen oder mehrere der genannten Kriterien feststellt. Es handelt sich insoweit lediglich um Indizien für das Vorliegen einer Fluchtgefahr, die im Rahmen einer Gesamtwürdigung aller Umstände des Einzelfalls bewertet werden müssen. Fehlt es an einer solchen richterlichen Abwägung, ist die Haftanordnung rechtswidrig. Bei den einzelnen auf die Überstellungshaft anwendbaren Anhaltspunkten des § 62 Abs. 3a und 3b AufenthG ist zudem umstritten, ob diese hinreichend konkret sind.[120]

7.1.3.2 Gerichtliche Prognose und Haftdauer

Auch für die Überstellungshaft bedarf es einer konkreten Prognose des Gerichts, ob die Überstellung innerhalb der beantragten Haft durchführbar ist. Es muss dabei ein laufendes verwaltungsgerichtliches Eilverfahren gegen die Abschiebungsanordnung nach § 34a AsylG (▶ 3.3) ebenso berücksichtigen wie die jeweiligen, von der Behörde zu benennenden Überstellungsmodalitäten und erforderlichen Vorbereitungsmaßnahmen.

---

119 Vgl. Marschner/Lesting/Stahmann-Stahmann 2019, Kapitel E, Rn. 104.
120 Vgl. Kaniess (2020), S. 86 ff.

Art. 28 Dublin-III-VO sieht andere Höchstfristen (siehe im Einzelnen Art. 28 Abs. 3 Dublin-III-VO) vor als § 62 AufenthG für die Sicherungshaft. Auch für diese Haftart gilt jedoch, dass die Freiheitsentziehung so kurz wie möglich zu sein hat und dass der Beschleunigungsgrundsatz zu beachten ist (Art. 28 Abs. 3 UAbs. 1 Dublin-III-VO).

Wird eine Person bereits vor der Stellung des Aufnahme- oder Wiederaufnahmegesuchs seitens des BAMF in Haft genommen – etwa, weil die betroffene Person nach einer Dublin-Überstellung erneut in das Bundesgebiet eingereist ist – so muss das BAMF schnellstmöglich, in jedem Fall aber innerhalb eines Monats dieses Gesuch an den anderen Mitgliedstaat stellen. Die Antwort des ersuchten Mitgliedstaates muss innerhalb von zwei Wochen erfolgen, nach Ablauf dieser Frist wird die Zustimmung zur (Wieder-)Aufnahme der betroffenen Person als gegeben angenommen. Sodann muss die Überstellung – ebenfalls unter Berücksichtigung des Beschleunigungsgebots – innerhalb von höchstens sechs Wochen erfolgen. Diese Frist soll – was mit dem Verordnungstext allerdings nicht vereinbar ist – nach Ansicht des BGH neu zu laufen beginnen, wenn die fristgemäße Überstellung an einem Verhinderungsverhalten der oder des Betroffenen gescheitert ist.[121]

Liegt bei der Inhaftnahme eine Antwort auf das (Wieder-)Aufnahmegesuch bereits vor, gilt nach der Rechtsprechung des EuGH die Sechs-Wochen-Frist nicht. Sie darf aber nach Auffassung des Gerichtshofs dennoch nicht erheblich überschritten werden.[122]

---

121 BGH, Beschluss vom 6.4.2017 – V ZB 126/16.
122 Der EuGH hat in einem Verfahren gegen Schweden festgestellt, dass eine Regelung, die eine Höchstdauer von zwei Monaten vorsieht, noch angemessen ist (EuGH, Urt. v. 13.9.2017 – C-60/16, Amayry./. Schweden).

7.1.3.3 Hafthindernisse

Einer Überstellungshaftanordnung können grundsätzlich von vornherein die gleichen Gründe entgegenstehen, wie der Anordnung von Sicherungshaft, z. B. fehlende Erforderlichkeit wegen Ausreisebereitschaft des*der Betroffenen, Schwangerschaft, Schutz von familiären Belangen, fehlende Reisefähigkeit bzw. Haftunfähigkeit und fehlende Zustimmung der Staatsanwaltschaft bei laufenden Ermittlungsverfahren (▶ 7.1.1.5).

Außerdem können Verstöße gegen das Beschleunigungsgebot dazu führen, dass die Überstellungshaft unzulässig wird und die betroffene Person unverzüglich zu entlassen ist. Ein Verstoß liegt z. B. vor, wenn das BAMF nach Kenntnisnahme von der Inhaftnahme mehr als eine Woche verstreichen lässt, bevor es den für zuständig gehaltenen Mitgliedstaat um die (Wieder-)Aufnahme ersucht.[123][124]

7.1.4 Vorbereitungshaft

Das AufenthG sieht außerdem zwei Formen der sog. Vorbereitungshaft vor.

Nach § 62 Abs. 2 AufenthG soll ein*e Ausländer*in zur Vorbereitung einer Ausweisung oder einer Abschiebungsanordnung nach § 58a AufenthG in Haft genommen werden, wenn hierüber nicht sofort entschieden werden kann und die Abschiebung ohne die Inhaftnahme wesentlich erschwert oder vereitelt würde.

---

123 Siehe LG Traunstein, Beschl. v. 08.02.2017 – 4 T 159/17; 4 T 271/17, aufrufbar unter www.asyl.net.
124 Weitere Beispiele für Verstöße gegen den Beschleunigungsgrundsatz finden sich bei Marschner/Lesting/Stahmann-Stahmann 2019, Kapitel E, Rn. 116).

Der Erlass der Ausweisungsverfügung oder der Abschiebungsanordnung muss mit hinreichender Wahrscheinlichkeit bevorstehen, die Abschiebung muss rechtlich und tatsächlich möglich sein und die Haft muss erforderlich sein. Sie darf in der Regel nicht länger als sechs Wochen andauern.

Mit § 62c AufenthG wurde zum 10.12.2020 eine weitere Form der Vorbereitungshaft eingeführt. Sie dient der Vorbereitung einer Abschiebungsandrohung nach § 34 AsylG und darf ausschließlich gegen Personen angeordnet werden, die sich entgegen einem bestehenden Einreise- und Aufenthaltsverbot und ohne Betretenserlaubnis in der Bundesrepublik aufhalten und aus Sicht der antragstellenden Behörde eine erhebliche Gefahr für Leib und Leben Dritter oder die innere Sicherheit darstellen oder ein besonders schwerwiegendes Ausweisungsinteresse nach § 54 Abs. 1 AufenthG aufweisen.

Neu an dieser Regelung ist, dass mit ihr auch Personen, die nach unerlaubter Wiedereinreise in die Bundesrepublik einen Asylantrag stellen, in Haft genommen werden können, während das Asylverfahren noch läuft, obwohl der Aufenthalt dieser Personen während dieser Zeit gestattet ist. Die Regelung zielt ersichtlich auf die öffentliche Sicherheit und nicht auf eine Entziehungsabsicht der Betroffenen ab. Es ist fraglich, ob diese Form der »Präventivhaft« mit den Vorgaben des Unionsrechts zu vereinbaren ist.[125] Zumal der Gesetzgeber diesem Personenkreis per se unterstellt, aus rechtsmissbräuchlichen Motiven einen Asylantrag zu stellen.

Die zulässige Dauer der Haft ist in § 62c Abs. 2 AufenthG geregelt.

---

125 Vgl. Decker/Bader/Kothe-Kretschmer 2021, § 62c AufenthG Rn. 4.

7.1.5 Ausreisegewahrsam

Eine besondere Form der Abschiebungshaft, die bisher in der Praxis jedoch eine eher untergeordnete Rolle gespielt hat, ist der sog. Ausreisegewahrsam nach § 62b AufenthG. Er setzt eine vollziehbare Ausreisepflicht, jedoch keine Fluchtgefahr voraus und **kann** vom Gericht für höchstens zehn Tage unter den folgenden Voraussetzungen angeordnet werden:

- Ablauf der Ausreisefrist und Verschulden der betroffenen Person an der erheblichen Verzögerung[126] der Ausreise,
- Durchführbarkeit der Abschiebung innerhalb des beantragten Zeitraums,
- Verhalten der betroffenen Person, das erwarten lässt, dass sie die Abschiebung erschweren oder vereiteln wird (Vermutungstatbestände des § 62b Abs. S. 1 Nr. 3 a-d AufenthG).

Die Entscheidung des Gerichts muss erkennen lassen, dass und wie es sein Ermessen ausgeübt und das Freiheitsgrundrecht der betroffenen Person mit dem staatlichen Interesse an der zügigen Durchführung der Abschiebung abgewogen hat. Ist aus den Umständen ersichtlich, dass sich der*die Betroffene der Abschiebung offensichtlich nicht entziehen wird, darf kein Ausreisegewahrsam angeordnet werden (§ 62b Abs. 1 S. 2 AufenthG).

7.1.6 Mitwirkungshaft

Im Jahr 2019 hat der Gesetzgeber eine weitere Haftform eingeführt, die das ohnehin sehr restriktive Abschiebungs-

---

126 Bei einer 30-tägigen Ausreisefrist soll eine Überschreitung um zehn Tage bereits erheblich sein (vgl. BR-Drs. 642/14, S. 63 f.).

haftregime noch weiter verschärft – die sog. Mitwirkungshaft nach § 62 Abs. 6 AufenthG.[127]

Sie dient der Sicherung der Durchführung von Anordnungen nach § 82 Abs. 4 S. 1 AufenthG und kommt – zeitlich gesehen – vor einer Sicherungshaftanordnung in Betracht. Nach dieser Vorschrift kann die Ausländerbehörde zur Vorbereitung aufenthaltsbeendender Maßnahmen anordnen, dass Betroffene bei der zuständigen Behörde sowie den Auslandsvertretungen (Botschaft, Konsulat) persönlich erscheinen, oder dass eine ärztliche Untersuchung zur Feststellung der Reisefähigkeit durchgeführt wird. Kommt die betroffene Person einer solchen Anordnung ohne Entschuldigung nicht nach und wurde sie in einer Sprache, die sie beherrscht, über die Möglichkeit der Inhaftnahme belehrt, dann steht es im Ermessen des Gerichts, Mitwirkungshaft gegen sie anzuordnen. Diese darf aber nicht als Sanktion fungieren, sondern muss auf die Sicherstellung der Umsetzung der Anordnung gerichtet sein.

Die Mitwirkungshaftanordnung ist nur dann verhältnismäßig, wenn die Abschiebung des oder der Betroffenen tatsächlich in Aussicht steht. Die Behörde muss hierfür konkrete, auf das Zielland der Abschiebung bezogene Angaben machen und Erfahrungswerte darlegen.[128]

Die Höchstdauer der Mitwirkungshaft beträgt 14 Tage.

7.1.7 Behördlicher Gewahrsam

Das Aufenthaltsgesetz enthält für den Fall, dass eine Person, gegen die aufenthaltsbeendende Maßnahmen ergriffen werden sollen, von der Polizei oder der zuständigen

---

127 Detaillierte Ausführungen zur Mitwirkungshaft finden sich bei Marx 2020, § 8 Rn. 75–78.
128 Bergmann/Dienelt-Winkelmann, § 62 AufenthG Rn. 233 f.

Ausländerbehörde angetroffen oder aufgegriffen wird, an verschiedenen Stellen Vorschriften, nach denen die Behörde berechtigt ist, diese in Gewahrsam zu nehmen.

Da es sich bei einer Ingewahrsamnahme um eine Freiheitsentziehung handelt, die in das Freiheitsgrundrecht der betroffenen Person eingreift, sieht Art. 104 Abs. 2 S. 1 GG vor, dass diese nur durch eine*n Richter*in angeordnet werden darf (sog. **Richtervorbehalt**). Art. 104 Abs. 1 S. 2 GG schreibt vor, dass bei jeder nicht auf richterlicher Anordnung beruhenden Freiheitsentziehung unverzüglich eine gerichtliche Entscheidung herbeizuführen ist. Das heißt, dass polizeiliche oder ausländerbehördliche Ingewahrsamnahmen nur im Falle von Spontanfestnahmen zulässig sind und Betroffene umgehend dem zuständigen Amtsgericht vorzuführen sind. Handelt es sich um eine geplante Festnahme, muss die Behörde hingegen vorher einen richterlichen Beschluss einholen.

Vor einer Sicherungshaftanordnung ist eine vorläufige Ingewahrsamnahme nach § 62 Abs. 5 S. 1 AufenthG nur zulässig, wenn der dringende Verdacht für das Vorliegen eines Haftgrundes i. S. v. § 62 Abs. 3 S. 1 AufenthG besteht, eine gerichtliche Entscheidung vorher nicht eingeholt werden konnte und die betroffene Person im Verdacht steht, sich der Haftanordnung entziehen zu wollen. Unter den gleichen Voraussetzungen – allerdings im Hinblick auf das Vorliegen einer erheblichen Fluchtgefahr im Sinne der Dublin-III-VO – kann eine Ingewahrsamnahme vor einer Überstellungshaftanordnung erfolgen (§ 2 Abs. 14 S. 3 AufenthG). Eine entsprechende behördliche Befugnis gibt es auch im Falle des Ausreisegewahrsams (§ 62b Abs. 4 S. 1 AufenthG).

Für alle Formen der behördlichen Ingewahrsamnahme gilt der verfassungsrechtliche Grundsatz des Gebots der unverzüglichen richterlichen Vorführung. »Unverzüglich« heißt in diesem Zusammenhang ohne jede Verzögerung, die sich nicht aus sachlichen Gründen rechtfertigen lässt.[129] Alle staatlichen Organe sind dabei in der Pflicht, dafür Sorge zu tragen, dass der Richtervorbehalt als Grundrechtssicherung praktisch wirksam wird. Für den Staat folgt daraus die verfassungsrechtliche Verpflichtung, die Erreichbarkeit einer zuständigen Richterin oder eines zuständigen Richters – jedenfalls zur Tageszeit (4–21 Uhr im Sommer und 6–21 Uhr im Winter) – innerhalb und außerhalb der üblichen Dienstzeiten sicherzustellen.

Die Polizei bzw. Ausländerbehörde muss die betroffene Person daher regelmäßig innerhalb weniger Stunden nach der Festnahme dem Gericht vorführen. Ansonsten ist der*die Betroffene von Amts wegen zu entlassen.

7.2 Verfahren

Alle hier aufgeführten Haftarten unterliegen denselben verfahrensrechtlichen Vorgaben. Sie sind in den §§ 415 bis 432 FamFG geregelt.

7.2.1 Regelungen des FamFG

Die Anordnung von Abschiebungshaft setzt – unabhängig von den einzelnen Haftzwecken und den jeweiligen Voraussetzungen – zunächst einmal in jedem Fall einen zulässigen Haftantrag der zuständigen Behörde voraus. Dieser muss vollständig und **grundsätzlich** auch unterschrieben sein. Er muss zudem erkennen lassen, welche Verfahrensart und welche Haftdauer beantragt wird. Hierbei wird zwischen einer Hauptsacheentscheidung – der Anordnung einer der o. g. Haftformen – und der Anordnung einer vorläufigen Freiheitsentziehung (höchstens sechs Wochen) im Wege der einstweiligen Anordnung (§ 427 FamFG) unter-

---

129 Vgl. Bergmann/Dienelt-Winkelmann, § 62 AufenthG Rn. 19 ff.

schieden.[130] § 417 Abs. 2 S. 1 FamFG sieht zudem vor, dass der Haftantrag zwingend zu begründen ist. Nach S. 2 muss die Begründung die folgenden Angaben enthalten:
1. die Identität der betroffenen Person,
2. den gewöhnlichen Aufenthaltsort des oder der Betroffenen,
3. die Erforderlichkeit der Freiheitsentziehung,
4. die erforderliche Dauer der Freiheitsentziehung sowie
5. die vollziehbare Ausreisepflicht der betroffenen Person sowie die Voraussetzungen und die Durchführbarkeit der Abschiebung, **Zurückschiebung** und **Zurückweisung**.

Die Begründung des Antrags darf keine Allgemeinplätze oder Leerformeln enthalten, sondern muss auf den konkreten Einzelfall zugeschnitten sein und entsprechende individuelle Angaben zum Zielstaat der Rückführung enthalten. Dies gilt insbesondere für die Frage der erforderlichen Dauer der Freiheitsentziehung und die Durchführbarkeit der Aufenthaltsbeendigung.

Praxishinweis

Zu den Begründungsanforderungen an den Haftantrag ist eine Vielzahl von landgerichtlichen und höchstrichterlichen Entscheidungen ergangen. Für eine Überprüfung, ob der vorliegende Haftantrag den Anforderungen entspricht, ist es neben der Lektüre der einschlägigen Kommentarliteratur empfehlenswert, die Rechtsprechungshinweise zur Abschiebungshaft von BGH-Richterin Johanna Schmidt-

---

130 Für die Frage, wann die Voraussetzungen einer einstweiligen Anordnung nach § 427 FamFG vorliegen, wird auf die umfassende Kommentierung von Bergmann/Dienelt-Winkelmann 2020, § 62 AufenthG Rn. 277 ff., verwiesen.

Räntsch zu berücksichtigen: http://www.schmidt-raentsch.eu/Entscheidungen/Index-Entscheidungen%20Abschiebungshaft.html

Die Frage der Zulässigkeit des Haftantrags ist in jedem Verfahrensstadium durch das Gericht von Amts wegen zu prüfen. Liegt kein zulässiger Haftantrag vor, darf die Haft nicht angeordnet werden. Zwar gibt es mittlerweile in fast allen Fällen die Möglichkeit für die Behörde, Mängel des Haftantrags im Beschwerdeverfahren vor dem Landgericht zu heilen, jedoch ist hierfür zwingend eine persönliche Anhörung der betroffenen Person erforderlich.[131]

Für die Entscheidung über den Haftantrag ist das Amtsgericht zuständig. Das Gericht hat die betroffene Person gemäß § 420 Abs. 1 S. 1 FamFG vor der Anordnung der Freiheitsentziehung persönlich anzuhören. Im Rahmen der Anhörung trifft das Gericht die Pflicht zur umfassenden Sachverhaltsaufklärung (§ 26 FamFG). Dabei ist das Haftgericht allerdings an die Entscheidungen der Verwaltungsbehörde gebunden und überprüft nicht die Rechtmäßigkeit der Aufenthaltsbeendigung an sich. Hierfür sind die Verwaltungsgerichte zuständig. Es besteht allerdings die Pflicht zur vollumfänglichen Überprüfung der Voraussetzungen der eventuell anzuordnenden Freiheitsentziehung, wobei sich das Gericht nicht auf die Angaben der Behörde verlassen darf, sondern eigene Ermittlungen anstellen muss. Dazu gehört es im Zweifelsfall auch, Familienangehörige der betroffenen Person anzuhören (§ 418 Abs. 3 Nr. 1 FamFG) und Nachfragen bei beteiligten Behörden zu stellen. Lässt sich das Vorliegen einzelner Voraussetzungen nicht im Rahmen der Haftanhörung aufklären, muss der Haftantrag entweder zurückgewiesen werden oder es

---

131 Vgl. Kaniess (2020), S. 121 ff.

kommt regelmäßig nur die Anordnung einer einstweiligen Freiheitsentziehung in Betracht. Die betroffene Person hat zudem das Recht auf eine*n Dolmetscher*in, wenn er oder sie die deutsche Sprache nicht ausreichend beherrscht.

Betroffene haben zudem das Recht, dass ihr*e Verfahrensbevollmächtigte*r an der Anhörung teilnimmt.[132] Hierfür muss der*die Rechtsanwält*in rechtzeitig zu dem Termin geladen werden. Kommt eine kurzfristige Teilnahme nicht in Frage, muss eine Terminsverlegung in Betracht gezogen werden oder es darf ggf. nur eine einstweilige Anordnung ergehen, damit der*die Verfahrensbevollmächtigte bei der Hauptsacheentscheidung dabei sein kann.[133]

7.2.2 Ankündigung der Abschiebung

Eine weitere haftrechtliche Besonderheit ergibt sich im Hinblick auf die Ankündigung der Abschiebung, welche – wie unter 2.2.2 gezeigt – grundsätzlich untersagt ist. Von diesem allgemeinen Ankündigungsverbot macht § 59 Abs. 5 S. 2 AufenthG für Personen, die sich in Haft befinden, eine Ausnahme. Nach dieser Vorschrift soll die Abschiebung einer in Haft befindlichen Person mindestens eine Woche vorher angekündigt werden. Die Regelung soll es Abschiebungsgefangenen ermöglichen, ihre persönlichen, familiären, wirtschaftlichen und beruflichen Angelegenheiten vor der Abschiebung zu regeln.[134] Sie dient aber auch dazu, dass Betroffene ggf. noch rechtzeitig Eilrechtsschutz gegen die bevorstehende Abschiebung suchen können. Nur in absoluten Ausnahmefällen darf die Behörde von dieser Ankündigungspflicht abwei-

---

132 BGH, Beschluss vom 13.7.2017 – V ZB 89/16.
133 BGH, Beschluss vom 3.7.2018 – V ZB 96/18 – und Beschluss vom 12.11.2019 – XIII ZB 34/19.
134 Bergmann/Dienelt- Dollinger 2020, § 59 AufenthG, Rn. 30.

chen. Liegen keine Gründe für eine solche Ausnahme vor und unterlässt die zuständige Behörde die Ankündigung, so ist die Abschiebung rechtswidrig.[135] Kündigt die Behörde die Abschiebung mit einer kürzeren Vorlauffrist an, können Betroffene und Berater*innen in Erwägung ziehen, bei dem zuständigen Verwaltungsgericht einen Antrag auf Erlass einer einstweiligen Anordnung gemäß § 123 VwGO zu stellen, der darauf gerichtet ist, der Ausländerbehörde aufenthaltsbeendende Maßnahmen vorläufig zu untersagen.

7.2.3 Rechtsschutz

Gegen eine Haftanordnung des Amtsgerichts können Betroffene eine Beschwerde einlegen, über die das übergeordnete Landgericht zu entscheiden hat (§ 58 Abs. 1 FamFG). Hat das Amtsgericht gegen die betroffene Person eine einstweilige Anordnung nach § 427 FamFG getroffen, so beträgt die Beschwerdefrist zwei Wochen (§ 63 Abs. 2 Nr. 1 FamFG), bei einer »gewöhnlichen« Haftanordnung einen Monat (§ 63 Abs. 1 FamFG). Die Beschwerde wird bei dem Amtsgericht eingelegt, das die Haft angeordnet hat (§ 64 Abs. 1 FamFG). Sie muss schriftlich oder zu Protokoll bei der Geschäftsstelle am Amtsgericht erfolgen und muss den Haftbeschluss, der angegriffen werden soll, bezeichnen und die Erklärung, dass Beschwerde eingelegt wird, sowie eine Unterschrift enthalten. Sie sollte zudem begründet werden (§ 65 Abs. 1 FamFG) Das Amtsgericht kann daraufhin der Beschwerde abhelfen und die Haftanordnung aufheben (§ 68 Abs. 1 S. 1 FamFG). Tut es das nicht, legt es die Akten dem zuständigen Landgericht vor. Grundsätzlich muss dieses die betroffene Person anhören.

---

135 Vgl. VG Bremen, Urt. v. 30.11.2018 – 2 K 3592/17.

Lehnt das Landgericht die Beschwerde ab, so können Betroffene Rechtsbeschwerde beim BGH einlegen (§ 70 Abs. 4 FamFG). Sie ist ebenfalls innerhalb eines Monats einzulegen (§ 71 Abs. 1 FamFG), kann jedoch nur durch eine*n beim BGH zugelassene*n Rechtsanwältin oder Rechtsanwalt erhoben werden. Da das Verfahren beim BGH regelmäßig sehr lange, manchmal sogar Jahre, dauert, gibt es die Möglichkeit, bei noch laufender Haft, einen Antrag auf Erlass einer einstweiligen Anordnung zu stellen. Gegen die Ablehnung einer Beschwerde wegen einer einstweiligen Anordnung nach § 427 FamFG durch das Landgericht ist die Rechtsbeschwerde nicht statthaft.

> **Praxishinweis**
>
> Leider zeigt sich in der Praxis, dass Haftanordnungen häufig erst durch den Bundesgerichtshof aufgehoben werden und dies zu einem Zeitpunkt, zu dem die betroffene Person bereits abgeschoben wurde. Auch die Entscheidung des Landgerichts über eine Haftbeschwerde kommt auch oft erst kurz vor der Abschiebung, so dass kein einstweiliger Rechtsschutz beim BGH mehr erreicht werden kann. Auch wenn eine solche späte Entscheidung nicht mehr zu einer Entlassung führen kann, müssen im Erfolgsfall immerhin bei einer späteren Wiedereinreise nicht die Kosten für die vorherige, aber inzwischen als rechtswidrig festgestellte, Abschiebungshaft getragen werden. Außerdem kann die betroffene Person später noch Entschädigungsansprüche geltend machen (Art. 5 Abs. 5 EMRK). Daher ist es sinnvoll, rechtzeitig eine anwaltliche Vollmacht für Schadensersatzansprüche einzuholen. Zudem ist es wichtig, eine Kontaktmöglichkeit zu sichern, u. a. um Gerichten nach der Abschiebung eine ladungsfähige Anschrift angeben zu können.

Ist die Beschwerdefrist gegen eine amtsgerichtliche Haftanordnung abgelaufen, ohne dass Beschwerde eingelegt wurde, kann zu jedem späteren Zeitpunkt ein sog. Antrag auf Haftaufhebung nach § 426 Abs. 2 FamFG bei dem Amtsgericht gestellt werden, das die Haft angeordnet hat. Dies bietet sich immer dann an, wenn die Haftvoraussetzungen zu einem späteren Zeitpunkt entfallen sind.

Das FamFG sieht zudem auch die Möglichkeit vor, trotz erfolgter Abschiebung oder Entlassung aus der Haft, die Rechtswidrigkeit der Haftanordnung feststellen zu lassen (§ 62 FamFG).

Da es sich bei dem Freiheitsentziehungsrecht um eine sehr komplexe Materie handelt und oftmals die Zeit sehr drängt, sollten Betroffene und Berater*innen möglichst schnell erwägen, anwaltliche Unterstützung zu suchen.

7.2.4 Person des Vertrauens

Eine elementare Rolle für die Beratung von Personen in Abschiebungshaft spielt die sog. Person des Vertrauens. Diese kann gemäß § 418 Abs. 3 Nr. 2 FamFG am Freiheitsentziehungsverfahren vor dem Amts- und Landgericht beteiligt werden. Insbesondere wenn keine anwaltliche Vertretung besteht, kann die Vertrauensperson die Interessen des oder der von der Freiheitsentziehung Betroffenen nach außen wahrnehmen. Für diese Aufgabe kommen neben Familienangehörigen vor allem sachkundige Personen wie Rechtsberater*innen, die Beratung von Gefangenen in der Abschiebungshafteinrichtung anbieten, in Frage. Das Vertrauensverhältnis mit der inhaftierten Person muss nicht schon vor der Inhaftnahme bestanden haben.

Ein*e Haftberater*in kann – in Absprache mit der betroffenen Person – beim zuständigen Amtsgericht einen Antrag auf Beteiligung stellen. Das Gericht muss daraufhin im pflichtgemäßen Ermessen über die Beteiligung

entscheiden. Wird die Vertrauensperson am Freiheitsentziehungsverfahren beteiligt, so hat sie umfassende Verfahrensrechte. Dazu gehören insbesondere:[136]
- Anspruch auf Übermittlung des Haftantrags (§ 23 Abs. 2 FamFG),
- Recht auf Einsicht in die Gerichtsakte (§ 13 Abs. 1 FamFG),
- Beteiligung an Haftanhörungen (§ 420 Abs. 3 S. 1 FamFG),
- Stellung eines Antrags auf Haftaufhebung nach § 426 Abs. 2 S. 1 FamFG,
- Einlegen einer Beschwerde (§ 429 Abs. 2 Nr. 2 FamFG).

Eine Vertrauensperson kann auch neben einer Anwältin oder einem Anwalt für die betroffene Person auftreten. Sie kann eigene Verfahrenshandlungen vornehmen. Alle Anträge müssen jedoch dem Willen des oder der Betroffenen entsprechen.

7.3 Vollzug

Während das oben beschriebene Verfahren nach den §§ 415 ff. FamFG und die genannten materiellen Voraussetzungen für die Anordnung von Abschiebungshaft die Problematik betreffen, ob die Freiheitsentziehung an sich angeordnet werden darf, ist die Frage des Vollzugs hiervon zu unterscheiden. Wie der Abschiebungshaftvollzug konkret auszusehen hat, ist bundesgesetzlich nicht geregelt. Allerdings sieht § 62a AufenthG eine Reihe von für alle Abschiebungshafteinrichtungen geltenden Grundsätze und Garantien vor. Zu beachten sind in diesem Zusam-

---

136 Eine sehr gute Übersicht über die Rechte und Pflichten von Vertrauenspersonen bietet Hofmann-Keßler 2016, § 62 AufenthG Rn. 98 ff.

menhang auch die europarechtlichen Vorgaben aus Art. 16 bis 18 RüFü-RL.

So enthält Art. 16 Abs. 1 RüFü-RL das auch für die Bundesrepublik verbindliche Trennungsgebot. Nach dieser Vorschrift sind Abschiebungsgefangene in speziellen Hafteinrichtungen unterzubringen, es sei denn, ein Mitgliedstaat verfügt über keine solchen speziellen Haftanstalten. Das Trennungsgebot dient der Abgrenzung der Abschiebungshaft von der Untersuchungs- und Strafhaft und untersagt eine gemeinsame Unterbringung von Abschiebungs- und Strafgefangenen. Die Bundesrepublik verfügt in mehreren Bundesländern über solche speziellen Abschiebungshafteinrichtungen und wurde im Jahr 2014 durch den EuGH dazu verpflichtet, das Trennungsgebot entsprechend zu beachten, wenngleich es Bundesländer gibt – Sachsen-Anhalt, Thüringen, Saarland, Schleswig-Holstein, Mecklenburg-Vorpommern –, in denen keine solche spezielle Einrichtung besteht.[137] Im Jahr 2019 hat der deutsche Gesetzgeber dieses Trennungsgebot unter Verweis auf eine Notlage i. S. v. Art. 18 Abs. 1 RüFü-RL aufgehoben. § 62a Abs. 1 S. 1 AufenthG sieht nunmehr – befristet bis zum 30. Juni 2022 – lediglich vor, dass Abschiebungsgefangene getrennt von Strafgefangenen unterzubringen sind, schließt aber eine Unterbringung in einer gewöhnlichen JVA nicht mehr aus. U. a. Sachsen-Anhalt hat dies im Frühjahr 2020 zum Anlass genommen, Abschiebungsgefangene in verschiedenen Strafhaftanstalten des Landes unterzubringen. Die Aufhebung des Trennungsgebots dürfte allerdings gegen Art. 16 RüFü-RL verstoßen und unionsrechtswidrig sein.[138] Da

---

137 EuGH, Urt. V. 17.7.2014 Rs. C-473/13 und C-54/13.
138 Marx 2020, § 8 Rn. 84 f. In der 8. Auflage des Kommentars von Feest/Lesting/Lindemann zu den Strafvollzugsgesetzen, der 2021 bei Wolters Kluwer erscheint, wird zudem eine Kom-

sich Verstöße gegen das Trennungsgebot nicht nur auf den Vollzug beziehen, sondern die Rechtmäßigkeit der Haft an sich infrage stellen, sollten Betroffene im Falle einer Unterbringung in einer JVA dies im Rahmen einer Beschwerde beim Amtsgericht rügen und die Aufhebung der Haftanordnung fordern.

Alle nicht in § 62a AufenthG geregelten Fragen des Abschiebungshaftvollzug unterliegen einzelnen landesrechtlichen Regelungen,[139] auf die hier nicht im Einzelnen eingegangen werden kann. Liegt ein Verstoß gegen eine Vollzugsregelung vor, dann können Betroffene dagegen Widerspruch erheben und sich vor dem örtlich zuständigen Verwaltungsgericht im einstweiligen Rechtschutz zur Wehr setzen.[140]

---

mentierung des Abschiebungshaftvollzugsgesetzes der Autorin Christine Graebsch enthalten sein.

139 Eine Übersicht über die verschiedenen existierenden landesrechtlichen Regelungen findet sich bei Marschner/Lesting/Stahmann-Stahmann 2019, Kapitel E, Rn. 83.

140 Es gibt nur sehr wenige Gerichtsentscheidungen zu Vollzugsfragen. Beispielhaft sind hier verwaltungsgerichtliche Beschlüsse zur Frage der Haftbedingungen für sog. gefährliche Personen in der Abschiebungshaft: VG Bremen, Beschl. v. 26.06.2017 – 2 V 1489/17, beck online: BeckRS 2017, 118647; OVG Bremen, Beschl. v. 13.7.2017 – 1 B 128/17, https://www.asyl.net/rsdb/m25300/ (Zugriff am 14.04.2021).

8 Strafrecht, Strafvollzug, ›Gefährder*innen‹ und Aufenthaltsrecht

8.1 Auswirkungen strafrechtlicher Beschuldigung auf den Aufenthalt

Es lässt sich eine zunehmende Verflechtung strafrechtlicher mit migrationsrechtlicher Kontrolle beobachten. Diese findet sowohl im öffentlichen Diskurs als auch in den Gesetzen Niederschlag, wofür die vielzitierten Ereignisse von Köln in der Silvesternacht 2015/2016 nur ein hervorstechendes Beispiel sind. In Anknüpfung an diese Ereignisse wurde das Ausweisungsrechts, obwohl es in eben dieser Nacht erst in Kraft getreten war, erheblich verschärft. Innerhalb und außerhalb des Ausweisungsrechts haben strafgerichtliche Verurteilungen und bereits der Verdacht von Straftaten erhebliche aufenthaltsrechtliche Folgen.

Die **Ausweisung** (§§ 53 ff. AufenthG) ist ein titelvernichtender Verwaltungsakt, d. h. ein Bescheid der Ausländerbehörde, der das Erlöschen des Aufenthaltstitels zur Folge hat (§ 51 Abs. 1 Nr. 5 AufenthG ▸ 3.1). Sie ist nicht zu verwechseln mit der Vollstreckungsmaßnahme der Abschiebung. Eine Abschiebung folgt auch nicht zwingend auf die Ausweisung, insbesondere kann der weitere Aufenthalt im Bundesgebiet **geduldet** sein. Dann ist jedoch ein erheblicher Statusverlust mit der Ausweisung verbunden. Sie kommt einer Strafe gleich, auch wenn sie juristisch keine solche zu sein vorgibt. Die große Mehrzahl der Ausweisungen erfolgt in der Praxis in Verbindung mit Straftaten.

In § 54 AufenthG sind sog. **Ausweisungsinteressen** formuliert, die besonders schwer (Abs. 1) oder schwer (Abs. 2) wiegen können. Das Gesetz nimmt hier also einen Unterschied in der Gewichtung zwischen »besonders schwer« wiegenden Ausweisungsinteressen und (nur) »schwerwiegenden« Ausweisungsinteressen vor. Die festgestellten Ausweisungsinteressen sind gemäß § 53 AufenthG abzuwägen gegen **Bleibeinteressen** (§ 55 AufenthG), die wiederum besonders schwer (Abs. 1) oder (nur) insbesondere schwer (Abs. 2) wiegen können. Dabei zeigt die Formulierung »insbesondere schwer« an, dass die gesetzliche Aufzählung an dieser Stelle – anders als bei den Ausweisungsinteressen – nicht abschließend ist. Ein schwerwiegendes Ausweisungsinteresse kann bereits bei untergeordneten Straftaten (z. B. § 54 Abs. 2 Nr. 9 AufenthG) angenommen werden, ein besonders schwerwiegendes Ausweisungsinteresse begründet z. B. bereits eine Verurteilung zu einer Freiheits- oder Jugendstrafe von mindestens einem Jahr, selbst wenn diese zur Bewährung ausgesetzt wurde. Wichtig ist, dass das Bestehen eines Ausweisungsinteresses selbst dann nicht irrelevant ist, wenn ein entgegenstehendes Bleibeinteresse (insbesondere familiäre Bindungen) geltend gemacht werden kann. Das Bestehen eines Ausweisungsinteresses allein – also auch ohne dass es für eine Ausweisung reicht – ist nämlich schon vielfach Grund genug, eine Aufenthaltserlaubnis nicht zu erteilen oder zu verlängern (vgl. die allgemeine Erteilungsvoraussetzung des § 5 Abs. 1 Nr. 2 AufenthG).

Nach § 60 Abs. 8 AufenthG kann sich eine strafrechtliche Verurteilung zu mindestens einem Jahr Freiheits- oder Jugendstrafe, auch wenn diese zur Bewährung ausgesetzt wurde, auch auf die Anerkennung im Asylverfahren auswirken. Es kann sogar bereits während des Asylverfahrens die Abschiebung angedroht und durchgeführt werden (§ 60 Abs. 9 AufenthG).

Weiterhin kann etwa eine **räumliche Beschränkung** (▶ 4.3.1) unter Berufung auf begangene Straftaten angeordnet werden.

Das Aufenthaltsrecht versteht sich juristisch als Gefahrenabwehrrecht. Entsprechend soll die Ausweisung der Gefahrenabwehr und nicht der Bestrafung dienen. Daher dürfte eine bloße Anknüpfung an die Begehung von Straftaten an sich nicht in Betracht kommen, weil Gefahrenabwehr rein zukunftsbezogen ist und es also auf eine Prognose ankommen müsste, ob die entsprechende Person in der Zukunft eine Gefahr darstellt. Dies bei zur Bewährung ausgesetzten Freiheits- oder Jugendstrafen anzunehmen, ist jedoch in höchstem Maße widersprüchlich, weil die Aussetzung zur Bewährung eine günstige Sozialprognose voraussetzt. Dass diese strafgerichtliche Prognose im Aufenthaltsrecht nicht übernommen wird, wird gerne damit begründet, dass dort ein »anderer Prognosemaßstab« vorherrsche. Tatsächlich können die Unterschiede aber allenfalls dahingehend benannt werden, dass man sich im Aufenthaltsrecht weniger genau mit der Prognose befasst, etwa keine Sachverständigengutachten für erforderlich hält. Vor diesem Hintergrund ist die Entscheidung des Bundesverfassungsgerichts wegweisend, wonach immerhin bei besonders schwerwiegendem Bleibeinteresse eine für das Ausweisungsverfahren relevante Wiederholungsgefahr nach einer positiven Entscheidung der Strafvollstreckungskammer betreffend die Reststrafenaussetzung zur Bewährung allenfalls dann bejaht werden könne, wenn die aufenthaltsrechtliche Entscheidung auf einer breiteren Tatsachengrundlage als diejenige der Strafvollstreckungskammer getroffen worden sei, etwa wenn Ausländerbehörde oder Gericht ein Sachverständigengutachten in Auftrag gegeben hätten. Zwar sind Ausländerbehörden und Verwaltungsgerichte nicht an positive Aussetzungsentscheidungen der Strafvollstreckungskammern (§§ 57, 57a, 67b, 67d Abs. 2 StGB; § 36 Abs. 1 S. 3 BtMG) gebunden, ihnen kommt aber erhebliche indizielle Bedeutung zu und von der dort getroffenen Prognose darf nur mit einer substantiierten Begründung abgewichen werden.[141] Obwohl sich das Bundesverfassungsgericht auch bereits mehrfach kritisch zur Abwertung eines positiven Verhaltens im Verlauf des Strafvollzugs geäußert hat,[142] sind Argumentationen, wonach das positive Vollzugsverhalten lediglich »verfahrensangepasst« sei, in der Praxis weiterhin an der Tagesordnung. Damit wird das positive Vollzugsverhalten nur auf die drohende Ausweisung oder lediglich auf die starke Kontrolle im Vollzug zurückgeführt, nicht aber auf das spätere Verhalten in Freiheit übertragen. Positives Vollzugsverhalten wird als ohnehin gebotene Selbstverständlichkeit dargestellt, die »keine Leistung« sei. Solche Aussagen konterkarieren das strafrechtliche Resozialisierungsziel und sind alltagspsychologische Abwehrfloskeln, denen mit rechtlichen Mitteln, notfalls auch einer Verfassungsbeschwerde, entgegengewirkt werden sollte.

Während es in den bisher besprochenen Konstellationen um die von der konkreten Person möglicherweise ausgehende (Wiederholungs-)Gefahr ging, ist mittlerweile durch das Bundesverwaltungsgericht besiegelt, dass eine Ausweisung auch aus rein generalpräventiven Gründen erfolgen darf.[143] In einem solchen Fall geht von der konkreten Person keine Gefahr aus, die Ausweisung dient allein der Abschreckung der Allgemeinheit. Insgesamt zeigen diese rechtlichen Konstruktionen, dass der ihnen zugrundeliegende Kerngedanke immer noch der eines ›Gastrechtes‹ ist. Man behält sich stets vor, das Recht zum Aufenthalt wieder abzuerkennen. Auch wenn die Person sich schon sehr lange im Bundesgebiet aufhält, wird sie

---

141 BVerfG, Beschluss vom 19.10.2016 – 2 BvR 1943/16.
142 BVerfG, Beschluss vom 19.10.2016 – 2 BvR 1943/16, Rn. 22; BVerfG, Beschluss vom 25.08.2020 – 2 BvR 640/20 –, Rn. 30).
143 BVerwG, Urteil vom 09.05.2019 – 1 C 21/18.

weiterhin mit gegenüber Deutschen erhöhten Wohlverhaltensanforderungen konfrontiert.

Im Zusammenspiel zwischen Straf- und Migrationsrecht haben die Betroffenen wenig Möglichkeiten, effektiven Rechtsschutz zu erlangen, wohingegen die Behörden sich den Wechsel zwischen den Rechtsgebieten zu Nutze machen können. Ein Beispiel dafür sind strafrechtliche Ermittlungen, die dann zu aufenthaltsrechtlichen Maßnahmen führen, für die es vielfach keiner Verurteilung durch das Strafgericht bedarf. Findet dann eine Abschiebung statt, so wird das Strafverfahren nach § 154b StPO eingestellt, ohne dass es gegen die Einstellung ein Rechtsmittel gäbe. Eine Verteidigung gegen völlig unzutreffende Vorwürfe ist dann nicht mehr möglich.

Diese Problematik und Verkopplung der Rechtsgebiete lässt sich selbstverständlich im Rahmen einer aufenthaltsrechtlichen Beratung nicht auflösen. Sie zeigt jedoch, dass dort auftretende Anhaltspunkte für Strafverfahren nicht einfach als fremdes Rechtsgebiet ausgeblendet werden dürfen. Auch ist es wenig sinnvoll, einfach auf ein Ende des Strafverfahrens zu warten, zumal – wie ausgeführt – das Aufenthaltsende diesem durchaus zuvorkommen kann. Es ist vielmehr geboten, eine gleichermaßen effektive Beratung und Verteidigung für die strafrechtlichen Aspekte zu organisieren, da diese unbedingt in die Betrachtung einzubeziehen sind.

8.2 Strafvollzug und Aufenthaltsrecht

Auch Abschiebungen aus dem Strafvollzug sind möglich und kommen häufig vor. Dort besteht die Besonderheit, dass – je nach Konstellation – eine möglichst zügige Abschiebung für die Gefangenen im Einzelfall sogar erstrebenswert sein kann, wenn sie dadurch ihre Strafverbüßung abkürzen können.

8.2.1 Abschiebung aus dem Strafvollzug

Wenn man ›Abschiebung‹ hier einmal in einem weiteren (außerjuristischen) Sinne versteht, gibt es dafür mehrere rechtliche Möglichkeiten,

8.2.1.1 Überstellung zur Strafvollstreckung

Gefangene, die keine deutsche Staatsangehörigkeit haben, können zur Strafvollstreckung in das Land ihrer Staatsangehörigkeit oder ein Land, in dem sie sich aufhalten dürfen, überstellt werden. Das bedeutet, dass sie die Strafe in diesem Land verbüßen müssen. Bei Staatsangehörigen von Staaten der Europäischen Union kann dies ohne Zustimmung sowohl des*der Gefangenen als auch des beteiligten Staates geschehen. Auch bei Staaten des Europarates ist eine Überstellung zur Strafvollstreckung inzwischen ohne Zustimmung des*der Gefangenen möglich. Allerdings muss der Zielstaat dafür ein Abkommen unterzeichnet haben, was bei Staaten wie der Türkei, Russland und Ukraine bislang nicht geschehen ist. Daher ist die Überstellung hier in der Praxis nur dann möglich, wenn der*die Gefangene zustimmt. Dabei ist wichtig zu wissen, dass eine einmal erteilte Zustimmung nicht mehr zurückgenommen werden kann.[144]

8.2.1.2 Abschiebung aus der Haft

Findet hingegen eine **Abschiebung**, keine Überstellung zur Strafvollstreckung statt, so ist der*die Gefangene im Zielstaat der Abschiebung in aller Regel frei, jedenfalls muss nicht die in Deutschland verhängte Strafe verbüßt werden. Damit eine solche Abschiebung aus der Haft möglich ist, müssen zwei Voraussetzungen erfüllt sein: Die Ausländerbehörde muss aufenthaltsrechtlich entschieden

---

144 Näher dazu Graebsch 2021, Rn. 36 ff.

haben, dass die Voraussetzungen für eine Abschiebung erfüllt sind und die Staatsanwaltschaft muss entschieden haben, die Strafvollstreckung zurückzustellen.

Die aufenthaltsrechtliche Situation stellt sich im Grundsatz genauso dar wie außerhalb der Haft, es bestehen aber einige Besonderheiten. So sind praktisch sämtliche Gefangenen, die keine **Unionsbürger*innen**[145] oder assoziationsberechtigte türkische Staatsangehörige[146] sind, von **Ausweisung** bedroht. Die Ausweisung kann dann, muss aber nicht, eine Abschiebung nach sich ziehen. Ausweisungsinteressen (§ 54 AufenthG) sind bei Gefangenen immer erfüllt, es stellt sich dann nur die Frage, ob der*die Gefangene Bleibeinteressen geltend machen kann (§§ 53, 55 AufenthG), die überwiegen. Wurde eine Ausweisung verfügt oder hatte der*die Gefangene ohnehin keinen Aufenthaltstitel (mehr), so stellt sich die Frage, ob Abschiebungshindernisse geltend gemacht werden können. Ist dies der Fall, so muss die Abschiebung ausgesetzt und eine Duldungsbescheinigung erteilt werden. Wenn dagegen feststeht, dass ihr keine rechtlichen Gründe entgegenstehen, kann die Abschiebung aus aufenthaltsrechtlicher Sicht stattfinden.

Weiterhin muss die Staatsanwaltschaft entscheiden, die Strafvollstreckung nach § 456a StPO zu unterbrechen.[147] Diese Vorschrift enthält allerdings keine klaren Vorgaben dafür, wann dies geschehen darf oder muss. Dafür existieren lediglich in allen Bundesländern Richtlinien, die den Zeitraum für Regelfälle grob zwischen dem Halbstrafen- und dem Zweidrittelzeitpunkt der Vollstreckung der Freiheitsstrafe ansiedeln. Gegen die Ablehnung der

---

145 Bei diesen droht allerdings die in vielerlei Hinsicht parallele Feststellung des Verlusts ihres Aufenthaltsrechts (▶ 3.5) und dann ebenfalls die Abschiebung.
146 Vgl. dazu ebenfalls ▶ 3.5.
147 Näher dazu Graebsch (2021), Rn. 48 ff.

Staatsanwaltschaft, die Strafvollstreckung zurückzustellen, kann mit einer Beschwerde nach § 21 StVollstrO vorgegangen werden, gegen deren Ablehnung gerichtlich gemäß §§ 23 ff. EGGVG. Erscheint den Betroffenen der Strafvollzug in Deutschland noch erträglicher als eine Abschiebung, sollen sie aber vor dem Strafenende abgeschoben werden, so können sie nur aufenthaltsrechtlich gegen die Abschiebung vorgehen, strafrechtlich gibt es hier kein Rechtsmittel.

Findet eine Zurückstellung der Strafvollstreckung nach § 456a StPO und Abschiebung aus der Haft statt, so wird ein Vollstreckungshaftbefehl erlassen. Dieser führt dazu, dass bei einer Wiedereinreise ins Bundesgebiet ohne eine weitere Entscheidung die Strafvollstreckung fortgesetzt wird. Daran ändert nicht einmal eine aufenthaltsrechtlich legale Einreise etwas, die beispielsweise aus Gründen der Familienzusammenführung möglich sein kann.

8.2.2 Vollzugsöffnende Maßnahmen bei eventuell drohender Abschiebung

Für eine Aussetzung des Restes der verhängten Freiheitsstrafe zur Bewährung, z. B. zum Zweidrittel-Zeitpunkt (§ 57 StGB), ist es unabdingbar, dass sich Gefangene zuvor bereits in vollzugsöffnenden Maßnahmen/Lockerungen bewährt haben. Andernfalls wird die Vollzugsanstalt keine Reststrafenaussetzungen empfehlen und die Strafvollstreckungskammer keine positive Entscheidung über diese treffen. Vollzugsöffnende Maßnahmen[148] (Ausgang, Ausführungen, Langzeitausgang) oder auch eine Verlegung in den offenen Vollzug unterliegen dem strafvollzugsrechtlichen Resozialisierungsgebot, das für Ausländer*innen

---

148 Diese werden entsprechend der Sprachregelung im früheren Bundesstrafvollzugsgesetz auch als »Lockerungen« bezeichnet.

gleichermaßen wie für Deutsche gilt.[149] Allerdings sehen diverse Verwaltungsvorschriften der Bundesländer und im Saarland sogar das Strafvollzugsgesetz (§ 38 Abs. 5 Nr. 3 SLStVollzG) selbst vor, bei Ausländer*innen, gegen die eine Ausweisung verfügt wurde, bei denen eine Abschiebung droht oder bei denen sogar nur ein Ausweisungsverfahren anhängig ist, vollzugsöffnende Maßnahmen zu versagen. Dem liegt die alltagspsychologische (unzutreffende) Behauptung zugrunde, wem außer dem weiteren Vollzug der Freiheitsstrafe zusätzlich auch noch eine Abschiebung drohe, bei dem oder der bestehe eine höhere Gefahr, im Falle einer Lockerung nicht mehr in den Vollzug zurückzukehren. Flucht- und Missbrauchsgefahr sind die einzigen Rechtsgründe, aus denen vollzugsöffnende Maßnahmen abgelehnt werden dürfen. In der Rechtsrealität lässt sich vielfach beobachten, dass bei Ausländer*innen Lockerungen auch dann nicht gewährt werden, wenn eine Abschiebung aus dem Vollzug nicht zeitnah erfolgen wird, vielleicht über diese oder sogar eine zuvor notwendige Ausweisung noch nicht einmal entschieden ist. Auch wenn die Gefangenen es vorziehen würden, aus dem Vollzug heraus nach § 456a StPO abgeschoben zu werden, geschieht dies oftmals über lange Zeiträume nicht, in denen sie zugleich aber auch keine Lockerungen und oftmals auch sonst keine der Resozialisierung dienenden Maßnahmen (Ausbildung, Therapie, Übergangsmanagement mit Wohnungs- und Arbeitsplatzsuche etc.) erhalten. Diese menschenrechtswidrige[150] Praxis eines »Abwartevollzugs«[151] beruht darauf, dass die Vollzugsanstalten eine Entscheidung der Ausländerbehörde abwarten, ob-

---

149 BVerfG, Beschl. v. 10.10.2012 – 2 BvR 2025/12.
150 EGMR, Urteil vom 22.03.2012 in der Rechtssache Rangelov gegen Deutschland, Individualbeschwerde Nr. 5123/07.
151 Graebsch 2021 Rn. 82; Graebsch 2017.

wohl sie selbst unabhängig von dieser zur Entscheidung über Vollzugslockerungen befugt und verpflichtet sind. Bei ausländischen Gefangenen muss daher frühzeitig und nachdrücklich auf Lockerungen beharrt werden, da sie andernfalls keine Chance auf eine Entlassung vor dem Endstrafenzeitpunkt oder eine Abschiebung haben. Dies ist außerdem deswegen besonders wichtig, gerade wenn die Entscheidung über eine Ausweisung noch nicht getroffen ist, weil diese aufenthaltsrechtlich wiederum vom Verhalten im Vollzug und damit ebenfalls von der Bewährung in Vollzugslockerungen abhängt.[152] Das gilt auch und gerade für den Fall, dass die Ausweisung von der Ausländerbehörde bereits verfügt, dagegen aber gerichtlicher Rechtsschutz gesucht wurde. Denn für die Entscheidung über die Ausweisung sind alle Tatsachen maßgeblich, die noch bis zur letzten mündlichen Verhandlung oder Entscheidung in der verwaltungsgerichtlichen Tatsacheninstanz eingebracht werden.

Gefangene erhalten im Strafvollzug in der Regel zunächst ein Anhörungsschreiben der Ausländerbehörde (§ 28 VwVfG), in dem sie zu der geplanten Ausweisung und Abschiebung Stellung nehmen sollen. Es ist wichtig, bereits zu diesem Zeitpunkt alle Tatsachen, die einer Ausweisung und Abschiebung entgegenstehen könnten, vorzutragen. Deshalb ist es bereits in diesem Stadium sinnvoll, kompetenten Rat einzuholen. Von der Ausländerbehörde bislang übersehene familiäre Bindungen im Bundesgebiet, fehlende Verbindungen zum Herkunftsland und dessen Sprache sollen in diesem Stadium aufgeführt werden.

---

152 BVerwG, Urt. v. 15.1.2013 – 1 C 10/12 –, Rn. 19.

8.3 Rechtsfolgen einer Einstufung als ›Gefährder‹

In den letzten Jahren wurden vermehrt Personen als sog. **Gefährder** abgeschoben. Während der Begriff Gefährder in den Gesetzen selbst nicht vorkommt, hat die entsprechende polizeiliche Einstufung erhebliche rechtliche Konsequenzen. Diese spiegeln sich in unterschiedlichen gesetzlichen Normen und Anwendungspraxen wider.

8.3.1 Abschiebungsanordnung nach § 58a AufenthG

Die drastischste Regelung ist die, wonach selbst Personen, die über einen gültigen **Aufenthaltstitel** verfügen, mit nur sehr beschränkten Mitteln juristischer Gegenwehr aufgrund einer Prognose über ihre zukünftige Gefährlichkeit abgeschoben werden können, auch wenn sie zuvor noch nie strafrechtlich in Erscheinung getreten sind. § 58a AufenthG erlaubt der obersten Landesbehörde (Innenministerium/Senator(in) für Inneres) zur Abwehr »einer besonderen Gefahr für die Sicherheit der Bundesrepublik Deutschland oder einer terroristischen Gefahr ohne vorhergehende Ausweisung eine Abschiebungsanordnung [zu] erlassen.« Nach der Rechtsprechung des Bundesverwaltungsgerichts soll hier sogar das »Risiko einer Gefahr« ausreichen, ohne dass gesagt würde, was darunter sinnvollerweise verstanden werden könnte. Es soll jedenfalls keiner konkreten Anschlagsplanung oder gar -vorbereitung bedürfen, es muss kein konkretes Ziel des Anschlags bekannt sein und der Zeitpunkt der behaupteten Realisierung der Gefahr muss nur irgendwann in der überschaubaren Zukunft liegen und ihr Eintritt nicht einmal wahrscheinlicher sein als ihr Nicht-Eintritt.[153]

---

153 BVerwG, Urteil vom 27.03.2018 – 1 A 4.17, Rn. 33 f.

Diese Abschiebungsanordnung ist sofort vollziehbar, einer **Abschiebungsandrohung** bedarf es nicht (§ 58a Abs. 1 S. 2 AufenthG). Die einzige Rechtsschutzmöglichkeit, mit der die Abschiebung zu verhindern versucht werden kann, ist ein – neben einer Klage einzureichender – Antrag auf Gewährung vorläufigen Rechtschutzes an das Bundesverwaltungsgericht, der innerhalb von sieben Tagen nach der Abschiebungsanordnung zu stellen ist. Dies hat zwingend mit anwaltlicher Vertretung zu erfolgen und vor Entscheidung über diesen Antrag darf die Abschiebung nicht stattfinden (§ 58a Abs. 4 AufenthG). Es kann kein **Asylverfahren** mehr durchgeführt werden, vielmehr entscheidet das Bundesverwaltungsgericht in dem Eilverfahren auch gleich mit darüber, ob die Voraussetzungen eines **zielstaatsbezogenen Abschiebungsverbots** (▶ 4.1) nach § 60 Abs. 1–8 AufenthG gegeben sind (§ 58a Abs. 3 S. 1 AufenthG).

Dieses Eilverfahren muss zudem von der Abschiebungshaft aus betrieben werden, weil das Bestehen einer Abschiebungsanordnung nach § 58a Aufenthaltsgesetz einen zwingenden Haftgrund für **Sicherungshaft** (▶ 7.1.1) darstellt (§ 62 Abs. 3 Nr. 3 AufenthG). Selbst zur Vorbereitung einer Abschiebungsanordnung nach § 58a Aufenthaltsgesetz darf inzwischen Abschiebungshaft angeordnet werden (§ 62 Abs. 2 S. 1 AufenthG). Im Ergebnis ermöglichen diese Regelungen, eine Person aufgrund vager Verdachtsprognose für diese völlig überraschend zu inhaftieren und abzuschieben, nachdem diese sich zuvor noch im sicheren Besitz z. B. einer Aufenthaltserlaubnis wähnte und auch wenn sie noch nie strafrechtlich in Erscheinung getreten ist.

Während in anderen Fällen Abschiebungshaft unzulässig ist, wenn die Abschiebung aus Gründen, die die betroffene Person nicht zu vertreten hat, nicht innerhalb der nächsten drei Monate durchgeführt werden kann, soll die Sicherungshaft nach dem aktuellen Gesetzeswortlaut auch unter diesen Bedingungen weiter zulässig sein, wenn von der betreffenden Person »eine erhebliche Gefahr für Leib und Leben Dritter oder bedeutende Rechtsgüter der inneren Sicherheit ausgeht« (§ 62 Abs. 3 S. 4 AufenthG). Diese Regelung ist allerdings wegen der Zweckentfremdung von Abschiebungshaft hin zur Gefahrenabwehrhaft verfassungs- und unionsrechtswidrig.

8.3.2 Aufenthaltsgebote und Überwachungsmaßnahmen

Sollte trotz alledem eine Entlassung aus der Abschiebungshaft erfolgen, so besteht die Verpflichtung, sich einmal wöchentlich bei der Polizei zu melden, soweit die Ausländerbehörde nichts anderes bestimmt. Eine ebensolche Überwachung ausreisepflichtiger Ausländer*innen kann auch in anderen Fällen angeordnet werden (§ 56 Abs. 1 AufenthG), z. B. bei Bestehen bestimmter Ausweisungsinteressen (§ 54 Abs. 1 Nr. 2–5 AufenthG). Der Aufenthalt außerhalb des Bezirks der zuständigen Ausländerbehörde ist dann regelmäßig untersagt (§ 56 Abs. 2 AufenthG), es kann aber die Verpflichtung zum Wohnen an einem bestimmten Ort auch außerhalb dieses Bezirks erfolgen (§ 56 Abs. 3 AufenthG), es können Kontaktverbote zu bestimmten Personen oder Personengruppen ausgesprochen und die Nutzung bestimmter Kommunikationsmittel untersagt werden (§ 56 Abs. 4 AufenthG). Zudem kann eine elektronische Aufenthaltsüberwachung richterlich angeordnet werden (§ 56a AufenthG).[154]

---

154 Zur Kritik aus kriminologischer Sicht Graebsch (2020).

8.3.3 Abschiebung von ›Gefährdern‹ ohne Anordnung nach § 58a AufenthG

Nachdem sich insbesondere seit dem Anschlag 2016 auf dem Berliner Weihnachtsmarkt am Breitscheidplatz staatliche Interventionen gegen als ›Gefährder‹ eingestufte Personen verbreitet haben, lassen sich diverse Vorgehensweisen der Ausländerbehörden in Zusammenarbeit mit Sicherheitsbehörden feststellen, die Abschiebungen mit entsprechender Argumentation durchführen, ohne dabei auf das zwar einstufige, aber dennoch wegen der Zuständigkeit des Bundesverwaltungsgerichts komplexe Verfahren nach § 58a AufenthG zurückzugreifen. So werden Aufenthaltserlaubnisse nicht verlängert, Ausweisungen auf dieser Grundlage (§ 54 Abs. 1 Nr. 2, 4 und 5 AufenthG) angeordnet, Duldungen widerrufen, ein Ausschluss vom Flüchtlingsschutz unter Anwendung von § 60 Abs. 8 S. 1 AufenthG verfügt etc. Das Problem stellt sich in all diesen Fällen gleichermaßen dar: Wie kann gegen einen Verdacht, der sich auf die Zukunft bezieht, argumentiert werden? Es kommt erschwerend hinzu, dass sich die den Verdacht begründenden Tatsachen oft aus einem Strafverfahren ergeben, in dem mit strafprozessualen Instrumentarien ermittelt wurde. Die aufenthaltsrechtlichen Maßnahmen bis hin zur Abschiebung erfordern keine strafrechtliche Verurteilung, weil im Aufenthaltsrecht die Unschuldsvermutung nicht gilt. Findet die Abschiebung dann auf dieser Grundlage statt, wird das Strafverfahren nach dieser eingestellt (§ 154b StPO), ohne dass es eine Rechtschutzmöglichkeit dagegen gäbe. Eine Verteidigung gegen die Vorwürfe ist somit nicht mehr möglich. Eine weitere Quelle sind – nur teilweise offengelegte – Erkenntnisse der Sicherheitsbehörden, insbesondere des Verfassungsschutzes. Hier muss eine genaue Auseinandersetzung mit der Konstruktion einer Gefährlichkeit stattfinden, die sich durchaus auf nur vereinzelte als extremistisch gewertete

Meinungsäußerungen stützen kann, aber dennoch besser unter Heranziehung von Expertise, z. B. islamwissenschaftlicher, erfolgen sollte.

In Fällen einer Abschiebung als ›Gefährder‹ soll die Dauer der **Einreisesperre** bei Abschiebungsanordnung nach § 58a sogar eine unbefristete sein (§ 11 Abs. 5b S. 1 AufenthG), in anderen Fällen zumindest bis zehn oder sogar zwanzig Jahre betragen (§ 11 Abs. 5 und 5a AufenthG).

9 Ethische Dilemmata in der Arbeit mit von Abschiebung Bedrohten

In der Arbeit mit von Abschiebung bedrohten Menschen treten typischerweise ethische Dilemmata insbesondere der nachfolgend genannten Art auf. Das bedeutet, dass sich die Beratenden in einer Zwickmühle konkurrierender Anforderungen an ihre Arbeit befinden, denen sie nicht zugleich gerecht werden können.

9.1 Integrations-Dilemma

Was hier als Integrations-Dilemma bezeichnet wird, handelt von der Problematik, einerseits die Betroffenen dabei zu unterstützen, die rechtlichen Kriterien für Integration zu erfüllen, andererseits aber an der Überwindung dieses Begriffs von Integration zu arbeiten. Nach Gesetz und Rechtsprechung wird unter Integration schwerpunktmäßig eine solche in den Arbeitsmarkt verstanden. Als integriert gilt, wer den eigenen Lebensunterhalt selbstständig sichern kann, Steuern und Rentenversicherungsbeiträge zahlt und möglichst keine staatlichen Sozialleistungen in Anspruch nimmt. Dieses Verständnis von Integration ist eines, dass mit der Lebenswelt der Betroffenen unter Umständen nur wenig zu tun hat, es handelt sich eher um die Erfüllung wirtschaftlicher und arbeitsmarktpolitischer Interessen der Bundesrepublik Deutschland, wie sie auch in § 1 Abs. 1 S. 2 AufenthG als zentral genannt werden. Demgegenüber wird sich Integration für die Betroffenen oft schwerpunktmäßig auch als eine in soziale Beziehungen darstellen. Solche werden aufenthaltsrechtlich als Integrationsleistung jedoch **grundsätzlich** nur dann anerkannt, wenn es sich um die Kernfamilie im Sinne von Ehepartner*innen und minderjährigen Kindern handelt. Ein weiteres rechtliches Merkmal für Integration sind Kenntnisse der deutschen Sprache, obwohl soziale Integration auch in anderen Sprachen gelingen kann. Weiterhin spielt die Akzeptanz der deutschen Rechtsordnung und die Nichtbegehung von Straftaten eine dominante Rolle, obwohl auch Deutsche Straftaten begehen und diese Rechtsordnung ablehnen. Von integrierten Ausländer*innen wird somit eine Übererfüllung der für Deutsche geltenden Anforderungen verlangt. Damit wird im Grunde das Kriterium eines ›Gastrechts‹ angelegt, obgleich dieses juristisch als obsolet gilt.[155] In diesem Szenario muss sich aufenthaltsrechtliche Beratung hauptsächlich auf die Arbeit an den Tatsachen richten, meist nur sekundär auf juristische Argumentation. Das bedeutet mit anderen Worten, dass die Betroffenen dabei unterstützt werden müssen, Tatsachen zu schaffen, mit denen sie die rechtlichen Integrationskriterien erfüllen. Entsprechend wird auch von Ausländerbehörden oftmals wohlmeinend geraten, man solle doch eine*n Deutsche*n heiraten oder ein (deutsches) Kind in die Welt setzen. Mit dieser Herangehensweise werden aber (ungewollt) die kritikwürdigen Integrationskriterien des Rechts weiter verfestigt und erhalten faktische Akzeptanz.

9.2 Reform-Dilemma

Das Reform-Dilemma lässt sich am Beispiel des Themas Abschiebungshaft erläutern. Es geht bei diesem Dilemma um den Anspruch, im Interesse der konkret betroffenen Personen die Haftbedingungen in Abschiebungshaft zu

---

[155] Vgl. zu dennoch vorhandenen »gastrechtlichen« Beständen im Aufenthaltsrecht der Gegenwart Kießling (2016); Graebsch (2019), S. 87 ff.

verbessern, der in Konkurrenz zu dem Anspruch tritt, diese Art der Haft gänzlich abgeschafft haben zu wollen. Abschiebungshaft weist zuweilen sogar gegenüber dem Strafvollzug schlechtere Vollzugsbedingungen auf. Gleichzeitig handelt es sich jedoch um eine rein administrativ begründete Haft, d. h. sie dient nur der Durchsetzung verwaltungsrechtlicher Maßnahmen, mit einer Strafe hat sie hingegen nichts zu tun. Allerdings demonstrieren nicht erst so drastische Maßnahmen, wie etwa die Isolation von Abschiebungsgefangenen in sog. »besonders gesicherten Haftträumen« sowie die Möglichkeit der Fesselung und Fixierung (§§ 23 und 24 AhaftVollzG NRW), die Nähe zum Strafvollzug eindrücklich. Bei Freilassung von Personen aus der Abschiebungshaft, statt diese etwa aufgrund ihres psychischen Zustands zu isolieren oder zu fixieren, wäre das Ergebnis lediglich, dass sich die entsprechende Zahl an Ausländer*innen weiter in der Bundesrepublik aufhielte. Es geht hier nicht um die Abwehr irgendwelcher Gefahren.

Vor diesem Hintergrund drängt sich die Forderung nach einer Verbesserung der Situation für die Betroffenen ebenso auf wie die Notwendigkeit, auf eine solche Form der Inhaftierung zu verzichten. Werden jedoch aus diesem Impuls etwa Personalstellen im Sozialdienst anstelle der Abschaffung der Abschiebungshaft gefordert, so wird eine Erfüllung dieser Forderung vielleicht zu einer Verbesserung der konkreten Haftsituation führen, aber voraussichtlich auch zu einer Verstetigung der Institution Abschiebungshaft.[156] Es empfiehlt sich in dieser Situation, bevorzugt solche Reformen der Abschiebungshaft zu fordern, die einen Teil dieses Systems abzuschaffen geeignet sind.

---

156 Näher dazu Graebsch (2008).

9.3 Krimmigrations-Dilemma

Das hier als Krimmigrations-Dilemma bezeichnete Problem besteht darin, einerseits auf die zunehmende Verflechtung von Kriminalitäts- mit Migrationskontrolle hinzuweisen und gleichzeitig mit dem Hinweis auf diese Verflechtung die Verbindung von Migration und Kriminalität im öffentlichen Bewusstsein noch zu verfestigen. Es lässt sich eine zunehmende Kriminalisierung von Migration feststellen, gleichzeitig wird Migrationsrecht zunehmend zum Zweck der Kriminalitätskontrolle eingesetzt.[157] Es ist wichtig, auf die Verwobenheit von strafrechtlicher und migrationsrechtlicher Kontrolle hinzuweisen, weil diese zu einer zunehmenden Verbindung von Migration und Kriminalität im öffentlichen Diskurs beiträgt: Migrant*innen werden vielfach als Kriminelle repräsentiert, Straftäter*innen zunehmend als migrantisch oder geflüchtet. Auf diese Verbindung hinzuweisen, heißt jedoch immer sie auch zunächst zu verfestigen, wie es auch bei der Verwendung anderer in kritischer Absicht verwendeter Kategorien – wie Gender oder ›Rasse‹ – der Fall ist.

9.4 Gefährder-Dilemma

Das hier als Gefährder-Dilemma bezeichnete Problem besteht, wenn für die Rechte von Personen eingetreten wird, die staatlicherseits als Gefährder*in kategorisiert wurden. Der Staat nimmt für sich in Anspruch, diese Kategorisierung und die an sie anknüpfenden Maßnahmen vorzunehmen, um die Bevölkerung und den Rechtsstaat zu schützen, insbesondere vor terroristischen Anschlägen. Auch wenn es nur selten thematisiert wird: Der Rechtsstaat befindet sich hier selbst in einem Dilemma. Denn wenn Per-

---

157 Näher dazu Graebsch (2019).

sonen, die als gefährlich betrachtet werden, abgeschoben und/oder eingesperrt werden, werden dafür rechtsstaatliche Garantien abgebaut, wenngleich dies mit dem Ziel, den Rechtsstaat zu schützen, begründet wird. Ein besonders drastisches Beispiel dafür ist die Abschiebung von ›Gefährder*innen‹ nach § 58a AufenthG, die **›Gefährder-Abschiebungshaft‹** (zu beidem ▶ 8.3) sowie weitere Konstellationen, in denen mit dem Argument des Schutzes der öffentlichen Sicherheit und Ordnung Verfahrensgarantien und Rechtschutzmöglichkeiten abgebaut werden. Dieses Dilemma wird im öffentlichen Diskurs denjenigen entgegengehalten, die von Abschiebung bedrohte Personen beraten. Es ist jedoch gerade in solchen Fällen wichtig, auf menschenrechtliche Standards hinzuweisen, da sie gerade dann bedroht sind, verwässert zu werden. Und das wird sich später auch in anderen Fällen niederschlagen.

10 Schluss

In unserem einleitenden Kapitel haben wir beispielhaft Beratungskontexte (Legal Clinics) vorgestellt, die sich für die rechtliche Beratung von Abschiebung bedrohter Personen besonders eignen. Wir wollen ausdrücklich zur Nachahmung ermutigen und betonen, dass auch schon Studierende der Rechtswissenshaft einen sehr praxisbezogenen und gleichzeitig aktiv unterstützenden Beitrag zur Verhinderung von Abschiebungen leisten und dabei das Recht in seiner Anwendung kennenlernen können. Gleichzeitig ist aber ein Jurastudium für diese Art der Beratung nicht notwendig. Fachkräfte und Studierende der sozialen Arbeit können hier einen ebenso wichtigen Beitrag leisten, insbesondere als Bindeglied zwischen den Betroffenen und den äußerst komplexen migrationsrechtlichen Regelungen sowie mit ihnen befassten Jurist*innen dienen. Gerade weil sich seit 2015 die aufenthalts- und asylrechtlichen Regelungen so extrem verschärft haben, sind solche und andere interdiziplinären Kooperationen unabdingbar. Mit der aufenthaltsrechtlichen hat sich für viele Betroffene auch die sozialrechtliche Situation – von der Gesetzgebung durchaus gewollt – verschlechtert. Anwaltliche Beratung und Vertretung ist deswegen unter den aktuellen Bedingungen für von Abschiebung bedrohte Personen noch einmal deutlich schwieriger zu erlangen als dies schon in der Vergangenheit der Fall war. Damit die sehr restriktiven Gesetze aber nicht dauerhaft durch eine ebenso restriktive Rechtsanwendungspraxis umgesetzt werden und damit verfassungs-, menschenrechts- und unionsrechtliche Standards durchgesetzt werden können, ist es vielleicht wichtiger denn je, den von solchen Regelungen Betroffenen, die typischerweise über äußerst geringe Beschwerdemacht verfügen und bei denen kurz vor der Abschiebung zudem immenser Zeitdruck entsteht, effektiven Zugang zu rechtlich kompetenter Beratung zu ermöglichen. Dafür braucht es mehr als das bloße Angebot einer Beratung, die andernfalls oft lediglich von denjenigen aufgesucht werden wird, die über noch relativ viel Beschwerdemacht und Kompetenzen verfügen. Gerade soziale Arbeit sollte daher auch gezielt aufsuchende rechtliche Beratung durchführen, den Betroffenen genau erklären (können), welche Potenziale, aber auch welche Risiken die Rechtsdurchsetzung mit sich bringt. Ebenso notwendig ist aber, dass eine enge Vernetzung mit einschlägig qualifizierten Jurist*innen besteht, die bereit sind, die oft zeitaufwändige und unter Zeitdruck gebotene Vertretung der Betroffenen in gerichtlichen Verfahren durch alle Instanzen zu übernehmen. Dabei sind strategische Prozessführung und die Akquise von Mitteln für eine kompetente anwaltliche Vertretung Betroffener wichtige Elemente.

Wie Berater*innen nach einer ersten Phase der Ernüchterung meist festgestellt haben, liegt das Potenzial in der rechtlichen Beratung und Vertretung ohnehin nur äußerst selten im materiellen Recht, sondern regelmäßig im Verfahrensrecht und insbesondere im Aufspüren von Fehlern der Behörden und Gerichte, die oftmals die Anwendung der sich ständig ändernden Regelungen noch nicht beherrschen, die aber auch äußerst selten Engagement erkennen lassen, diese in einem für die Betroffenen günstigen Sinne fortzuentwickeln. Für juristische Laien in der Arbeit mit Geflüchteten ist es oft überraschend und enttäuschend, wenn Argumente hinsichtlich des im Herkunftsland erwarteten schweren Schicksals von Behörden und Gerichten beiseite gewischt werden und sie das Vorbringen entweder für unglaubhaft halten oder schlicht behaupten, es bestünde keine Gefahr, es werde schon alles gutgehen, etc. Rechtliche Konstruktionen wie die der »sicheren Herkunftsstaaten« oder die Annahme einer internen Schutzmöglichkeit im Herkunftsland fördern eine solche Denkweise. Mit genauen und aktuellen Rechtskenntnissen lassen sich jedoch oftmals andere Wege und Argumente finden, die dennoch zum Ziel führen. Auch wenn es zweifellos bei der Beratung von Abschiebung bedrohter Personen oft Misserfolge zu verarbeiten gilt, die für die Betroffenen selbst schwere Schicksalsschläge sein können, so gibt es auch immer wieder Konstellationen, in denen eine bestimmte juristische Argumentation in vielen Fällen zum Erfolg verhelfen kann. So leerten sich die deutschen Abschiebungshaftanstalten innerhalb der letzten Dekade bis herunter auf die Zahl null. Dem waren viele Jahre vorausgegangen, in denen die Beratung in Abschiebungshaft deswegen äußerst deprimierend war, weil die Gerichte ganz überwiegend keine Mängel bei den Haftanträgen der Ausländerbehörden feststellten, sondern diese oftmals fast wortgleich übernahmen. Durch die Rechtsprechung des Bundesverfassungsgerichts, des Bundesgerichtshofs und des europäischen Gerichtshofs kam dann jedoch Bewegung in die Sache, auch wenn viele Amts- und Landgerichte die dort entwickelten Grundsätze bis heute noch nicht zur Kenntnis nehmen. Mit einem entsprechend langen Atem können vor einem solchen Hintergrund jedoch weiterhin Erfolge erzielt werden. Ähnliches gilt in den verwaltungsrechtlichen Zusammenhängen, die wir in diesem Buch dargestellt haben. Auch wenn es seltene Erfolge sind, bei denen beispielsweise jemand aus der Haft entlassen wird, weil noch vor einer Abschiebung gerichtlich entschieden wurde, dass die Freiheitsentziehung rechtswidrig war, so sind solche Erfolge doch nachhaltiger Anlass zur Freude. Uns begegnen bis heute in Bremen ehemals aus der Abschiebungshaft Entlassene, deren rechtliches

Schicksal längst besiegelt zu sein schien, bei denen es zu einer Abschiebung scheinbar keine Alternative gab. Sie haben es dennoch geschafft, einen langfristigen Aufenthaltsstatus zu bekommen oder sogar eingebürgert zu werden und damit ihre Lebenssituation mit unserer Unterstützung äußerst positiv zu gestalten, obwohl es danach zunächst ganz und gar nicht ausgesehen hatte. Wir hoffen dazu beitragen zu können, dass andere Berater*innen und Betroffene später ähnliche Erlebnisse berichten können.

11 Anhang

11.1 Abkürzungsverzeichnis

§§	mehrere Paragraphen
a.E.	am Ende
ABH	Ausländerbehörde
Abs.	Absatz
a.F.	Alte Fassung (bei Gesetzen: eine frühere geltende Fassung des Gesetzes)
Alt.	Alternative (in Gesetzestexten)
Art.	Artikel
AsylbLG	Asylbewerberleistungsgesetz
AsylG	Asylgesetz
AufenthG	Aufenthaltsgesetz
AufenthV	Aufenthaltsverordnung
AufnG	Gesetz über die Aufnahme und Unterbringung der Leistungsberechtigten nach dem Asylbewerberleistungsgesetz (Land Bayern)
BAMF	Bundesamt für Migration und Flüchtlinge
BBiG	Berufsbildungsgesetz
BGH	Bundesgerichtshof
Beschl.	Beschluss
BeschV	Beschäftigungsverordnung
BT-Drs.	Bundestagsdrucksache
BR-Drs.	Bundesratsdrucksache
BtmG	Betäubungsmittelgesetz
BVerfG	Bundesverfassungsgericht
BVerfGG	Bundesverfassungsgerichtsgesetz
BVerwG	Bundesverwaltungsgericht
BZRG	Bundeszentralregistergesetz
EGGVG	Einführungsgesetz zum Gerichtsverfassungsgesetz
EGMR	Europäischer Gerichtshof für Menschenrechte
EMRK	Europäische Menschenrechtskonvention
EuGH	Gerichtshof der Europäischen Union
EWR	Europäischer Wirtschaftsraum
FamFG	Gesetz über das Verfahren in Familiensachen und in den Angelegenheiten der freiwilligen Gerichtsbarkeit
f.	folgende(r), z. B. der folgende Paragraph oder die folgende Seite

ff.	fortfolgende, z. B. mehrere folgende Paragraphen oder Seiten
FKEG	Fachkräfteeinwanderungsgesetz vom 15.08.2019
FreizügG/EU	Gesetz über die allgemeine Freizügigkeit von Unionsbürgern
GER	Gemeinsamer Europäischer Referenzrahmen für Sprachen
GG	Grundgesetz
HandwO	Handwerksordnung
Hrsg.	Herausgeber*in
Hs.	Halbsatz (bei Gesetzen)
InfAuslR	Informationsbrief Ausländerrecht
i. S. v.	im Sinne von
i. V. m.	in Verbindung mit
ICD-10	International Classification of Diseases, World Health Organization
Jg.	Jahrgang
JVA	Justizvollzugsanstalt
LG	Landgericht
m. w. N.	mit weiteren Nachweisen
o. g.	oben genannte(n)
ou	offensichtlich unbegründet (bei der Ablehnung von Asylanträgen)
OVG	Oberverwaltungsgericht
PTBS	posttraumatische Belastungsstörung
QRL	Qualifikationsrichtlinie (RL 2011/95/EU)
Rn.	Randnummer
RüFü-RL	Richtlinie 2008/115/EG (Rückführungsrichtlinie)
S.	Satz (bei Gesetzen), sonst: Seite
SGB	Sozialgesetzbuch
StGB	Strafgesetzbuch
StPO	Strafprozessordnung
StrVollstrO	Strafvollstreckungsordnung
u. a.	unter anderem
UAbs.	Unterabsatz
Urt.	Urteil
VG	Verwaltungsgericht
VGH	Verwaltungsgerichtshof
vgl.	vergleiche
VWGO	Verwaltungsgerichtsordnung
VwVfG	Verwaltungsverfahrensgesetz
VO	Verordnung

11.2 Literaturverzeichnis

Bergmann, Jan/Dienelt, Klaus (2020) (Hrsg.): Ausländerrecht. Kommentar. 13. Auflage München: C.H. Beck (zitiert als: Bergmann/Dienelt-Bearbeiter*in).

BumF/Bundesfachverband unbegleitete minderjährige Flüchtlinge (2018): Arbeitshilfe Abschiebung und (unbegleitete) junge Geflüchtete. Rechtlicher Rahmen und Handlungsoptionen der Kinder- und Jugendhilfe https://b-umf.de/src/wp-content/uploads/2019/03/arbeitshilfe_kiju-abschiebung_bumf-baff.pdf

Decker, Andreas/Bader, Johann/Kothe, Peter (2021) (Hrsg.), BeckOK Migrations- und Integrationsrecht, 7. Edition, München: C.H. Beck (zitiert als: Decker/Bader/Kothe-Bearbeiter*in).

Dietz, Andreas (2020): Ausländer- und Asylrecht. Einführung. 3. Auflage, Baden-Baden: Nomos.

Graebsch, Christine (erscheint 2021): Ausländische Gefangene. In: Feest, Johannes/Lesting, Wolfgang/Lindemann, Michael (Hrsg.): Strafvollzugsgesetze. 8. Auflage, Köln: Carl Heymanns.

Graebsch, Christine (2020): Krimmigration in der Verflechtung von Polizei- und Migrationsrecht. Pre-crime, ban-opticon und Präventivgewahrsam. In: Kriminologisches Journal Jg. 52, H. 2, S. 176–187.

Graebsch, Christine (2019): Krimmigration: Die Verwobenheit strafrechtlicher mit migrationsrechtlicher Kontrolle unter besonderer Berücksichtigung des Pre-Crime-Rechts für »Gefährder«. In: Kriminologie- Das Online Journal Jg. 1, Heft 1, S. 75–102.

Graebsch, Christine (2019a): Rechtsgrundlagen: von bevormundendem Schutz, prekärem Erwachsenwerden und crimmigrant bodies. In: K. Nowacki & S. Remiorz (Hrsg.), Junge Geflüchtete in der Jugendhilfe. Chancen und Herausforderungen der Integration, Wiesbaden: Springer VS, S. 7–24.

Graebsch, C. (2017): Resozialisierungsauftrag bei Nichtdeutschen. In: Cornel, Heinz/Kawamura-Reindl, Gabriele/Sonnen, Bernd-Rüdeger (Hrsg.): Handbuch Resozialisierung, 4. Auflage, Nomos Verlag Baden-Baden, S. 433–448.

Graebsch, Christine (2011): Rechtsberatung für Gefangene in Bremen: Clinical Legal Education seit mehr als 30 Jahren. In: Praktische Jurisprudenz, Hrsg.: Stefan Barton/Susanne Hähnchen/Fritz Jost, Hamburg.

Graebsch, Christine (2008): Abschiebungshaft-Abolitionistische Perspektiven und Realitäten. In: Kriminologisches Journal Heft 1, S. 32–41.

Grotkopp, Jörg (2020): Abschiebungshaft: Voraussetzungen – Verfahren – Rechtsschutz. München: C.H. Beck.

Herrmann, Klaus (2017): Vollstreckung oder Durchsuchung – vollzugsrechtliche Abgrenzungsfragen am Beispiel der Flüchtlingsabschiebung. Zeitschrift für Ausländerrecht und Ausländerpolitik, 37(5–6), S. 201–208.

Hofmann, Rainer M. (2016) (Hrsg.): Ausländerrecht. 2. Auflage Baden-Baden: Nomos (zitiert als Hofmann-Bearbeiter*in).

Huber, Berthold/Mantel, Johanna (2021) (Hrsg.): Aufenthaltsgesetz. 3. Auflage München: C.H. Beck (zitiert als: Huber/Mantel-Bearbeiter*in).

Kaniess, Nicolai (2020): Abschiebungshaft. Rechtshandbuch für die Praxis. Baden-Baden: Nomos.

Kossert, Andreas (2020): Flucht. Eine Menschheitsgeschichte. SiAndreas Kossert, 2020. Flucht. 1. Auflage, München: Siedler.

Kießling, Andrea (2016): Fremdenpolizeirecht im Rechtsstaat(?) – Zu Herkunft und Zukunft des Ausweisungsrechts. In: ZAR S. 45–53.

Marschner, Rolf/Lesting, Wolfgang/Stahmann, Rolf (2019): Freiheitsentziehung und Unterbringung. Materielles Recht und Verfahrensrecht. 6. Auflage München: C.H. Beck (zitiert als: Marschner/Lesting/Stahmann-Bearbeiter*in).

Marx, Reinhard (2020): Aufenthalts-, Asyl- und Flüchtlingsrecht. Handbuch. 7. Auflage, Baden-Baden: Nomos.

Marx, Reinhard (2020a): Das neue Fachkräfteeinwanderungsgesetz. Fachkräfteeinwanderung, Studium und Ausbildung, Ausbildungs- und Beschäftigungsduldung. Baden-Baden: Nomos.

Oberhäuser, Thomas (Hrsg.) (2019): Migrationsrecht in der Beratungspraxis. Baden-Baden: Nomos (zitiert als: Oberhäuser-Bearbeiter*in).

Röder, Sebastian/Wittmann, Philipp (2019): Spurwechsel leicht gemacht? Überlegungen zur neuen Ausbildungs- und Beschäftigungsduldung. ASYLMAGAZIN-Beil. 8–9/2019, 23–36.

Ronte, Lena (2018): Asylantrag gestellt: Was dann? Rechtliche Grundlagen und Praxishinweise zum Asylverfahren und zur Familienzusammenführung. Göttingen: Vandenhoeck & Ruprecht.

Sachsenmaier, Wolfgang (2019): Zur Statthaftigkeit der Anträge nach § 80 Abs. 5 VwGO und § 123 VwGO in Abhängigkeit von den Fiktionswirkungen nach § 81 Abs. 3 und 4 AufenthG. Informationsbrief Ausländerrecht, Ausgabe 7–8, S. 270–275.

Stingl, Markus/Hanewald, Bernd (2020): Stationäre psychiatrisch-psychotherapeutische Behandlung Geflüchteter – Ein Praxisleitfaden. Vandenhoeck & Ruprecht.

11.3 Glossar

1. Abschiebung
2. Abschiebungsandrohung
3. Abschiebungsankündigung
4. Abschiebungshaft
5. Abschiebungshindernisse
6. Abschiebungsanordnung (§ 58a AufenthG)
7. Abschiebungsanordnung des BAMF nach § 34a AsylG
8. Allgemeine Erteilungsvoraussetzungen für Aufenthaltstitel
9. Amtsermittlungsgrundsatz
10. AnkER-Zentrum
11. Androhung der Abschiebung, s. Abschiebungsandrohung
12. Anspruch
13. Ärztliche Bescheinigung
14. Assoziationsberechtigung
15. Asylfolgeantrag
16. Asylverfahren
17. Attest, s. Ärztliche Bescheinigung
18. Aufenthaltsbeendende Maßnahmen
19. Aufenthaltserlaubnis
20. Aufenthaltsgestattung
21. Aufenthaltstitel
22. Aufschiebende Wirkung
23. Ausbildungsduldung
24. Ausländer*innen
25. Ausländerspezifische (Straf-)Tatbestände
26. Ausreisefrist
27. Ausreisehindernisse
28. Ausreisepflicht
29. Ausweisung(sverfügung)
30. Ausweisungsinteresse
31. Bekanntgabe (eines Bescheids)
32. Beschäftigung
33. Beschäftigungsduldung
34. Beschäftigungserlaubnis
35. Bescheid
36. Bleibeinteressen
37. Daueraufenthaltsrecht (EU)
38. Drittstaatsangehörige
39. Dublinverfahren/Dublin III-Verordnung
40. Duldung (Aussetzung der Abschiebung)/Duldungsgründe

41. Duldung (Duldungsbescheinigung)
42. Duldung mit dem schriftlichen Zusatz »für Personen mit ungeklärter Identität«/›Duldung light‹
43. Eheliche Lebensgemeinschaft
44. Eilantrag/Eilrechtsschutz
45. Eidesstattliche Versicherung
46. Einreisesperre/Einreise- und Aufenthaltsverbot
47. Einvernehmen der Staatsanwaltschaft
48. Erlaubter Aufenthalt
49. Ermessen
50. Erwerbstätigkeit
51. EU-Bürger*innen
52. Europäischer Gerichtshof (EuGH)
53. Europäischer Gerichtshof für Menschenrechte (EGMR)
54. Faktische Inländer*innen
55. Familiäre Lebensgemeinschaft
56. Familiennachzug
57. Fiktionsbescheinigung
58. Flüchtlinge
59. Freiheitsentziehung
60. Freiwillige Ausreise
61. Freizügigkeitsrecht (EU)
62. Geduldeter Aufenthalt, s. Duldung
63. Geldstrafe
64. Gestatteter Aufenthalt, s. Aufenthaltsgestattung
65. Gefährder*in
66. Geflüchtete
67. Grenzübertrittsbescheinigung
68. grundsätzlich
69. Hängeanordnung
70. Inlandsbezogenes Vollstreckungshindernis
71. Internationaler Schutz
72. ist
73. kann/»kann«-Regelung
74. Kernfamilie
75. Kirchenasyl
76. Lebenspartner*innen
77. Lebensunterhaltssicherung
78. Legal Clinic
79. Leistungen nach dem Asylbewerberleistungsgesetz
80. Mitwirkungspflicht
81. muss

82. Nationale Abschiebungsverbote
83. Nationales Visum
84. Niederlassungserlaubnis
85. offensichtlich unbegründet/ou (Asylantrag)
86. Passersatzpapiere/PEP
87. Passpflicht/Passbeschaffungspflicht
88. Passvorlage
89. Qualifizierte Berufsausbildung
90. Räumliche Beschränkung
91. Rechtsbehelfe
92. Rechtsmittel
93. Regelanspruch
94. Regelbeispiel
95. Regelerteilungsvoraussetzung
96. Richtervorbehalt
97. Reiseausweis für Ausländer*innen
98. Reise(un)fähigkeit
99. Rückführung, s. Aufenthaltsbeendende Maßnahmen
100. Rückführungsrichtlinie
101. Rückkehrentscheidung
102. Rücknahme eines Aufenthaltstitels
103. Schengen-Staat
104. Schengen-Visum
105. »Sicherer Drittstaat«
106. »Sicherer Herkunftsstaat«
107. Sicherungshaft
108. soll/»soll«-Anspruch
109. Sorgeerklärung
110. ›Spurwechsel‹
111. Stammberechtigte Person
112. Tagessatz
113. Überstellung
114. Unionsbürger*innen
115. Unionsrecht
116. Unverschuldete Passlosigkeit
117. Vaterschaftsanerkennung
118. Verfahrensduldung
119. Verwaltungsakt
120. Verwurzelung
121. Visum
122. Vollziehbare Ausreisepflicht
123. Widerruf eines Aufenthaltstitels

124. Widerspruchsverfahren
125. Wohnsitzauflage
126. Zielstaatsbezogenes Abschiebungshindernis bzw. -verbot/ Abschiebungsverbot
127. Zurückschiebung
128. Zurückweisung

Glossar

1. Abschiebung
Die Abschiebung (§ 58 AufenthG) ist eine aufenthaltsbeendende Maßnahme. Anders als bei der sog. **freiwilligen Ausreise** handelt es sich um die zwangsweise Vollstreckung der **Ausreisepflicht**, um das reale Außerlandesbringen, z. B. mit dem Flugzeug (▶ 1.2, 2.1).

2. Abschiebungsandrohung
Nach Durchlaufen eines Asylverfahrens, wenn eine Aufenthaltserlaubnis nicht mehr besteht etc. muss der Person **grundsätzlich** zumindest einmalig die Abschiebung angedroht werden (▶ 2.2.2, § 59 AufenthG). Nur bei mindestens ein Jahr lang Geduldeten muss die Abschiebung vorher nochmals angekündigt werden (§ 60a Abs. 5 S. 4 AufenthG), bei anderen reicht die alte Androhung als »Vorwarnung« aus, auch wenn sie schon lange her ist.

3. Abschiebungsankündigung
Eine Abschiebung muss zwar **grundsätzlich** mindestens einmalig angedroht (**Abschiebungsandrohung**) werden, der konkrete Abschiebungstermin darf von der Ausländerbehörde aber dann nicht angekündigt werden, sodass man sich nicht vorher darauf einstellen kann (▶ 2.2.2, § 59 Abs. 1 S. 8 AufenthG). Anders ist dies nur bei Abschiebung aus der Haft heraus, dort soll der Termin eine Woche vorher angekündigt werden (▶ 7.2.2, § 59 Abs. 5 S. 2 AufenthG).

4. Abschiebungshaft
Abschiebungshaft ist eine **Freiheitsentziehung**, die dem alleinigen Zweck dienen soll, die Rückführung der betreffenden Person zu sichern, und ist in diesem Zusammenhang der Überbegriff für eine Reihe von verschiedenen ausländerrechtlichen Haftformen (▶ 7.1). Sie darf weder als Beugemittel noch als Strafsanktion angeordnet werden, sondern ist ein Instrument der Verwaltungsvollstreckung. Sie muss in jedem Fall richterlich angeordnet werden.

5. Abschiebungshindernisse
Zielstaatsbezogene Abschiebungshindernisse (▶ 4.1) müssen gegenüber dem BAMF geltend gemacht werden, wenn die Person zuvor schon einmal einen Asylantrag gestellt hatte. Hat sie das noch nie, so können sie wahlweise auch gegenüber der Ausländerbehörde geltend gemacht werden. **Inlandsbezogene Vollstreckungshindernisse** (▶ 4.2) sind grundsätzlich ausschließlich bei der Ausländerbehörde geltend zu machen. Anders ist dies nur in **Dublin-Verfahren**, in denen das BAMF ausnahmsweise auch für die Prüfung von inlandsbezogenen Vollstreckungshindernissen zuständig ist.

6. Abschiebungsanordnung (§ 58a AufenthG)

Sie erlaubt bei sog. **Gefährder*innen** (▸ 8.3) eine direkte Abschiebung auch aus einem noch **erlaubten Aufenthalt**, auch ohne **Abschiebungsandrohung**. Die Person kann außerdem sofort in **Abschiebungshaft** genommen werden und auch schon zur Vorbereitung einer solchen Abschiebungsanordnung.

7. Abschiebungsanordnung des BAMF nach § 34a AsylG

Ergibt sich in einem **Dublin-Verfahren**, dass ein anderer EU-Mitgliedstaat, Norwegen, Island, Liechtenstein oder die Schweiz für das Asylverfahren zuständig ist und hat dieser Staat dem (Wieder-)Aufnahmeersuchen des Bundesamtes stattgegeben, lehnt das BAMF den Asylantrag der betroffenen Person als unzulässig ab und ordnet die Abschiebung in diesen Staat gemäß § 34a Abs. 1 AsylG an. Gegen die Abschiebungsanordnung muss innerhalb einer Woche Klage erhoben und ein Antrag auf Anordnung der aufschiebenden Wirkung (**Eilantrag/Eilrechtsschutz**) gestellt werden.

8. Allgemeine Erteilungsvoraussetzungen für Aufenthaltstitel

Bei jeder Prüfung der Voraussetzungen eines Aufenthaltstitels müssen neben den in der jeweiligen Vorschrift genannten besonderen Erteilungsvoraussetzungen auch die allgemeinen Erteilungsvoraussetzungen geprüft werden, die in § 5 AufenthG geregelt sind, z. B. die **Lebensunterhaltssicherung**. Auf diese kann nur verzichtet werden, wenn dies entweder in § 5 AufenthG oder in der speziellen einschlägigen Norm geregelt ist.

9. Amtsermittlungsgrundsatz

Im Aufenthaltsrecht gilt eine **Mitwirkungspflicht** (§ 82 AufenthG), wonach günstige Tatsachen **grundsätzlich** bei Behörden und Gerichten selbst vorgebracht und belegt werden müssen. Gleichzeitig dürfen sich diese aber für eine Entscheidung auch nicht einfach darauf verlassen, dass dies geschieht, sondern müssen auch von Amtswegen den Sachverhalt einschließlich günstiger Umstände ermitteln.

10. AnkER-Zentrum

AnkER steht für »Ankunft, Entscheidung und Rückführung«. Es handelt sich um Aufnahmeeinrichtungen, in denen Asylsuchende untergebracht werden sollen, bis ihr Asylantrag positiv beschieden wurde oder sie nach einer Ablehnung ihres Asylantrags **»freiwillig« ausreisen** bzw. direkt aus der Unterkunft abgeschoben werden. Auf dem Gelände des AnkER-Zentrums sollen alle relevanten Behörden (BAMF-Außenstelle, Ausländerbehörde, Sozialamt etc.) ansässig sein und für eine Beschleunigung der Abschiebung nach einem abgelehnten Asylantrag sorgen. Solche Zentren gibt es bisher nur in Bayern, Sachsen und dem Saarland.

11. **Androhung der Abschiebung**, s. <u>Abschiebungsandrohung</u>

12. **Anspruch**
Steht in einer Rechtsvorschrift, dass die Behörde etwas tun »muss« oder etwas zu tun »ist«, z. B. eine Aufenthaltserlaubnis zu erteilen, hat die betreffende Person bei Erfüllung der entsprechenden Voraussetzungen einen gerichtlich durchsetzbaren Anspruch darauf. Dies steht im Gegensatz zu Regelungen, bei denen die Behörde ein <u>Ermessen</u> hat (<u>»kann«-Regelung</u>), oder zu einem <u>»soll«-Anspruch</u>.

13. **Ärztliche Bescheinigung**
Im aufenthaltsrechtlichen Zusammenhang genügt kein einfaches Attest, sondern es wird für den Nachweis gesundheitsbezogener <u>Abschiebungshindernisse</u> eine qualifizierte ärztliche Bescheinigung verlangt, die sehr genau über Diagnose, bisherigen Behandlungsverlauf und Behandlungsbedarf Auskunft geben muss (§ 60a Abs. 2c AufenthG, ▸ 4.1.1, Nr. 4).

14. **Assoziationsberechtigung**
Wegen der in den 1980er Jahren formalisierten Beitrittsverhandlungen zwischen der Türkei und der EU verfügen türkische Arbeitnehmer*innen auf Grundlage des Assoziationsratsbeschlusses 1/80 (▸ 3.1) über eine gegenüber anderen <u>Drittstaatsangehörigen</u> privilegierte Rechtsposition, die auch für ihre Nachfahren gilt und an diejenige von <u>Unionsbürger*innen</u> (▸ 3.5) angenähert ist.

15. **Asylfolgeantrag**
Wurde von der betreffenden Person in der Vergangenheit bereits ein <u>Asylverfahren</u> (▸ 4.1.1) mit negativem Abschluss in Deutschland durchlaufen, so kann nicht einfach ein neues Asylverfahren begonnen werden. Ein neuerlicher Asylantrag wird dann vielmehr als Asylfolgeantrag behandelt, d. h. das BAMF prüft, ob Gründe für ein Wiederaufgreifen des vorherigen Asylverfahrens gegeben sind, z. B. neue Tatsachen (§ 71 AsylG i. V. m. § 51 VwVfG; ▸ 4.1.2).

16. **Asylverfahren**
Das Asylverfahren (▸ 4.1.1) beschreibt die Prüfung eines Asylantrags durch das BAMF. Es beginnt mit der Registrierung einer asylsuchenden Person und endet mit der formellen Entscheidung (<u>Bescheid</u>) über den Asylantrag bzw. im Falle der Einlegung von <u>Rechtsmitteln</u> mit der rechtskräftigen Entscheidung des (Ober-)Verwaltungsgerichts über die Klage.

17. **Attest**, s. **Ärztliche Bescheinigung**

18. **Aufenthaltsbeendende Maßnahmen**
Wird als Überbegriff für **Abschiebung**, **Zurückschiebung**, **Zurückweisung** etc. verwendet, ein anderer Begriff dafür ist **Rückführung**. In den weitaus meisten Fällen handelt es sich um eine Abschiebung.

19. **Aufenthaltserlaubnis**
»Aufenthaltserlaubnis« ist ein Überbegriff für diverse Arten von **Aufenthaltstiteln**. Eine Aufenthaltserlaubnis ist – im Gegensatz zur **Niederlassungserlaubnis** – immer befristet und an einen bestimmten Zweck gebunden. Wenn der Zweck entfällt, entfällt damit i. d. R. auch das Recht, sich in Deutschland aufzuhalten. Aufenthaltserlaubnisse können z. B. auf familiären, beruflichen oder humanitären Gründen beruhen.

20. **Aufenthaltsgestattung**
Wird für die Dauer eines **Asyl(erst)verfahrens** erteilt. Auf ein Asylgesuch hin wird zunächst ein Ankunftsnachweis erteilt, nach förmlicher Antragstellung beim BAMF dann die förmliche Aufenthaltsgestattung (§ 55 AsylG). Gestattet ist der Aufenthalt jedoch bereits ab dem Zeitpunkt des Asylgesuchs.

21. **Aufenthaltstitel**
»Aufenthaltstitel« ist der juristische Überbegriff für alle Arten des nach dem Aufenthaltsgesetz erlaubten Aufenthalts. Dabei gibt es befristete und zweckgebundene Aufenthaltstitel (**Aufenthaltserlaubnis**) und unbefristete und unabhängig von einem spezifischen Zweck gewährte Aufenthaltstitel (**Niederlassungserlaubnis**) und z. B. das **nationale Visum**, das der Einreise in das Bundesgebiet dient und später in einen anderen Aufenthaltstitel übergehen soll.

22. **Aufschiebende Wirkung**
Wenn ein Rechtsmittel, z. B. Widerspruch oder Klage, gegen einen belastenden **Bescheid** aufschiebende Wirkung hat, bedeutet dies, dass die Behörde die negativen Folgen dieses Bescheid noch nicht umsetzen darf, solange nicht über das Rechtsmittel entschieden ist. Im Aufenthaltsrecht haben Rechtsmittel aber vielfach keine aufschiebende Wirkung, sondern diese muss erst beim Verwaltungsgericht (wieder)herzustellen beantragt werden, wofür dort ein **Eilantrag** (▶ 5.2.2) zu stellen ist.

23. **Ausbildungsduldung**
Mit der Ausbildungsduldung (§ 60c AufenthG; ▶ 4.4.1) wurde eine langfristige Art der Duldung für die Dauer einer Ausbildung geschaffen, die eigentlich der Rechtsnatur der **Duldung** (▶ 4.3) widerspricht, die nur eine vorübergehende Aussetzung der **Abschiebung** darstellt.

24. Ausländer*innen

Ausländer*innen im Sinne des AufenthG sind alle Personen, die nicht die deutsche Staatsangehörigkeit haben oder sog. Statusdeutsche (»Flüchtlinge« und »Vertriebene« deutscher Volkszugehörigkeit und deren Ehegatten und Abkömmlinge) sind.

25. Ausländerspezifische (Straf-)Tatbestände

Es handelt sich dabei um Straftaten, die nur von Ausländer*innen begangen werden können, wie z. B. unerlaubter Aufenthalt oder unerlaubte Einreise, sie sind in § 95 AufenthG geregelt. Bezogen auf diese Straftaten liegt die Grenze der **Tagessätze** einer **Geldstrafe**, die z. B. für die Erteilung einer Aufenthaltserlaubnis hingenommen werden, typischerweise etwas höher als bei Verstößen gegen allgemeine Straftatbestände.

26. Ausreisefrist

Behördlich gesetzte Frist, innerhalb derer eine ›freiwillige Ausreise‹ stattfinden muss, sonst kann danach eine Abschiebung in Betracht kommen, die zusammen mit der Setzung der Ausreisefrist angedroht wird (▶ 2.2.2). Es gibt allerdings auch Fälle, in denen keine Frist für die Ausreise gesetzt werden muss (§ 59 Abs. 1 S. 2 u. 3 AufenthG). Eine Ausreisefrist umfasst regelmäßig einen Zeitraum zwischen 7 und 30 Tagen (§ 59 Abs. 1 S. 1 AufenthG).

27. Ausreisehindernisse

sind von **Abschiebungshindernissen** zu unterscheiden. Im Falle eines Ausreisehindernisses ist nicht nur die Abschiebung unmöglich, sondern auch die sog. **freiwillige Ausreise**. Die Ausländerbehörde darf dann auch nicht verlangen, dass die Person »freiwillig« ausreist.

28. Ausreisepflicht

Ausreisepflichtig ist, wer über keinen Aufenthaltstitel (mehr) verfügt, obwohl ein solcher erforderlich wäre. Bei freizügigkeitsberechtigten **Unionsbürger*innen** und **assozationsberechtigten** türkischen Staatsangehörigen kommt es nicht auf den Besitz eines Aufenthaltspapiers an, sondern darauf ob unabhängig davon ein Aufenthaltsrecht besteht. Bei Geduldeten hebt die Aussetzung der Abschiebung die Ausreisepflicht nicht auf.

29. Ausweisung, Ausweisungsverfügung

Die Ausweisung (▶ 3.4) ist eine Maßnahme des Ordnungs- und Gefahrenabwehrrechts und in den §§ 53 ff. AufenthG geregelt. Sie soll präventiv zur Abwehr von künftigen, von der oder dem **Drittstaatsangehörigen** ausgehenden Gefahren (vor allem) für die öffentliche Sicherheit und Ordnung dienen und knüpft meistens an strafrechtliche Verurteilungen der betroffenen Person an. Eine Ausweisungsverfügung führt zum Erlöschen eines bestehenden **Aufenthaltstitels** und zur **Ausreisepflicht** des oder der Betroffenen und bietet damit die Grundlage für **aufenthaltsbeendende Maßnahmen** (ist jedoch keine solche). Die Behörde ordnet mit der Ausweisung zusammen ein **Einreise- und Aufenthaltsverbot** an, welches **grundsätzlich** zehn Jahre nicht überschreiten darf (siehe im Einzelnen § 11 Abs. 2 und 5 AufenthG). Sie enthält zudem in aller Regel eine **Abschiebungsandrohung**.

30. Ausweisungsinteresse

Das AufenthG unterscheidet zwischen dem öffentlichen Interesse an der Ausreise der betroffenen Person (= Ausweisungsinteresse) und deren Interesse am Verbleib in der Bundesrepublik (= Bleibeinteresse). In welchen Fällen ein solches Ausweisungsinteresse besteht, ist maßgeblich in § 54 AufenthG geregelt. Ist ein solches gegeben, darf eine **Ausweisung** (▶ 3.4) nur erfolgen, wenn nach einer ausführlichen Abwägung das Ausweisungsinteresse das Bleibeinteresse des oder der Betroffenen überwiegt (§ 53 Abs. 1 AufenthG)

31. Bekanntgabe (eines Bescheids)

Um Wirksamkeit zu erlangen muss die Behörde einen **Bescheid** der betroffenen Person (oder deren rechtlicher Vertretung) bekanntgeben. Bekanntgegeben ist ein Bescheid zu dem Zeitpunkt, zu dem er förmlich zugestellt wurde (z. B. Postzustellungsurkunde) oder zu dem die Person sonst Kenntnis von ihm erlangt hat.

32. Beschäftigung

Was »Beschäftigung« im Recht bedeutet, ist von dem Alltagsbegriff verschieden. In § 7 Abs. 1 SGB IV findet sich eine gesetzliche Definition des Begriffs: »Beschäftigung ist die nichtselbständige Arbeit, insbesondere in einem Arbeitsverhältnis. Anhaltspunkte für eine Beschäftigung sind eine Tätigkeit nach Weisungen und eine Eingliederung in die Arbeitsorganisation des Weisungsgebers.« Beschäftigung ist eine Form der (unselbständigen) **Erwerbstätigkeit**.

33. Beschäftigungsduldung

(▶ 4.4.2) ist eine längerfristige Form der **Duldung**, die vor dem 1.8.2018 Eingereisten die Möglichkeit bietet, über eine sozialversicherungspflichtige **Beschäftigung**, die schon seit mind. 18 Monaten besteht, die längerfristige Aussetzung ihrer Abschiebung zu verhindern. Dabei muss es sich nicht um eine qualifizierte Beschäftigung handeln, einfache Hilfstätigkeiten fallen ebenfalls darunter. Die Regelung gilt nur bis zum 31.12.2023.

34. Beschäftigungserlaubnis

Geduldete brauchen für die Ausübung einer **Beschäftigung** die Erlaubnis der zuständigen Ausländerbehörde (§ 32 BeschV, § 4a Abs. 5 S. 2, Abs. 4 AufenthG), die sie nach einem mindestens dreimonatigen Voraufenthalt bekommen können. Die Ausländerbehörde holt dafür die Zustimmung der Arbeitsagentur ein, die die Arbeitsbedingungen prüft. Ohne eine Überprüfung durch die Arbeitsagentur sind u. a. Praktika oder Berufsausbildung sowie nach mindestens vierjährigem Aufenthalt jede Beschäftigung möglich. In § 60 Abs. 6 AufenthG finden sich Ausschlussgründe für eine Beschäftgungserlaubnis Geduldeter. Nähere Informationen zum Ganzen: https://www.esf-netwin.de/recht.php

35. Bescheid, s. Verwaltungsakt.

36. Bleibeinteressen

Das Bleibeinteresse ist ein Begriff des Ausweisungsrechts und stellt den Gegenpart zum sog. Ausweisungsinteresse dar. Es handelt sich hierbei vom AufenthG vorgesehene Gründe, die für einen Verbleib der betreffenden Person im Bundesgebiet sprechen. Bestimmte – schwer- bzw. besonders schwerwiegende – Bleibeinteressen sind in § 55 AufenthG aufgeführt. Nach § 53 Abs. 2 AufenthG sind aber auch sämtliche sonstige Bleibeinteressen bei der Abwägung, ob eine Ausweisung verfügt wird oder nicht, zu berücksichtigen.

37. Daueraufenthaltsrecht (EU)

Leben **Unionsbürger*innen** (▸ 3.5) fünf Jahre lang in der Bundesrepublik und verfügen durchgehend über ein Freizügigkeitsrecht nach § 2 FreizügG/EU (z. B. als Arbeitnehmer*in oder Auszubildende*r; die Gründe für das Freizügigkeitsrecht können auch zwischendurch wechseln), dann sind sie ab diesem Zeitpunkt dauerhaft – auch im Falle von Arbeitslosigkeit oder fehlender Existenzmittel – zum Verbleib im Bundesgebiet berechtigt (§ 4a FreizügG/EU). Dies gilt auch für mit ihnen lebende Familienangehörige.

38. Drittstaatsangehörige

Unter Drittstaatsangehörigen werden in diesem Buch Personen verstanden, die nicht Staatsangehörige eines Mitgliedstaaten der EU oder der Schweiz sind und auf die das Aufenthaltsgesetz Anwendung findet (siehe zum Anwendungsbereich des AufenthG im Einzelnen § 1 AufenthG).

39. Dublinverfahren/Dublin III-Verordnung

Die Verordnung (EU) Nr. 604/2013 (sog. Dublin-III-Verordnung) regelt die Zuständigkeit eines Mitgliedstaates (EU-Staaten, Norwegen, Island, Liechtenstein, Schweiz) für einen Antrag auf **Internationalen Schutz**. Sie verfolgt das Ziel, dass ein Asylantrag nur in einem Mitgliedstaat geprüft wird. Im Rahmen des Dublin-Verfahrens (▸ 4.1.1; 7.1.3) soll der zuständige Mitgliedstaat (meistens der Staat, über den der*die Betroffene in die EU eingereist ist) ermittelt, dieser um die (Wieder-)Aufnahme ersucht und die betroffene Person in diesen Staat überstellt werden.

40. Duldung (Aussetzung der Abschiebung)/Duldungsgründe
ist nur die vorübergehende Aussetzung der Abschiebung. Ein Recht zum Aufenthalt im Sinne eines **erlaubten Aufenthalts** ist damit nicht verbunden. Duldungsgründe bestehen, wenn die Abschiebung aus rechtlichen oder tatsächlichen Gründen vorübergehend nicht möglich ist. Dabei kann es sich z. B. um Passlosigkeit und Fehlen von Passersatzpapieren, familiäre oder gesundheitliche Gründe handeln (▸ 4.2, 4.4).

41. Duldung (Duldungsbescheinigung)
Wenn **Duldungsgründe** (▸ 4.2) bestehen, muss die Ausländerbehörde die **Abschiebung** aussetzen und eine Duldungsbescheinigung ausstellen (§ 60a Abs. 4 AufentG). Eine sog. **Grenzübertrittsbescheinigung** genügt z. B. nicht.

42. Duldung mit dem schriftlichen Zusatz »für Personen mit ungeklärter Identität«/›Duldung light‹
(▸ 4.3.4, § 60b AufenthG) ist ein 2019 eingeführter, noch unterhalb des Nicht-Status der **Duldung** liegender rechtlicher »Status« für Personen, bei denen die Ausländerbehörde davon ausgeht, sie seien selbst dafür verantwortlich, nicht abgeschoben werden zu können. Mit der (umgangssprachlich) »Duldung light« gehen umfassende Passbeschaffungs- und sonstige Mitwirkungspflichten einher, deren Erfüllung zur Streichung des Zusatzes in der Duldungsbescheinigung führt. Während der Zusatz besteht, gilt u. a. ein Verbot der **Erwerbstätigkeit** (§ 60b Abs. 5 S. 2 AufenthG), eine **Wohnsitzauflage** (§ 61 Abs. 1d AufenthG); Kürzung von Sozialleistungen (§ 1a Abs. 3 AsylbLG). Die Zeiten mit diesem Duldungszusatz werden nicht auf Vorduldungszeiten für Aufenthaltstitel angerechnet (§ 60b Abs. 5 S. 1 AufenthG, z. B. § 25b Abs. 1 Nr. 1 AufenthG).

43. Eheliche Lebensgemeinschaft
Für eine **Aufenthaltserlaubnis**, die sich auf eine Ehe stützt, muss zunächst einmal eine nach deutschem Recht geschlossene oder anerkannte Eheschließung stattgefunden haben. Eine religiöse Ehe genügt diesen Anforderungen regelmäßig nicht. Neben dem formalen Akt der Eheschließung ist aufenthaltsrechtlich aber weiterhin erfor-

derlich, dass die Ehe auch tatsächlich gelebt wird. Die eheliche Lebensgemeinschaft erfordert in aller Regel das Zusammenleben der Ehegatt*innen.

44. Eilantrag/Eilrechtsschutz

(▶ 5.2.2) Weil eine Klage oftmals keine **aufschiebende Wirkung** hat oder weil, z. B. bei unmittelbar drohender **Abschiebung**, überhaupt kein gerichtliches Verfahren mehr anhängig ist, muss dann ein sog. Eilantrag an das Verwaltungsgericht gestellt werden. Mit ihm kann versucht werden, jedenfalls vorübergehend einen günstigeren Rechtszustand herbeizuführen, z. B. eine Abschiebung zu verhindern.

45. Eidesstattliche Versicherung

Z. B. bei **Eilanträgen** kann eine Glaubhaftmachung der vorgetragenen Tatsachen notwendig werden. Dafür kann eine Person, die Kenntnis von den Tatsachen hat, diese in einer schriftlichen Erklärung an Eides statt versichern. Wichtig ist dazuzuschreiben, dass sich diese Person über strafrechtliche Konsequenzen einer falschen Versicherung im Klaren war (§ 156 StGB).

46. Einreisesperre/Einreise- und Aufenthaltsverbot

Nach § 11 Abs. 1 AufenthG ordnet die Ausländerbehörde, wenn sie eine*n Drittstaatsangehörige*n ausweist, abschiebt oder zurückschiebt, ein Einreise- und Aufenthaltsverbot gegen diese Person an. Dieses muss die Behörde **grundsätzlich** zeitlich befristen, wobei die einzelnen Fristen in § 11 Abs. 3 Satz 2, Abs. 5, 5a und 5b AufenthG geregelt sind. Während dieses Zeitraums darf die Person nicht in die Bundesrepublik einreisen und sich dort aufhalten, ihr darf während dieser Zeit auch kein Aufenthaltstitel erteilt werden. Diese Einreisesperre ordnet die Behörde im Falle einer Ausweisung direkt mit der Ausweisungsverfügung an. Auch im Falle einer Abschiebung soll die Behörde das Aufenthalts- und Einreiseverbot mit der Abschiebungsandrohung oder -anordnung, spätestens kurz vor der Rückführung verfügen. Das Einreise- und Aufenthaltsverbot muss schriftlich erlassen und begründet werden. Gegen die Einreisesperre können Betroffene rechtlich vorgehen, wobei es wegen der Komplexität der Regelungen unbedingt ratsam ist, anwaltlichen Rat zu suchen. Alternativ können Betroffene nach § 11 Abs. 4 AufenthG die Verkürzung oder sogar die Aufhebung der Einreisesperre beantragen.

47. Einvernehmen der Staatsanwaltschaft

Gemäß § 72 Abs. 4 AufenthG muss die Ausländerbehörde vor einer Abschiebung die Staatsanwaltschaft fragen, ob sie mit dieser einverstanden ist, wenn gegen die betreffende Person ein Strafverfahren anhängig ist. Bei bestimmten Delikten (Liste s. § 70 Abs. 4 S. 5 AufenthG) kann darauf aber verzichtet werden. Fehlt das Einvernehmen der Staatsanwaltschaft, so kann die Person eine Abschiebung jedoch nicht unter Berufung darauf verhindern (es gibt kein subjektives Recht auf das Strafverfahren), Abschiebungshaft ist dann aber i. d. R. rechtswidrig.

48. Erlaubter Aufenthalt
Ein erlaubter Aufenthalt im Rechtssinne ist ein Aufenthalt mit einem **Aufenthaltstitel**, nicht aber ein lediglich **geduldeter Aufenthalt** oder auch nicht ein nur **gestatteter Aufenthalt**

49. Ermessen
Im Falle einer »**kann**«-**Regelung** hat die Behörde pflichtgemäßes Ermessen auszuüben, d. h. sie muss die für und gegen eine Entscheidung sprechenden Argumente abwägen. Bei bestehendem Ermessen kann bei Gericht regelmäßig nur erreicht werden, dass die Behörde unter Berücksichtigung der Rechtsauffassung des Gerichts erneut entscheiden muss, anders nur ausnahmsweise bei einer sog. Ermessensreduzierung auf null.

50. Erwerbstätigkeit
Mit Erwerbstätigkeit ist ein Arbeitsverhältnis gemeint, das entweder eine **Beschäftigung** als Arbeitnehmer*in oder auch eine selbständige Tätigkeit sein kann.

51. EU-Bürger*innen
Unter EU-Bürger*innen (**Unionsbürger*innen**) fallen Personen, die die Staatsangehörigkeit eines Mitgliedstaates der Europäischen Union haben.

52. Europäischer Gerichtshof (EuGH)
Der EuGH hat seinen Sitz in Luxemburg und wacht über die Einhaltung des Rechts der Europäischen Union (**Unionsrecht**).

53. Europäischer Gerichtshof für Menschenrechte (EGMR)
Der EGMR hat seinen Sitz in Straßburg und wacht über die Einhaltung der Europäischen Menschenrechtskonvention (EMRK). Er ist dem Europarat zugeordnet, nicht der Europäischen Union, der über mehr Mitgliedstaaten verfügt (z. B. auch Türkei, Russische Föderation, Vereinigtes Königreich) als die Europäische Union, dem aber alle Staaten der Europäischen Union angehören.

54. Faktische Inländer*innen
Nach Art. 8 EMRK und der dazu ergangenen Rechtsprechung des EGMR ist die Tatsache, dass eine Person im Inland verwurzelt und kaum mit dem Staat ihrer Staatsangehörigkeit verbunden ist, aufenthaltsrechtlich auch dann zu berücksichtigen, wenn es sich nicht

um einen durchgängig erlaubten Aufenthalt handelte, z. B. für die Erteilung einer **Duldung** und als Gegengewicht, wenn es um eine Aufenthaltsbeendigung z. B. wegen Straftaten geht.

55. Familiäre Lebensgemeinschaft
Eine familiäre Lebensgemeinschaft liegt vor, wenn Ehepartner*innen, Lebenspartner*innen oder Familienangehörige einer **Kernfamilie** in einer häuslichen Gemeinschaft leben oder wenn sie sich im Alltag tatsächlich beistehen bzw. betreuen und füreinander da sind. Sie liegt im aufenthaltsrechtlichen Sinne nicht vor, wenn zwischen ihnen lediglich eine Begegnungsgemeinschaft besteht (vgl. im Einzelnen Oberhäuser 2019, Rn. 50–54).

56. Familiennachzug
(§§ 27 ff. AufenthG) bezeichnet die Ableitung eines Aufenthaltsrechts aus der familiären Beziehung zu einer Person mit deutscher Staatsangehörigkeit oder für sich selbst bestehendem Aufenthaltsrecht (**stammberechtigte Person**). Dabei wird grundsätzlich allenfalls die **Kernfamilie** berücksichtigt und nicht jeder **Aufenthaltstitel** berechtigt zum Familiennachzug, Duldung und Aufenthaltsgestattung erst recht nicht. Bei **assoziationsberechtigten** türkischen Staatsangehörigen bestehen abgeleitete Rechte für Familienangehörige (Art. 7 ARB 1/80), ebenso bei freizügigkeitsberechtigten **Unionsbürger*innen** (§ 3 FreizügG/EU) und in diesem Fall auch ausgeweitet auf »nahestehende Personen« (§ 3a FreizügG/EU).

57. Fiktionsbescheinigung
Eine Fiktionsbescheinigung (▶ 3.1) ist eine von der Ausländerbehörde ausgestellte Bescheinigung, die in einem der folgenden drei Fälle erteilt wird:
- Der*die Drittstaatsangehörige hält sich erlaubt in der Bundesrepublik auf und stellt erstmals einen Antrag auf Erteilung eines Aufenthaltstitels (§ 81 Abs. 3 AufenthG);
- wenn dieser Antrag verspätet gestellt wird, gilt die Abschiebung als ausgesetzt und der Aufenthalt wird bis zur Entscheidung der Ausländerbehörde geduldet (§ 81 Abs. 3 S. 2 AufenthG);
- der Aufenthaltstitel der drittstaatsangehörigen Person läuft ab, aber sie hat rechtzeitig die Verlängerung oder die Ausstellung eines anderen Aufenthaltstitels beantragt (sog. Titelfiktion; § 81 Abs. 4 AufentG). Bei verspäteter Antragstellung kann die Ausländerbehörde bei sonst unbilliger Härte dennoch die Fiktionswirkung anordnen (§ 81 Abs. 4 S. 3 AufenthG).

Die Fiktionsbescheinigung ist damit zwar kein Aufenthaltstitel, jedoch droht während ihrer Geltungsdauer keine aufenthaltsbeendenden Maßnahmen. Man wird behandelt als besäße man den beantragten Aufenthaltstitel, allerdings nur bis zu einer Entscheidung der Ausländerbehörde. Man kann damit auch reisen, aber nach einer eventuell plötzlichen Ablehnung der Ausländerbehörde eventuell nicht mehr einreisen.

58. Flüchtlinge

Flüchtlinge sind im juristischen Sprachgebrauch Personen, denen die Flüchtlingseigenschaft gemäß § 3 AsylG zuerkannt wurde bzw. die einen Flüchtlingsstatus im Sinne der sog. Genfer Flüchtlingskonvention besitzen (▶ 4.1.1). Umgangssprachlich sind hiervon auch andere **Geflüchtete** umfasst.

59. Freiheitsentziehung

Freiheitsentziehung ist der schwerste Eingriff in die körperliche Bewegungsfreiheit einer Person, welche das Grundgesetz in Art. 2 Abs. 2 S. 2 GG schützt. Sie muss von einem*r Richter*in angeordnet werden und darf nur erfolgen, wenn ein Gesetz dies explizit vorsieht (Art. 104 GG). Die Freiheitsentziehung ist von weniger intensiven sog. Freiheitsbeschränkungen abzugrenzen. Während die betreffende Person im Falle einer bloßen Freiheitsbeschränkung darin gehindert wird, einen Ort aufzusuchen oder sich dort aufzuhalten, liegt eine Freiheitsentziehung vor, wenn die – tatsächlich und rechtlich an sich gegebene – körperliche Bewegungsfreiheit nach jeder Richtung hin aufgehoben wird (z. B. bei den verschiedenen Formen der Abschiebungshaft).

60. Freiwillige Ausreise

Mit einer sog. freiwilligen Ausreise (▶ 2.2.2) kann der Abschiebung zuvorgekommen werden. Der Wiedereinreise kann aber auch bei ›freiwilliger Ausreise‹ ein **Einreise- und Aufenthaltsverbot** entgegenstehen, wenn sie erst nach erheblicher Überschreitung der Ausreisefrist erfolgt ist, nach Ausweisung oder Ablehnung eines Asylantrags als ou oder nach mehreren erfolglosen Asylfolgeanträgen (§ 11 Abs. 2, 6 u. 7 AufenthG).

61. Freizügigkeitsrecht (EU)

Staatsangehörige von Staaten der europäischen Union verfügen alleine aufgrund ihrer Staatsangehörigkeit über das Recht auf Freizügigkeit innerhalb der europäischen Union, d. h. in einem anderen EU-Staat z. B. zu arbeiten oder bei Familienangehörigen zu leben. Anders als im Aufenthaltsrecht für **Drittstaatsangehörige** muss dieses Recht nicht erst beantragt und erteilt werden.

62. Geduldeter Aufenthalt, s. Duldung

63. Geldstrafe

Geldstrafen (§§ 40–43 StGB) sind ebenso wie Freiheitsstrafen strafrechtliche Sanktionen und nicht zu verwechseln mit Geldbußen bei Ordnungswidrigkeiten, z. B. im Straßenverkehr. Strafrechtliche Verurteilungen, auch zu Geldstrafen, wirken sich meist aufenthaltsrechtlich negativ aus, z. B. im Sinne eines **Ausweisungsinteresses**. Sie werden in **Tagessätzen** bemessen, weil bei Uneinbringlichkeit der Geldstrafe eine Ersatzfreiheitsstrafe in entsprechender Zahl von Tagen zu verbüßen ist.

64. Gestatteter Aufenthalt, s. Aufenthaltsgestattung

65. ›Gefährder*in‹

ist ein Begriff aus der Polizeisprache. Obwohl er ausdrücklich kein Rechtsbegriff ist, zieht die Einstufung in diese Kategorie höchsterhebliche Konsequenzen nach sich (▶ 8.3), wobei die gesetzlichen Voraussetzungen jeweils ohne diesen Begriff auskommen. Im Kern geht es um Personen, denen die Behörden zutrauen in der Zukunft einen terroristischen Anschlag zu begehen.

66. Geflüchtete

Der Begriff »Geflüchtete« umfasst im allgemeinen Sprachgebrauch neben Personen, denen gemäß § 3 AsylG die Flüchtlingseigenschaft zuerkannt wurde, auch Asylberechtigte, subsidiär Schutzberechtigte, Personen, bei denen nationale Abschiebungsverbote festgestellt worden sind (▶ 4.1), Asylsuchende und Asylbewerber*innen sowie im Allgemeinen Schutzsuchende.

67. Grenzübertrittsbescheinigung

Die GÜB dient dazu, sich nach einer Ausreise von den Grenzbehörden oder der deutschen Auslandsvertretung bescheinigen zu lassen, dass man tatsächlich ausgereist ist. Sie wird jedoch von Ausländerbehörden oft dazu missbraucht, Geduldeten die Ausreiseaufforderung nachdrücklich zu verdeutlichen. Ist die Abschiebung jedoch ausgesetzt, muss die Ausländerbehörde stattdessen eine **Duldungsbescheinigung** ausstellen.

68. grundsätzlich

»Grundsätzlich« meint in der juristischen Fachsprache (anders als in der Alltagssprache) »vom Grundsatz her« oder »im Prinzip«, d. h. Ausnahmen sind möglich.

69. Hängeanordnung

Wenn ein **Eilantrag** an das Gericht gestellt wird, z. B. weil eine Klage keine aufschiebende Wirkung hat, dann hat auch dieser Eilantrag selbst keine aufschiebende Wirkung. Dies bedeutet, dass eine Abschiebung noch vor gerichtlicher Entscheidung über den Eilantrag möglich wäre. Deshalb muss in solchen Fällen zusätzlich beantragt werden, von aufenthaltsbeendenden Maßnahmen bis zur Entscheidung über den Eilantrag abzusehen (Hängeanordnung), wofür es keine explizite gesetzliche Grundlage gibt.

70. Inlandsbezogenes Vollstreckungshindernis

Ein inlandsbezogenes Vollstreckungshindernis (▶ 4.2) liegt bei Gefahren vor, die nicht wegen der Verhältnisse im Zielstaat der Abschiebung (**zielstaatsbezogenes Abschiebungshindernis**), sondern wegen der (Ankündigung der) Abschiebung selbst drohen. Hierzu zählt insbesondere die krankheitsbedingte Reiseunfähigkeit, die vorliegt, wenn der Abschiebungsvorgang zu einer erheblichen Verschlechterung des Gesundheitszustandes führt (z. B. akute Suizidalität). Aber auch familiäre Bindungen im Bundesgebiet können ein inlandsbezogenes Abschiebungshindernis begründen (zu den Einzelheiten siehe Oberhäuser 2019, Rn. 69–115).

71. Internationaler Schutz

Unter dem Begriff »internationaler Schutz« wird die Zuerkennung der Flüchtlingseigenschaft nach § 3 AsylG und die Gewährung von subsidiärem Schutz nach § 4 AsylG zusammengefasst (▶ 4.1). Er wird aus der sog. Genfer Flüchtlingskonvention und der vom Europäischen Parlament und dem Rat der Europäischen Union erlassenen Richtlinie 2011/95/EU (Qualifikationsrichtlinie) abgeleitet und ist Teil des Prüfprogramms des Bundesamtes für Migration und Flüchtlinge im Rahmen eines Asylverfahrens.

72. ist

Wenn sich in einer Rechtsnorm der Begriff »ist« findet, z. B. »… ist eine Aufenthaltserlaubnis zu erteilen«, dann besteht bei Erfüllen der gesetzlichen Voraussetzungen ein **Anspruch** auf die beantragte Maßnahme, der gerichtlich durchgesetzt werden kann.

73. kann/»kann«-Regelung

Wenn sich in einer Rechtsnorm der Begriff »kann« findet, z. B. »… kann eine Aufenthaltserlaubnis erteilt werden«, dann hat die Behörde eine **Ermessensentscheidung** zu treffen, die aber nicht etwa frei von Regelungen in das Belieben der Behörde gestellt ist, sondern pflichtgemäß zu erfolgen hat. Bei Gericht kann dann in der Regel nur eine neue Entscheidung eingeklagt werden, nicht direkt deren Ergebnis.

74. Kernfamilie

Wenn im Aufenthaltsrecht von »Familie« die Rede ist, dann unterfällt diesem Begriff in aller Regel nur die Kernfamilie. Dazu gehören Ehegatt*innen. Kinder unterfallen dem Begriff nur solange sie minderjährig sind. Bei minderjährigen Kindern unterfallen deren Eltern dem Begriff ebenfalls nur, solange die Minderjährigkeit besteht.

75. Kirchenasyl

Kirchenasyl beschreibt die vorübergehende Aufnahme von Abschiebung bedrohter Geflüchteter in einer Kirchengemeinde. Es wird zwischen dem »offenen« Kirchenasyl, bei dem das BAMF bzw. die Ausländerbehörde über den Aufenthalt in der Gemeinde unterrichtet wird, und dem »verdeckten« Kirchenasyl unterschieden. Das offene Kirchenasyl wird grundsätzlich von den Behörden respektiert und kann eine Abschiebung verhindern. Dies kann in Dublin-Fällen hilfreich sein, wenn es während des Kirchenasyls zu einem Ablauf der Überstellungsfrist kommt.

76. Lebenspartner*innen

Der Begriff »Lebenspartner« taucht an vielen Stellen in migrationsrechtlichen Regelungen auf, die ansonsten für Ehegatt*innen gelten. Dies könnte zu der irrigen Annahme verleiten, von der Regelung seien auch nichteheliche Lebensgemeinschaften umfasst. Das ist jedoch nicht der Fall. Vielmehr sind mit »Lebenspartnerschaft« lediglich gleichgeschlechtliche nach dem Lebenspartnerschaftsgesetz eingetragene gemeint. Seit jedoch auch gleichgeschlechtliche Ehen möglich sind, beschränkt sich die Bedeutung auf vor dem 01.10.2017 begründete Lebenspartnerschaften und solche, die im Ausland geschlossen wurden, auf die aber deutsches Recht anwendbar ist (§ 1 LPartG).

77. Lebensunterhaltssicherung

Diese **allgemeine Erteilungsvoraussetzung** für **Aufenthaltstitel** (§ 5 Abs. 1 Nr. 1 AufenthG) ist gesetzlich in § 2 Abs. 3 AufenthG geregelt. Die Person muss ihren Lebensunterhalt **grundsätzlich** ohne Inanspruchnahme staatlicher Leistungen selbstständig sichern. Es genügt nicht, kein Geld vom Staat anzunehmen, vielmehr muss ein in etwa dem ALG-II-Satz entsprechender Betrag selbst erwirtschaftet werden.

78. Legal Clinic

»Rechtskliniken« beruhen auf dem aus der Medizin bekannten Grundgedanken, dass die Studieninhalte durch eigene Praxisanwendung bereits im Studium besser erlernt werden. In den letzten Jahren haben sich an vielen Orten auch Refugee Law Clinics etabliert. § 6 des Rechtsdienstleistungsgesetzes (RDG) erlaubt unentgeltliche Rechtsdienstleistungen u. a. durch Studierende, wenn diese unter Anleitung einer Person mit Befähigung zum Richter*innenamt stattfinden (▶ 1.1, 10).

79. Leistungen nach dem Asylbewerberleistungsgesetz

Während Drittstaatsangehörige mit einer Aufenthalts- oder Niederlassungserlaubnis im Falle von Hilfebedürftigkeit Anspruch auf Arbeitslosengeld I, nach dem SGB II oder auf Sozialhilfe nach dem SGB XII haben, erhalten Personen, die sich im Asylverfahren befinden oder geduldet sind, aber auch Inhaber*innen mit bestimmten Aufenthaltserlaubnissen, nur abgesenkte Leistungen nach dem Asylbewerberleistungsgesetz (s. im Einzelnen § 1 AsylbLG).

80. Mitwirkungspflicht

Im AufenthG und AsylG oder durch die diese Gesetze ausführenden Behörden wird Betroffenen an verschiedenen Stellen die Pflicht auferlegt, an ihrem Asyl- oder aufenthaltsrechtlichen Verfahren – z. B. durch die Beschaffung und Vorlage eines Passes oder anderer Dokumente – mitzuwirken. Tun sie dies nicht, kann dies zu erheblichen Konsequenzen führen wie der Nichterteilung oder -verlängerung eines Aufenthaltstitels, der Ablehnung eines Asylantrags als **offensichtlich unbegründet**, der Erteilung einer **Duldung »light«**, einem Arbeitsverbot, der Einschränkung von Sozialleistungen oder gar zur Inhaftnahme (▶ 7.1.6).

81. muss

Wenn sich in einer Rechtsnorm der Begriff »muss« findet, z. B. »… muss eine Aufenthaltserlaubnis erteilt werden«, dann besteht bei Erfüllen der gesetzlichen Voraussetzungen ein **Anspruch** auf die beantragte Maßnahme, der gerichtlich durchgesetzt werden kann.

82. Nationale Abschiebungsverbote

Neben dem **internationalen Schutz** (Zuerkennung der Flüchtlingseigenschaft und subsidiärer Schutz), der durch internationales Recht (Genfer Flüchtlingskonvention) und Unionsrecht (Qualifikationsrichtlinie) definiert und im Asylgesetz geregelt ist, werden in einem Asylverfahren auch Abschiebungsverbote nach dem deutschen Recht geprüft (▶ 4.1; § 60 Abs. 5 und 7 AufenthG). Hierbei handelt es sich um **zielstaatsbezogene Abschiebungshindernisse**. Wird und wurde kein Asylantrag gestellt, können diese auch bei der Ausländerbehörde geltend gemacht werden.

83. Nationales Visum

Für längerfristig geplante Aufenthalte in der Bundesrepublik genügt es nicht, ein **Schengen-Visum** zu beantragen. Vielmehr muss vor der Einreise unter Angabe des geplanten Einreisezwecks ein Visum nach § 6 Abs. 3 AufenthG bei der deutschen Botschaft/dem Konsulat beantragt werden. Von dort aus wird die zuständige Ausländerbehörde in der Bundesrepublik nach ihrer Zustimmung gefragt. Gegen eine Ablehnung kann beim Verwaltungsgericht Berlin geklagt werden.

84. Niederlassungserlaubnis
Die Niederlassungserlaubnis ist ein **Aufenthaltstitel**, der im Gegensatz zum **Visum** und zur **Aufenthaltserlaubnis** unbefristet gilt und nicht an einen bestimmten Aufenthaltszweck gebunden ist. Sie berechtigt uneingeschränkt zur Aufnahme einer **Erwerbstätigkeit** und darf nicht mit einschränkenden Nebenbestimmungen (z. B. Wohnsitzauflage) versehen werden.

85. Offensichtlich unbegründet/ou (Asylantrag)
Die Ablehnung eines Asylantrags als »offensichtlich unbegründet« (ou) ist eine besondere Form der Ablehnung. Wann das BAMF einen Asylantrag als ou ablehnen darf, ist in § 30 AsylG geregelt. Wenn ein Asylantrag als ou abgelehnt wird, gibt es eine sehr kurze Rechtsmittelfrist und es ist ein Eilverfahren zu führen (▶ 3.3, 5.2.2). Außerdem darf der betroffenen Person in vielen Fällen vor der Ausreise kein Aufenthaltstitel mehr erteilt werden (§ 10 Abs. 3 S. 2 AufenthG; Ausnahme ▶ 6.3). Die Ablehnung ist mit weiteren negativen Konsequenzen verbunden (▶ 4.1.1).

86. Passersatzpapiere/PEP
Um eine Person abschieben zu können benötigt die Ausländerbehörde **grundsätzlich** den Pass der Person. Ohne diesen nimmt der Zielstaat der Abschiebung die Person sonst in aller Regel nicht entgegen. Liegt kein Pass vor, können die Behörden aber bei den Behörden des mutmaßlichen Herkunftsstaates Passersatzpapiere (PEP) beantragen, mit denen dann ebenfalls eine Abschiebung durchgeführt werden kann. Die Erteilungspraxis für Passersatzpapiere ist je nach Staat sehr unterschiedlich.

87. Passpflicht/Passbeschaffungspflicht
Die Erfüllung der Passpflicht (§ 3 AufenthG), also das Vorhandensein eines Passes, ist **Regelerteilungsvoraussetzung** für **Aufenthaltstitel** (§ 5 Abs. 1 Nr. 4 AufentG).

88. Passvorlage
Die Ausländerbehörde kann die Vorlage eines Passes und dessen zeitweise Überlassung verlangen, wenn sie ihn benötigt, um aufenthaltsrechtliche Maßnahme durchzuführen (§ 48 Abs. 1 AufenthG). Bei bestehender Ausreisepflicht soll die Ausländerbehörde einen ihr z. B. vorgelegten Pass in Verwahrung bis zur Ausreise in Verwahrung nehmen (§ 50 Abs. 5 AufenthG).

89. Qualifizierte Berufsausbildung
Eine qualifizierte Berufsausbildung im Sinne des AufenthG liegt vor, wenn es sich um eine Berufsausbildung in einem staatlich anerkannten oder vergleichbar geregelten Ausbildungsberuf (alle Berufe im

Sinne des Berufsbildungsgesetzes und der Handwerksordnung) handelt, die generell mindestens zwei Jahre dauert. Eine Übersicht über die anerkannten Ausbildungsberufe findet sich auf der Homepage des Bundesinstituts für Berufsbildung: https://www.bibb.de/de/65925.php.

90. Räumliche Beschränkung

Die räumliche Beschränkung, oftmals auch »Residenzpflicht« genannt, ist eine in § 56 AsylG und § 61 AufenthG (▶ 4.3.1) vorgesehene Auflage für Asylberwerber*innen und Geduldete. Sie beschreibt die Pflicht der Betroffenen, sich nur in dem von der zuständigen Behörde festgelegten Bereich aufzuhalten und diesen nicht zu verlassen. Wie groß der Aufenthaltsbereich (z. B. Bezirk, Kreis oder Bundesland) ist, variiert von Bundesland zu Bundesland. Sie ist zu unterscheiden von der **Wohnsitzauflage**.

91. Rechtsbehelfe

Ein Rechtsbehelf ist ein von der Rechtsordnung für ein bestimmtes rechtliches Verfahren vorgesehenes Instrument, mit dem eine behördliche oder gerichtliche Entscheidung angefochten werden kann. Es wird zwischen förmlichen Rechtsbehelfen, die an eine bestimmte Form und Fristen gebunden sind (z. B. Widerspruch, Klage, (Haft-)Beschwerde), und formlosen Rechtsbehelfen wie der Dienstaufsichtsbeschwerde unterschieden. Welcher förmliche Rechtsbehelf bei einer behördlichen oder gerichtlichen Entscheidung möglich ist und wann und in welcher Form er einzulegen ist, muss in einer sog. Rechtsbehelfsbelehrung festgehalten werden.

92. Rechtsmittel

Ein Rechtsmittel ist ein förmlicher **Rechtsbehelf**, mit dem eine gerichtliche Entscheidung angefochten werden kann (z. B. Berufung, Revision oder Beschwerde). Auch über mögliche Rechtsmittel muss in einer Rechtsmittelbelehrung aufgeklärt werden, damit Betroffene wissen, wie sie innerhalb welcher Zeit gegen die Gerichtsentscheidung vorgehen können. Insbesondere im Asylrecht sind die Möglichkeiten, Rechtsmittel einzulegen, stark eingeschränkt (▶ 5.2).

93. Regelanspruch

oder »**soll**«-Anspruch ist ein Anspruch, z. B. auf eine **Aufenthaltserlaubnis**, der im Regelfall besteht, jedoch nicht in allen Fällen. Von einer Ausnahme darf die Ausländerbehörde aber nur ausgehen, wenn sie begründen kann, weshalb in einem Fall nachvollziehbare Gründe dafür gegeben sind, dass dieser als einer von der Regel abweichend eingestuft werden kann.

94. Regelbeispiel

Manche Vorschriften arbeiten mit einer gesetzlichen Regelungstechnik, bei der Beispiele aufgeführt werden, wann die Voraussetzungen der Norm als erfüllt anzusehen sein sollen, z. B. beginnend mit »insbesondere wenn«. Solche Regelbeispiele sind aber eben nur Beispiele, d. h. wenn kein abgeschlossener Katalog von Beispielen aufgezählt ist, können die Voraussetzungen auch in weiteren ähnlichen Fällen erfüllt sein, weil die Regelbeispiele nur typische Fallgestaltungen sind.

95. Regelerteilungsvoraussetzung

Sind Voraussetzungen, z. B. für die Erteilung einer Aufenthaltserlaubnis, die im Regelfall erfüllt sein müssen. Eine Ausnahme von der Regel kommt nur dann in Frage, wenn im Gesetz ausdrücklich eine Ausnahme normiert ist oder wenn ausdrücklich im Gesetz steht, dass die entsprechende Voraussetzung (nur) in der Regel erfüllt sein muss.

96. Richtervorbehalt

Der Richtervorbehalt meint, dass bestimmte staatliche Maßnahmen und Eingriffe nur durch Richter*innen und nicht von den Behörden angeordnet werden dürfen. Dies spielt im Migrationsrecht vor allem dann eine Rolle, wenn Grundrechte, wie das Freiheitsgrundrecht (Art. 2 Abs. 2 Satz 2 GG) oder das Recht auf Unverletzlichkeit der Wohnung (Art. 13 GG), betroffen sind.

97. Reiseausweis für Ausländer*innen

Der Reiseausweis für Ausländer*innen ist ein sog. Passersatzpapier für Drittstaatsangehörige, die keinen Pass oder Passersatz aus dem Land ihrer Staatsangehörigkeit besitzen und einen solchen auch nicht auf zumutbare Weise erhalten können. Die vergeblichen Bemühungen, einen Pass zu erlangen, müssen bei der Beantragung dieses Reiseausweises in der Regel durch geeignete Dokumente nachgewiesen werden. Die näheren Einzelheiten für die Ausstellung des Reiseausweises sind in den §§ 5 bis 11 der Aufenthaltsverordnung geregelt.

98. Reise(un)fähigkeit

»Reisefähigkeit« wird von den Behörden oft mit Flugtauglichkeit gleichgesetzt. Dies ist allerdings nicht richtig, wie sich schon daran zeigt, dass auch Schwerstverletzte geflogen werden können. Reiseunfähigkeit im aufenthaltsrechtlichen Sinne ist dagegen gegeben, wenn ein **inlandsbezogenes Vollstreckungshindernis** aus gesundheitlichen Gründen besteht (▶ 4.2.3), das allerdings nachgewiesen werden (**Attest**) muss, wenn es nicht offensichtlich ist.

99. Rückführung, s. <u>aufenthaltsbeendende Maßnahmen</u>

100. Rückführungsrichtlinie
Die Richtlinie 2008/115/EG (= Rückführungsrichtlinie) ist ein vom Europäischen Parlament und dem Rat der Europäischen Union verabschiedeter Rechtsakt, der Regelungen für <u>Drittstaatsangehörige</u> trifft, die sich unerlaubt in einem Mitgliedstaat der EU (ohne Irland und Dänemark) oder Island, Liechtenstein, Norwegen oder der Schweiz aufhalten. Sie befasst sich insbesondere mit den Voraussetzungen für eine <u>Abschiebung</u> (▸ 2.2) und die Anordnung von <u>Abschiebungshaft</u> (▸ 7) und musste bis zum 24.12.2010 in das deutsche Recht umgesetzt werden, was allerdings teilweise nur unzureichend geschehen ist.

101. Rückkehrentscheidung
Die Rückkehrentscheidung (▸ 2.2.1) ist ein Begriff aus der <u>Rückführungsrichtlinie</u>. Sie ist zwingende Voraussetzung für eine <u>Abschiebung</u> (▸ 2.2). Es handelt sich um eine Entscheidung der Behörde (in Form eines <u>Verwaltungsakts</u>), in der die <u>Ausreisepflicht</u> der oder des betroffenen <u>Drittstaatsangehörigen</u> (gilt nicht für <u>Unionsbürger*innen</u>) festgestellt wird.

102. Rücknahme eines Aufenthaltstitels
Die Ausländerbehörde darf einen <u>Aufenthaltstitel</u> zurücknehmen, wenn sie der Meinung ist, dass dieser von Anfang nicht hätte erteilt werden dürfen, also rechtswidrig war, weil die Voraussetzungen im Zeitpunkt der Erteilung nicht vorlagen (▸ 2.2.1, 3.1). Die Rücknahme richtet sich nach § 48 des Bundes- oder des jeweiligen Landesverwaltungsverfahrensgesetzes und steht im <u>Ermessen</u> der Behörde. Eine Rücknahme ist (außer in Fällen von Täuschung, Drohung oder Bestechung) allerdings nur dann zulässig, wenn die Behörde sie innerhalb eines Jahres vornimmt, nachdem sie die Kenntnis erlangt hat, dass eine Rücknahme möglich ist. Die Rücknahme ist zu unterscheiden vom <u>Widerruf eines Aufenthaltstitels</u>, die bei ursprünglich rechtmäßig erteilten Aufenthaltstiteln in Betracht kommt.

103. Schengen-Staat
Hierbei handelt es sich um die Staaten, die den sog. Schengener Abkommen beigetreten sind, welche der Abschaffung von europäischen Binnengrenzen dienten. Mitgliedstaaten dieser Abkommen sind alle EU-Staaten, mit Ausnahme von Irland und Zypern.

104. Schengen-Visum
Ein Schengen-Visum ist ein Aufenthaltstitel, der bei einer Auslandsvertretung (Botschaft oder Konsulat) eines <u>Schengen-Staats</u> beantragt werden kann. Es erlaubt einen Aufenthalt von höchstens

90 Tagen je Zeitraum von 180 Tagen im gesamten Gebiet der Schengen-Staaten. Es müssen allerdings zusätzliche Voraussetzungen zur rechtmäßigen Einreise erfüllt sein (siehe § 6 Schengener Grenzkodex); ein Schengen-Visum berechtigt nicht zur Ausübung einer **Erwerbstätigkeit**, es sei denn es wurde speziell zu diesem Zweck erteilt.

105. »Sicherer Drittstaat«

Drittstaaten sind solche Staaten, über die Asylsuchende in die Bundesrepublik einreisen, wenn sie nicht direkt aus ihrem Herkunftsstaat (oder dem Staat ihres gewöhnlichen Aufenthaltsorts) mit einem Flugzeug oder Schiff kommen. Sie sind »sicher« (definiert) i. S. v. Art. 16a Abs. 2 GG, wenn dort die Einhaltung der **Genfer Flüchtlingskonvention** und der Europäischen Menschenrechtskonvention gewährleistet ist. Zu den »sicheren Drittstaaten« zählen alle Mitgliedstaaten der EU sowie Norwegen und die Schweiz (§ 26a Abs. 2 AsylG).

106. »Sicherer Herkunftsstaat«

»Sichere Herkunftsstaaten« i. S. d. § 29a AsylG sind lediglich die Mitgliedsstaaten der Europäischen Union und die Staaten, die in Anlage II zum AsylG aufgezählt sind. Es handelt sich um eine abgeschlossene Liste, die nur durch das Parlament geändert werden kann. Zum Zeitpunkt der Erstellung dieser Publikation waren dort neben den EU-Staaten auch Albanien, Bosnien und Herzegowina, Ghana, Kosovo, Mazedonien (ehemalige jugoslawische Republik), Montenegro, Senegal und Serbien aufgenommen. Die Aufnahme der Maghreb-Staaten und Georgiens ist bisher trotz entsprechender politischer Bestrebungen nicht erfolgt.

107. Sicherungshaft

Die Sicherungshaft ist eine bestimmte, sehr häufig auftretende Form der Abschiebungshaft. Sie dient der Sicherung der Abschiebung und darf nur unter den Voraussetzungen des § 62 Abs. 3 AufenthG durch eine*n Richter*in angeordnet werden.

108. soll/»soll«-Anspruch, s. **Regelanspruch**

109. Sorgeerklärung

Sind die Eltern eines Kindes miteinander verheiratet, steht ihnen nach dem deutschen Zivilrecht die elterliche Sorge (Sorgerecht) gemeinsam zu. Bei nicht verheirateten Eltern hat die Kindesmutter das alleinige Sorgerecht. Die Eltern können jedoch (auch vor der Geburt) eine Erklärung abgeben, dass sie die elterliche Sorge gemeinsam ausüben wollen (=Sorgeerklärung). Diese Sorgeerklärung kann – wie die Vaterschaftsanerkennung – bei Notar*innen, dem Jugendamt oder dem Standesamt abgegeben und beurkundet werden.

110. ›Spurwechsel‹

gilt im Aufenthaltsrecht als **grundsätzlich** ausgeschlossen. Es geht dabei um Geflüchtete, die ein **Asylverfahren** durchlaufen haben und nach dessen negativen Abschluss versuchen möchten auf anderer Rechtsgrundlage, z. B. zwecks **Erwerbstätigkeit**, in der Bundesrepublik zu verbleiben. Eingeschränkte Möglichkeiten bestehen aber z. B. über die **Beschäftigungsduldung**.

111. Stammberechtigte Person

Dieser Begriff bezieht sich auf das Recht der Familienzusammenführung und meint die im Bundesgebiet lebende Person mit einem Aufenthaltstitel, zu der der Familiennachzug stattfinden soll.

112. Tagessatz

Geldstrafen werden im deutschen Strafrecht nach Tagessätzen berechnet und verhängt. Zur Berechnung der Höhe eines Tagessatzes (zwischen einem und 30.000 Euro) wird **grundsätzlich** aus dem durchschnittlichen monatlichen Nettoeinkommen und den notwendigen Ausgaben das Einkommen pro Tag errechnet; die Anzahl der Tagessätze (fünf bis 360) bemisst sich nach der individuellen Schuld. Höhe und Anzahl der Tagessätze werden im Urteil festgehalten. Die Zahl der Tagessätze ist die Zahl der Tage einer bei Uneinbringlichkeit der Geldstrafe zu verbüßenden Ersatzfreiheitsstrafe.

113. Überstellung

Der Begriff wird für Abschiebungen verwendet, die z. B. im Rahmen eines **Dublin-Verfahrens** oder die aus dem Strafvollzug erfolgen, um die Strafe in einem anderen Staat zu vollstrecken.

114. Unionsbürger*innen

Unionsbürger*in ist, wer (zumindest auch) die Staatsangehörigkeit eines Mitgliedstaates der Europäischen Union hat. Unionsbürger*innen haben das Recht, sich in allen EU-Mitgliedstaaten frei zu bewegen und aufzuhalten; dieses Recht wird allerdings durch Gesetz über die allgemeine Freizügigkeit von Unionsbürgern (Freizügigkeitsgesetz/EU) eingeschränkt und näher geregelt.

115. Unionsrecht

Mit dem Unionsrecht (auch: EU-Recht) ist das Recht der Europäischen Union gemeint. Hiervon sind die EU-Verträge (Vertrag über die Europäische Union und der Vertrag über die Arbeitsweise der Europäischen Union), alle von dem Europäischen Parlament und dem Rat der Europäischen Union verabschiedeten Verordnungen, Richtlinien und Beschlüsse sowie die Rechtsprechung des Europäischen Gerichts (EuG) und des Europäischen Gerichtshofes (EuGH) umfasst. Die letztgenannten Gerichte haben ihren Sitz in Luxemburg. Davon zu unterscheiden ist der **Europäischen Gerichtshof für Menschenrechte** (EGMR).

116. Unverschuldete Passlosigkeit

Es besteht die Verpflichtung, einen Pass (**Passspflicht**) bzw. die für diesen notwendigen Dokumente, z. B. eine Geburtsurkunde, zu beschaffen. Es werden vielfältige Bemühungen verlangt, bevor von einer unverschuldeten Passlosigkeit ausgegangen wird. Waren diese sämtlich erfolglos, muss die Ausländerbehörde aber von unverschuldeter Passlosigkeit ausgehen, weil der Herkunftsstaat der Person nicht kooperiert.

117. Vaterschaftsanerkennung

Nach dem deutschen Zivilrecht ist von Gesetzes wegen der Mann Vater eines Kindes, der im Zeitpunkt der Geburt mit der Kindesmutter verheiratet ist. Sind die Eltern nicht miteinander verheiratet, kann die Vaterschaft (auch schon vor der Geburt) anerkannt werden. Dies ist bei Notar*innen, dem Jugendamt oder dem Standesamt möglich. Für die Vaterschaftsanerkennung ist die Zustimmung der Kindesmutter erforderlich. Es kann auch eine **Sorgeerklärung** abgegeben werden.

118. Verfahrensduldung

Wenn die Abschiebung nur deswegen ausgesetzt ist, weil noch ein gerichtliches Verfahren anhängig ist, das aber keine aufschiebende Wirkung auslöst, kann das Gericht die Ausstellung einer Verfahrensduldung veranlassen, die bis zum Verfahrensabschluss gilt. Dies erfolgt insbesondere bei einer **Hängeanordnung**.

119. Verwaltungsakt

Ein Verwaltungsakt ist Form des Handels von Behörden, mit der gesetzliche Regelungen im Einzelfall umgesetzt werden (siehe §§ 35 ff. des Verwaltungsverfahrensgesetzes des Bundes sowie in den weitgehend wortgleichen Verwaltungsverfahrensgesetzen der Länder). Eine andere Bezeichnung dafür ist »Bescheid« oder auch »Verfügung«. Wesentliches Element ist die Außenwirkung, die nur durch **Bekanntgabe** an den*die Empfänger*in erreicht werden kann.

120. Verwurzelung

Bei langjährigem Aufenthalt und nachhaltiger Integration in der Bundesrepublik kann von einer Verwurzelung gesprochen werden, die Person wird dann auch als **faktische*r Inländer*in** bezeichnet. Nach Art. 8 EMRK und der Rechtsprechung des **EGMR** hat der Schutz des Privatlebens auch vor Abschiebung dann besonderen Stellenwert. Dies setzt die Schwelle höher, schließt eine Abschiebung aber nicht aus.

121. Visum
Ein Visum ist ein Aufenthaltstitel, der zur Einreise in die Bundesrepublik bzw. in das Schengen-Gebiet (siehe **Schengen-Visum**) und zum Aufenthalt für eine festgelegte Dauer berechtigt. Es wird zwischen dem sog. Schengen-Visum für kürzere Aufenthalte und nationalen Visa i. S. v. § 6 Abs. 3 AufenthG für längerfristige Aufenthalte unterschieden. Ein Visum ist vor der Einreise bei der deutschen Auslandsvertretung (Botschaft bzw. Konsulat) zu beantragen.

122. Vollziehbare Ausreisepflicht
(▸ 2.2.1) Eine Person, die zur Ausreise aus der Bundesrepublik verpflichtet (**Ausreisepflicht**) ist, darf nicht abgeschoben werden, wenn diese Ausreisepflicht noch nicht vollziehbar ist. Dies ist nach § 58 Abs. 2 AufenthG der Fall, wenn der*die Betroffene unerlaubt eingereist ist, es versäumt hat, rechtzeitig die erstmalige Erteilung bzw. die Verlängerung eines Aufenthaltstitels zu beantragen, oder die Behörde einen **Bescheid** erlassen hat, in dem sie die Ausreisepflicht der*des Betroffenen feststellt, und dieser Bescheid nicht mehr anfechtbar ist oder der Widerspruch bzw. die Klage keine **aufschiebende Wirkung** hat. Für weitere seltene Fälle siehe den Gesetzestext von § 58 Abs. 2 AufenthG.

123. Widerruf eines Aufenthaltstitels
(▸ 2.2.1, 3.1) Ein Aufenthaltstitel darf widerrufen werden, wenn er zwar ursprünglich zurecht erteilt wurde, die Gründe bzw. Voraussetzungen für die Erteilung später aber entfallen sind; die Widerrufsgründe sind abschließend in § 52 AufenthG genannt. Der Widerruf eines Aufenthaltstitels steht grundsätzlich im **Ermessen** der Behörde, darf also nicht automatisch erfolgen und die Behörde muss bei der Entscheidung alle Umstände des Einzelfalls (z. B. Dauer des Aufenthalts, familiäre und wirtschaftliche Bindungen in Deutschland etc.) berücksichtigen (ein zwingender Widerruf ist nur in den Fällen des § 52 Abs. 2 AufenthG vorgesehen, in den Fällen des § 52 Abs. 5 und 6 AufenthG ist das Ermessen eingeschränkt). Der Widerruf ist zu unterscheiden von der **Rücknahme eines Aufenthaltstitels** im Fall dessen rechtswidriger Erteilung.

124. Widerspruchsverfahren
Um gegen einen **Bescheid** der Behörde vorzugehen, muss in manchen Bundesländern zunächst ein Widerspruchsverfahren bei der übergeordneten Behörde durchlaufen werden, bevor Klage zum Verwaltungsgericht erhoben werden kann. In einem Teil der Bundesländer ist das Widerspruchsverfahren abgeschafft, dort kann und muss dann sofort Klage erhoben werden. Informationen darüber befinden sich in der Rechtsbehelfsbelehrung des Bescheids.

125. Wohnsitzauflage

Ist zu unterscheiden von der **räumlichen Beschränkung**. Die Wohnsitzauflage hindert nicht daran, sich außerhalb des Bezirks der zuständigen Ausländerbehörde aufzuhalten, verbietet aber umzuziehen, sofern man seinen **Lebensunterhalt** nicht eigenständig sichern kann. Sie gilt **grundsätzlich** auch für u. a. anerkannte Flüchtlinge und Schutzberechtigte während der ersten drei Jahre am zugewiesenen Ort des **Asylverfahrens** oder kann sogar für einen anderen Ort angeordnet werden, siehe § 12a AufenthG.

126. Zielstaatsbezogenes Abschiebungshindernis bzw. -verbot/ Abschiebungsverbot

Hierbei handelt es sich um Gefahren, die der betroffenen Person in dem Staat drohen, in den sie abgeschoben werden soll und die einer Abschiebung in diesen Staat entgegenstehen (▶ 4.1; § 60 Abs. 5 und 7 AufenthG). Zielstaatsbezogene Abschiebungsverbote werden im Rahmen des **Asylverfahrens** vom BAMF geprüft; sie können aber auch bei der Ausländerbehörde geltend gemacht werden, wenn kein Asylantrag gestellt wurde oder werden soll. Beispiele: Gefahr der Verelendung und fehlenden Existenzsicherung; drohende Folter oder unverhältnismäßige Haftstrafe; schwere, im Zielstaat der Abschiebung nicht behandelbare Krankheit.

127. Zurückschiebung

Aufenthaltsbeendende Maßnahme im Zusammenhang mit
- dem unerlaubten Übertritt einer EU-Außengrenze; in der Bundesrepublik nur mit dem Flugzeug oder Schiff möglich (§ 57 Abs. 1 AufenthG)
- der Durchsetzung der **vollziehbaren Ausreisepflicht** auf Grundlage einer vor dem 13.01.2009 getroffenen Wiederaufnahmevereinbarung mit einem EU-Staat, der Schweiz oder Norwegen, (§ 57 Abs. 2 Halbsatz 1 AufenthG); diese Form der Zurückschiebung erfordert keinen räumlichen oder zeitlichen Zusammenhang mit einem Grenzübertritt;
- der **Dublin-III-Verordnung**, soweit die Person von der Bundespolizei kurz nach der Einreise in der Nähe der Grenze (30 km bei Landgrenzen, 50 km bei Seegrenzen) angetroffen wird, in einem anderen Dublin-Staat bereits einen Asylantrag gestellt hat oder dies vorhat und in der Bundesrepublik keinen Asylantrag zu stellen beabsichtigt (§ 57 Abs. 2 Halbsatz 2 AufenthG).
- einem Aufgriff einer Person von der Bundespolizei kurz nach der Einreise in der Nähe einer Landgrenze, wenn die Person ein Asylgesuch äußert und einer der in § 18 Abs. 2 AsylG aufgeführten Fälle vorliegt (zu Einzelheiten siehe Bergmann/Dienelt-Winkelmann/Kolber 2020, § 18 AsylG Rn. 13–30).

128. Zurückweisung

Unterbinden einer Einreise an der Grenze (§ 15 AufenthG). Der Begriff ›Zurückweisung‹ wird aber auch für Abschiebungen kurz nach der faktischen Einreise verwendet, die dann aber rechtlich noch nicht als vollendet gilt. Deshalb kann die Zurückweisung auch mit Zurückweisungshaft im Inland (▶ 7.1.2) verbunden sein kann. Einen wichtigen Anwendungsbereich stellt das sog. Flughafenverfahren dar (§ 18a AsylG; § 15 Abs. 6 AufentG).